SANTIAGO

BETH MOORE

con artículos por

MELISSA MOORE FITZPATRICK

LifeWay Press®
Nashville, Tennessee

ISBN10 1415872295
ISBN13 9781415872291
ORACLE Item 005474632

Clasificación Decimal Dewey 227.91
Subdivisión: Biblia, N.T. Santiago/Estudio/Vida cristiana/Relaciones personales

Todas las citas bíblicas se tomaron de la Santa Biblia, versión Reina Valera 1960 © 1960 by American Bible Society, con excepción de las que están marcadas con las siguientes siglas:
NIV: Santa Biblia, Nueva Versión Internacional, © 1999 by Bíblica
LBLA: La Biblia de las Américas, © 1986, 1995, 1997 by The Lockman Foundation
NTV: Nueva Traducción Viviente, © 2010 by Tyndale House Foundation
NBLH: Nueva Biblia Latinoamericana de Hoy, © 2005 by The Lockman Foundation, La Habra, California
PDT: Palabra de Dios para Todos, © 2008 by World Bible Translation Center

Para ordenar copias adicionales escriba a LifeWay Church Resources Customer Service, One LifeWay Plaza, Nashville, TN 37234-0113; FAX (615) 251-5933; teléfono 1-800 257-7744 ó envíe un correo electrónico a customerservice@lifeway.com. Le invitamos a visitar nuestro portal electrónico en www.lifeway.com/espanol donde encontrará otros muchos recursos disponibles. También puede adquirirlo u ordenarlo en la librería LifeWay de su localidad o en su librería cristiana favorita.

Editor General
Ócar J. Fernández, PhD

Diseño Gráfico
Jon Rodda

Printed in the United States of America

Multi-Language Publishing Team
Adult Ministry Publishing
LifeWay Church Resources
1 LifeWay Plaza, Nashville, TN, 370234-0152

Dedicatoria

A Gay, mi hermana mayor.
Eres una heroína para mí.
¡Continuemos juntas hasta alcanzar la meta!
¡Jesús es muy digno!

Te quiero profundamente.

Reconocimientos de Melissa

Quiero reconocer a los eruditos del Nuevo Testamento que pasaron años trabajando en el texto griego de Santiago y componiendo artículos periodísticos, comentarios y monografías para que personas sencillas como nosotras los pudieran consultar. No se me ocurren palabras adecuadas para agradecerle a mamá el haber asumido el enorme riesgo de permitirme componer algunos artículos para este proyecto. En los días desmoralizantes en que escribir un simple párrafo me abrumaba, ella me dio seguridad. Me enseñó a componer un bosquejo y me ayudó a sobrevivir el agotador proceso de la edición. Mi respeto por ella ha aumentado en gran manera gracias a esta pequeña participación que he tenido en este proyecto, entre otras cosas, porque ella escribe muchísimo mejor que yo. He aprendido cuán solitaria y aislante puede ser la tarea de escribir, y me maravilla cuán felizmente involucrada ha estado mi madre con nuestra familia a pesar de los años que ha pasado comenzando y terminando libros. Valoro muchísimo el tiempo que he pasado aprendiendo íntimamente de ella durante este proyecto.

CONTENIDO

ACERCA DE LAS AUTORAS

Beth Moore ha escrito estudios bíblicos que han sido best-selling acerca de los Patriarcas, Ester, Moisés, Pablo, Isaías, Daniel, Juan, David y Jesús. *¡Sea libre!, Orando la Palabra de Dios* y *Cuando los cristianos hacen cosas que desagradan a Dios* se refieren a la batalla que Satanás libra contra los cristianos. *Creer a Dios* y *¡Al fin libre!* estudian cómo los cristianos pueden vivir triunfalmente en el mundo de hoy. Peregrinando explora la adoración y nos invita a alcanzar un nuevo grado de relación e intimidad con Dios.

Beth y Keith, su esposo, son fieles en su iglesia local y tienen el privilegio de asistir a Bayou City Fellowship en Houston, Texas, congregación que pastorea su yerno Curtis Jones. Beth cree que su llamado es la alfabetización bíblica: guiar a los creyentes a amar y vivir la Palabra de Dios. Beth siente una gran pasión por Cristo, por el estudio bíblico y por ver a los cristianos vivir la vida que Cristo quiere para ellos.

Beth ama al Señor, le encanta reír y le encanta estar con Su gente. Aunque su vida está llena de actividades, su compromiso permanece inalterable: Considerar todas las cosas como pérdida por la excelencia de conocer a Cristo Jesús, el Señor (vea Filipenses 3.8).

ARTÍCULOS ADICIONALES

Melissa Moore Fitzpatrick ha trabajado como asistente de investigación de Beth Moore desde que recibió su licenciatura en Exégesis Bíblica de Wheaton College en 2007. Luego obtuvo una maestría en Teología (Nuevo Testamento) de Columbia Theological Seminary. Reside en Houston, Texas, con su esposo Colin. Ambos son miembros de Bayou City Fellowship, iglesia que pastorea su cuñado Curtis Jones. Amanda, la hermana y mejor amiga de Melissa, también es esposa de pastor.

ACERCA DEL ESTUDIO

Santiago: Triunfa la misericordia se creó para que sirviera tanto como un estudio personal interactivo como para la discusión grupal. A continuación presentamos algunas sugerencias para hacer más provechoso su estudio.

Primero, el estudio está escrito en un formato interactivo para profundizar el aprendizaje y la aplicación de las Escrituras. Lo animo a completar todas las tareas en el libro. Es decir, no se limite a completar los espacios en blanco. Las preguntas interactivas son aquellas que leeríamos juntos en la Palabra mientras tomamos una taza de café y comemos unas tostadas francesas. Por favor, no se deje intimidar por las palabras "tarea para el hogar". El Espíritu Santo utiliza sus esfuerzos mientras que usted responde las preguntas o ejercicios con sus propias palabras.

Segundo, para aprovechar mejor el tiempo de estudio en grupo encontrará cada semana cinco Preguntas Principales y cinco Preguntas Personales. Las Preguntas Principales le advierten que busque información a medida que estudia y se prepara para el intercambio con el grupo. Estas aparecen con un fondo del siguiente color:

Esta es una Pregunta Principal. "Principal" significa de importancia fundamental.

Es casi seguro que en la reunión de cada semana su grupo de estudio comentará las Preguntas Principales. Además de las Preguntas Principales, encontrará Preguntas Personales que se identifican con una barra de color como esta:

Esta pregunta se creó para hacer un comentario personal.

Estos ejercicios didácticos le ayudarán a aplicar el material a sí mismo, relacionando los acontecimientos con su propia vida. Su grupo de estudio tendrá un tiempo para comentar sus respuestas a las Preguntas Personales, pero si no lo desea, no se le exigirá que lo haga. Cuánto desearía estar con ustedes cada semana, pero este formato será la relación más personal que me será posible tener hasta que realmente podamos sentarnos a tomarnos una taza de café. Entonces, me encantará escucharle, al igual que usted me ha escuchado con tanta paciencia a través de todos estos estudios.

Por último, quisiera agregar un pedido personal. Verá que en algunos lugares utilizo la expresión "justicia social" para referirme a la pasión de Santiago por los pobres y desposeídos. Una lectora me advirtió acerca del uso de esta frase en su sentido político. Por favor, en este estudio bíblico separe esta frase de cualquier connotación política. Nuestra intención es enseñar el Libro de Santiago y sus muchos temas. Entre ellos, hay un claro y directo llamado a una fe que se demuestra cuando los cristianos sirven a los pobres, las viudas y los viudos, así como a los huérfanos. Usted verá que, finalmente, hemos adoptado la frase "misericordia social". No es mi intención distraernos con temas políticos. Mi oración es que usted reciba tanto de este estudio como he recibido yo. Gracias por el privilegio de servirle.

INTRODUCCIÓN

Me entusiasma mucho saber que usted me acompañará en este recorrido por la vida y el libro de Santiago. Tal vez esta sea la primera serie de estudios que hagamos juntos. Si es así, oraré con todo mi corazón para que este estudio y otros semejantes sean como un viento que avive para siempre en su vida la llama de la pasión por la Palabra de Dios. Quizá ya hayamos estudiado algo juntos; si este es el caso, me alegra decirle desde ahora que este estudio se ha ganado un lugar muy particular en mi corazón. Dios ha usado cada serie, desde *El corazón del creyente: Un santuario de Dios*, hasta esta para lograr una obra especial y perdurable. La mención de cada nombre me hace recordar esa revelación fundamental.

No voy a decirle desde ahora lo que Dios ha obrado en mi vida por medio de este "viaje" porque lo mejor para mí es procesar el material a medida que avanzamos juntos. Por ejemplo: cuando escribí el día uno de la primera semana, no tenía una idea más clara de la que usted tiene ahora en cuanto adónde nos dirigíamos. Cada vez que se encuentre con un material difícil, sepa que a mí también me costó. Si usted siente convicción de pecado, sepa que mi estómago también se ha estrujado. Me encanta esa incertidumbre de lo que nos espera, siempre que esté segura en las manos de Dios. Es como tomar por primera vez una carretera con muchas curvas en un convertible. Quiero sentir ese viento en mi rostro. Si a usted le sucede lo mismo, seremos buenos compañeros de viaje.

Esta vez Dios puso en mi corazón la idea de ofrecerle opciones. Dios sabe que las necesitamos, en medio de la locura de nuestras múltiples ocupaciones y responsabilidades. Usted puede elegir el grado de participación que prefiera.

Nivel I:*Hacer las tareas para el hogar.* Encontrarnos muchas veces con Dios en las páginas de la Palabra nos brindará cada semana una experiencia realmente profunda. Al pasar la última página, usted conocerá el libro de Santiago y hasta sentirá que conoce al hombre que lo escribió. Si tiene suficiente energía como para completar las tareas para el hogar (¡y estoy segura que la tiene!), podrá dar un paso más.

NIVELES DE PARTICIPACIÓN

1 HACER LAS TAREAS PARA EL HOGAR

2 ESCRIBIR A MANO EL LIBRO DE SANTIAGO

3 LEER LOS ARTÍCULOS ADICIONALES

4 MEMORIZAR SANTIAGO

Nivel 2:*Hacer las tareas para el hogar + escribir a mano el libro de Santiago.* ¡Realmente me entusiasma este nivel! Por primera vez, en mis casi veinte años escribiendo estudios bíblicos, tenemos un libro de la Biblia suficientemente breve como para poder escribirlo a mano. Durante la primera y la última semana de esta serie nos concentraremos en la vida de Santiago. Desde la segunda hasta la sexta semana estudiaremos el libro en sí. Cada vez que lleguemos a una nueva sección de la epístola de Santiago, le pediré que la lea y que luego la escriba a puño y letra en la parte posterior de su libro del alumno en las páginas especialmente dedicadas a eso. Si decide no completar este nivel, simplemente lea la sección correspondiente sin sentir ninguna culpa. Esta opción es para quienes quieran dar un paso más para retener lo que están aprendiendo.

Nivel 3: *Hacer las tareas para el hogar + escribir a mano el libro de Santiago + leer los artículos de Melissa.* Usted podría decir que tengo especial interés en este nivel por ser la madre de Melissa. Lo digo con una sonrisa, porque aunque es cierto, la verdadera razón por la que hemos incorporado este nivel es porque usted (o personas como usted) lo pidió. Después de completar uno de mis estudios muchos me escribieron para preguntarme cómo podrían profundizar más en ese material.

Para ese entonces, generalmente he dado todo lo que tengo para dar o, al menos, todo lo que el tiempo y el espacio disponibles me permitieron. Woodrow Wilson dijo una vez: "No solo uso el cerebro que tengo sino todos los que pueda tomar prestados". Buen consejo, diría yo. Así que esta vez tomé prestado el cerebro de mi hija Melissa. Y es un cerebro bastante grande. Ella ha superado mucho a su madre en educación teológica formal y en el uso de los idiomas originales, así que le he pedido que aporte un enfoque más académico a varios conceptos de cada semana. Por favor, tenga en cuenta que estos artículos son opcionales y en cuanto al estilo son exactamente lo que yo le pedí que hiciera.

Desde el principio Melissa y yo supimos que ninguno de nuestros escritos satisfará a todo el mundo, pero esta vez trabajamos juntas con el profundo y sincero deseo de servirle mejor a usted. Yo hubiera querido agregar su nombre en la tapa del libro, pero ella me pidió que no lo hiciera. Mi hija Amanda siempre está involucrada en el proceso de un estudio bíblico como mi primera lectora y editora, pero esta vez estaba muy ocupada con mis queridos nietos. Así que tenga la seguridad de que ella también le sirve a usted junto con Melissa y conmigo, como su intercesora número uno. Nosotras escribimos y ella oró.

Nivel 4: *Hacer las tareas para el hogar + escribir a mano el libro de Santiago + leer los artículos de Melissa + memorizar el libro de Santiago.* Traté de imaginarme su expresión al leer esto y me eché a reír. Pero no me culpe a mí. ¿Recuerda todas esas personas que me pedían algo más? Cúlpelas a ellas. Mi querido hermano/a, si usted se compromete a completar estos cuatro niveles, es probable que el libro de Santiago se vuelva parte de la médula de sus huesos durante el resto de su vida. No es necesario decir que no recomendamos el tratar de memorizar todo el libro en las siete breves semanas que dura esta serie. En realidad, yo sugiero que memorice un capítulo al mes, durante un total de cinco meses, aunque la mejor recomendación sería: ¡hágalo como mejor sea para usted! Dado que Dios me llevó a aceptar este desafío, durante el proceso de escribir este estudio he recitado los cinco capítulos en voz alta más veces de las que puedo recordar. El ejercicio siempre me bendice mucho más de lo que me imagino. Piénselo, ore al respecto y algunos de ustedes… ¡háganlo!

Bien, hermano/a, ¿qué nivel le parece más factible para usted en este momento?
1   2   3   4

Se lo pregunto desde el principio porque quisiera desafiarlo a hacer un nivel más de lo que ahora le parece razonablemente posible. Si está dispuesto, ¡extiéndase a un nivel más! Si está seguro de que puede completar el nivel 1, intente extenderse al nivel 2 y vea qué pasa. A todos ustedes, a quienes siempre les exigimos demasiado, tengan en cuenta que Dios no los amará más de lo que ya los ama por haber completado un nivel más elevado o esforzarse más. Tampoco el hecho de memorizar todo el libro hará superiores a quienes apenas puedan participar de algunas reuniones de estudio. Estamos seguros en Cristo, y Dios nos acepta gracias a Él.

No tenemos nada que perder aquí, pero si aceptamos
el desafío, sí podremos ganar mucho de la Biblia.
Solo haga lo que sea una bendición, no lo que
sea una carga.

Quisiera decirle una última cosa. Creo en experiencias como estas. Creo en los estudios bíblicos y los libros que tienen como centro a Dios. Creo que Él puede usarlos para cambiar un rumbo. Cuando recién comenzaba a escribir esta serie, cierto aspecto de mi vida se volvió tan difícil y se extendió durante tanto tiempo que sentí que ya no podría soportarlo más. Quería salirme de eso con todas mis fuerzas. En medio de esa situación, leí un libro. No importa de qué libro se trata porque Dios puede usar cualquier cosa que Él quiera. Al terminarlo, lloré a gritos. Lloré hasta que las lágrimas me cayeron por la nariz y mojaron mi regazo. Lloré hasta que sentí los pulmones hinchados y ardiendo. El libro hablaba acerca de tener la valentía de vivir bajo presión y dolor para ser parte de una historia mejor. Una historia más grande. Decía que no debemos huir como cobardes, que solo el dolor puede producir un cambio. Y, como escritora, que no me conforme con escribir una vida que no estoy dispuesta a vivir. Usted se preguntará qué tiene de nuevo todo eso. Aunque en el fondo ya lo sabe: No es necesario que el tema sea nuevo, solo tiene que hablarnos sobre el problema que estamos viviendo en el momento.

Servirle a usted me hace sentir más humilde de lo que puedo expresar. ¡Jesús, Dador de la vida, Amante de nuestras almas, háblanos!

Con profundo afecto,

Beth

Tenga la valentía de vivir bajo presión y
dolor para ser parte de una historia mejor.
Una historia más grande. No huya
como un cobarde.

UN HOMBRE LLAMADO SANTIAGO

Hacer las tareas
para el hogar

Día uno
TODO QUEDA EN LA FAMILIA

UN VISTAZO AL TEMA:

"Pero cuando vino el cumplimiento del tiempo, Dios envió a su Hijo, nacido de mujer y nacido bajo la ley, para que redimiese a los que estaban bajo la ley, a fin de que recibiésemos la adopción de hijos". Gálatas 4.4-5

Había llegado una nueva era, el tiempo para el cual existía todo el tiempo. Sin embargo, en su mayor parte, la vida en las costas de Galilea continuaba siendo como era antes del gran terror. Un puñado de años atrás el enajenado rey Herodes ordenó que asesinaran a todos los bebés varones de Belén. Pero antes que se promulgara el edicto, ya un ángel del Señor se le había aparecido a José en un sueño y le indicó que se apresurara a ir a Egipto con María y el niño que había nacido de ella por el Espíritu Santo.

No crea que esta clase de sueños se había convertido en un hábito. José recibió dos de ellos en total. Pero ahora ya sabía que no se podía volver a dormir para pensarlo mejor a la mañana siguiente.

Nada iba según lo planeado. La mayoría de los hombres judíos no vivían así. Sabían lo que podían esperar. Lo único que necesitaban saber era lo que habían sabido sus padres. El negocio de sus padres ahora era su negocio. La casa de sus padres ahora era su casa. Esos mismos padres eran quienes dictaban de antemano las decisiones más fundamentales de la vida. Papá elegía a la esposa en una transacción comercial que tenía tanto romanticismo como una petición de un préstamo. La costumbre sofocaba la espontaneidad desde el mismo instante en que un varoncito judío tomaba su primera bocanada de aire. No es que la vida no fuera buena, pero tenía poco de inesperada.

Tan pronto como José supo que la mujer con quien se había comprometido para casarse estaba encinta, la normalidad cobró alas y salió volando como un cuervo al desierto. De repente lo inesperado se convirtió en lo único que podía esperar este carpintero. Si el ángel del Señor no le hubiera especificado que Egipto era el lugar de escape, la idea hubiera sido horrorosa para él. Nunca imaginaría los clamores de los oprimidos del mundo levantándose nuevamente al cielo desde Egipto... esta vez, a través de los llantos de un niño pequeño destinado a ser el Libertador. No, nada iba según lo planeado.

Es posible que José fuera uno de los escasos hombres en la historia que pensaban que ir a dormir era lo mejor que podían hacer cuando se necesitaban indicaciones. Noche tras noche, sin una sola palabra; entonces, cuando tal vez ya se preguntaba si lo habrían desterrado a las "tierras del silencio", el ángel del Señor se le apareció por tercera vez y le dijo: "Levántate, toma al niño y a su madre, y vete a tierra de Israel". ¿Por qué no completa el resto de la cita de Mateo 2.20 en el margen?

"...porque han..."

Continúe la línea de pensamiento leyendo Mateo 2.21-23.
¿Adónde se estableció la joven familia y por qué?

Muchos vivirían porque Aquel a quien la humanidad buscaba iba a morir.

Mateo 2.22 deja constancia de otro sueño más. Si usted no supiera cómo son las cosas, podría llegar a la conclusión de que para recibir mensajes divinos en sueños había que tener un nombre específico. En ambos Testamentos los soñadores se llaman José.

Algunos de los sueños del José de esta nueva época eran más bien pesadillas. ¿Se imagina la agonía y la ironía que sintieron estos padres al saber la cantidad de niños que murieron mientras que el que buscaba Herodes seguía vivo? Por supuesto, todavía no podían entender que al final muchos vivirían porque Aquel a quien la humanidad buscaba iba a morir. Pero quizá esto fuera lo que significaban las extrañas palabras de Simeón en el templo, cuando sostuvo en sus brazos al bebé Jesús.

Lea Lucas 2.34-35. Póngase en el lugar de María. ¿Qué impacto tendrían en usted las palabras de Simeón?

Por tanto, el Señor mismo os dará señal: He aquí que la virgen concebirá, y dará a luz un hijo, y llamará su nombre Emanuel.
ISAÍAS 7.14

Una espada también atravesará nuestra alma. Cuando José y su familia por fin se establecieron en Nazaret, es probable que tanto él como María ya hubieran llegado a la conclusión de que la espada que atravesaría el alma de María ya le había partido el corazón. Los había apartado de sus familias y los había aterrado con el fantasma del infanticidio. Había teñido de sangre sus talones como un lobo enloquecido persiguiéndolos todo el camino hasta Egipto y había regresado a esconderse en casa. Quizá pensaron: "¡Por fin!" Encontraron una nueva vida normal. Pensar que lo peor ya quedó atrás es la mejor de dos opciones y durante un tiempo María y José tuvieron razón.

La Biblia menciona con pudor que José "no la conoció [a María] hasta que dio a luz a su hijo primogénito" (Mateo 1.25). La joven arrancada de las páginas del anonimato se convirtió en la señal que predijo Isaías 7.14: "He aquí que la virgen concebirá, y dará a luz un hijo, y llamará su nombre Emanuel". Mateo 1.23 traduce el nombre de una manera que a los más perceptivos de nosotros nos impulsaría a postrarnos sobre nuestros rostros: "que traducido es: Dios con nosotros".

He aquí el evangelio. La buena noticia en su mayor expresión.

Quienes estamos acostumbrados a ver hasta el más mínimo detalle de todo en la televisión tal vez lamentemos que la Biblia tenga buenos modales. A menudo se aguanta la lengua. No sabemos cuánto tiempo esperó este matrimonio para tener intimidad y hasta sugerir que lo imaginemos excede el buen gusto. Esta no es una pareja que modele nuestras nociones de romanticismo y los que no creen en la virginidad perpetua tampoco desearán hablar al respecto. Así que mejor no lo hagamos. Sin embargo, si estamos dispuestos, sí podemos hablar de los resultados:

Lea Mateo 13.55-56 y anote el número de niños que, como mínimo, había bajo el techo de María y José: _____.

Como Jesús fue concebido por medio del Espíritu Santo, no tenía el mismo padre, así que podemos decir que eran medio hermanos. En esa época los índices de mortalidad infantil eran elevados y solo la mitad de la población superaba la niñez, por lo que en esa casa originalmente podrían haber nacido más de siete niños.[1] El Evangelio de Mateo nos dice que Jesús tenía "hermanas", pero no sabemos cuántas ni sus nombres.

No obstante, los hermanos tuvieron el privilegio de que los contaran y los nombraran. Escriba aquí sus nombres en el orden dado.

Encierre el primer nombre en un círculo.

Bueno, aquí está: le presento al protagonista que nos acompañará y nos instruirá durante las próximas siete semanas. Conozca a Santiago, también conocido como Jacobo, el medio hermano de Jesús. Realmente no conocemos a una persona hasta conocer algo acerca de sus comienzos. Sabemos algo del origen de Santiago a partir de los comienzos de Jesús. Podemos asumir con bastante certeza que Santiago fue el segundo en el orden de nacimiento de los hijos varones porque es el primero que se menciona en esta enumeración, como solía hacerse en la literatura antigua.

Tal vez yo esté equivocada, pero me imagino lo distinta que es la historia de la vida de una persona según la cantidad de componentes que tenga su familia de origen. Evangeline, mi colaboradora, viene de una familia con diez hijos. No puedo verla de la misma manera que veo a Kimberly, mi otra colaboradora, que es hija única. Una familia no es mejor que la otra, simplemente es más grande. Las familias más grandes implican casas más pequeñas, no necesariamente en superficie, sino en espacio libre. En la época de Jesús y Santiago las familias más grandes en casas más pequeñas implicaban que las comidas, las tareas del hogar y los juegos por lo general se hacían afuera. Cuando caía la noche, el lugar para dormir era muy escaso y podríamos decir sin temor a equivocarnos que si una noche José roncaba, nadie en la familia podía dormir.

También suelo pensar que el tamaño de la ciudad donde uno nace influye en la formación de una persona. Scott Korb, autor de *Life in Year One*, sugiere que imaginemos a Nazaret con una población de unas 400 personas en el siglo I.[2] Los caminos no estaban pavimentados y había pocos edificios públicos. Las casas tenían una sola planta, hecha de barro y piedra, con techos cubiertos de paja.

Las ventanas de las pequeñas viviendas por lo general eran altas "para permitir que entraran luz y aire, pero impedían que los transeúntes vieran cómo los de adentro dormían sobre sus colchones de paja". Como dice Korb, "se molía la harina, se cocinaba y se comía en el patio".[3] Con frecuencia los vecinos comían juntos en esos patios contiguos, hecho que a alguien como yo le parece muy divertido… mientras comamos en platos desechables. Pero ellos no tenían platos desechables. "Todos usaban vasos, jarros, tazas, vasijas hondas y recipientes de piedra caliza o tiza, conocidos como 'loza herodiana'".[4]

En el siglo I no existía la expresión "bajo en carbohidratos" en el vocabulario dietético de los residentes de Nazaret. El pan componía el 70% de las calorías diarias de su dieta, así que no tema imaginar a Jesús y a Santiago partiendo el pan y comiendo juntos varias veces al día.[5] Esto era una parte tan integral de su dieta que la palabra *lehem* (que en hebreo significa *pan*) se convirtió en un coloquialismo para designar la comida en general.[6] Algo como la palabra "Coca" que usamos en la actualidad. Mis hijas y yo solemos ir a "tomar una Coca", pero ellas pedían Dr. Pepper y yo una gaseosa de lima con cereza. Todos entienden lo que queremos decir. Así sucedía con el pan entre los israelitas cuando Jesús y Santiago eran niños.

Recuerde que cuando trazamos estas imágenes visuales de sus jóvenes vidas, solo estamos comparando sus alrededores y circunstancias, no su carácter ni su llamado. Uno de ellos era el hijo de José, el otro era el Hijo de Dios.

No saquemos la conclusión apresurada de que estos jovencitos pueblerinos nunca conocieron la vida en la ciudad.

¿Qué le dice Lucas 2.41 acerca de los viajes que hicieron María y José en su vida?

Esta solo era una de las tres fiestas del Señor a las que los hombres judíos debían asistir en Jerusalén. No tenían necesidad de llevar a toda la familia, pero muchos lo hacían. La mayoría de las familias hacían estos tres viajes todos los años. Lea los versículos que siguen, en Lucas 2.42-52.

Según la información que nos da el v. 44, ¿cómo cree usted que sea posible que este padre y esta madre viajaran todo un día sin darse cuenta que su hijo de 12 años se había perdido?

Bienvenido a la vida del primer siglo. La gente vivía en comunidad, comía con los vecinos y viajaba en caravanas. Aunque ninguna familia es perfecta, había una en Nazaret donde crecía un niño que sí lo era. No conocemos realmente a Santiago hasta verlo crecer junto al rayo de luz resplandeciente que caía sobre el rostro de Jesús desde esa ventana alta. Qué manera tan extraña de vivir.

Para cerrar esta primera lección de la serie, relate brevemente al margen cómo fue su niñez, incluyendo cuántas personas componían su familia, cómo era la ciudad y las comidas que solía comer. Cuente estos datos biográficos como una forma de conocer a su grupo de estudio cuando se reúnan para la próxima sesión. Me alegra mucho que nos acompañe en este viaje. A ellos también les alegrará. Que Dios permita que Su Palabra sea una santa fascinación para nosotros y la convierta en una llama que salte hacia su sagrado origen. Nuestro Dios es un fuego que todo lo consume.

Día dos
EL PODER DE LA RESURRECCIÓN

UN VISTAZO AL TEMA:

"Todos éstos perseveraban unánimes en oración y ruego, con las mujeres,
y con María la madre de Jesús, y con sus hermanos". Hechos 1.14

Si usted cree que ha tenido una relación multifacética con alguien de su familia, permítame mostrarle la de Santiago con Jesús. Reconozcamos que era una relación complicada. Ninguno de nosotros quiere que su hermano más cercano, ya sea medio hermano o hermano entero, crezca y nos abandone. Lo más complicado es cuando crecen y nos dejan antes de realmente haberse ido de casa. La sensación de crecer por separado mientras aún estamos juntos es peor que la de vernos forzados a separarnos por una distancia de kilómetros y kilómetros, y al mismo tiempo mantener una relación íntima.

Jesús era excepcional. Sí, totalmente perfecto y moralmente intachable, pero pocos de los que lo rodeaban podían llegar a entender semejante santa anomalía. Esta innegable excepción habría sido una característica suficiente, según las palabras de Lucas 2.35, para revelar los pensamientos de muchos corazones. Aunque conocemos la perfección de Cristo gracias al lente cristalino de la Biblia, tratemos ahora de captarla desde el inestable escalón superior de una escalera apoyada contra la alta ventana de la casa en que vivían.

Solo dos versículos en el Evangelio de Lucas describen de manera directa el crecimiento de Jesús. El primero, de todo lo insondable que pudiéramos imaginar, está en el contexto de Su niñez. El segundo, está en el contexto de Su crecimiento a la edad adulta. Veamos ambos y tomemos nota de cómo describen a Jesús.

Lucas 2.40

Lucas 2.52

¿Cómo puede un niño pequeño llegar a esa altura? En un mundo legalista en que ser totalmente espiritual por lo general significaba ser desagradable, Jesús poseía el favor de Dios y de los hombres. Podemos tener una relación con la persona más amorosa, cordial y llena de gracia del mundo y, al mismo tiempo, envidiarla. Que Jesús ya estuviera comenzando a hacer un cambio en Su identidad familiar es obvio si leemos Lucas 2.48-50.

¿Cómo respondieron a Jesús las diferentes personas de esta escena?

A través del tiempo los hermanos menores han acusado a sus hermanos y hermanas mayores de querer ser Dios, pero Jesús no estaba jugando.

¿Usted ve? Es complicado. Aunque atónita, ansiosa y al final molesta, María estaba conmovida en el rincón más secreto de su corazón donde se aferraba a los tesoros más amados de su vida. A veces sabemos que algo es correcto, maravilloso y como debe ser, pero al mismo tiempo nos lastima. Sentimos el desgarro. Un amor fuerte incluye el deseo de posesión, y nadie podía poseer a Jesús, no importa cuán cercano se estuviera a Él. El Padre celestial ya era el santo dueño de su corazón, alma y mente.

Si Jesús trastornó la mente de María y José, a quienes los ángeles ya habían preparado para Su llegada y crecimiento, imaginemos qué sucede cuando se agregan niños menores a la mezcla familiar más compleja de la historia humana. A través del tiempo los hermanos menores han acusado a sus hermanos y hermanas mayores de querer ser Dios, pero Jesús no estaba jugando. Y, extrañamente, ellos no le creyeron. Por lo menos, no los hermanos. Juan 7.5 dice: "Porque ni aun sus hermanos creían en él".

Nos preguntamos cómo es posible que los hermanos de Cristo no creyeran. Es posible que Jesús no se diera a conocer totalmente a quienes estaban fuera de Su círculo más íntimo por lo crítico que para la revelación progresiva del evangelio era hacer las cosas en el momento preciso. Ante la ansiedad de María para que Él expusiera su poder para hacer milagros en la boda de Caná, Jesús respondió: "Mujer… Aún no ha venido mi hora" (Juan 2.4).

Es posible que cuando al fin Jesús se hizo público, el corazón de los celosos hermanos ya estuviera endurecido debido a la independencia que Él tenía.

¿Por qué endurecido? Relate el hecho que narra Marcos 3.31-35.

Imagínese que usted fuera uno de ellos en una situación similar. Usted está tratando de llegar hasta su hermano, pero hay una multitud que se interpone entre ustedes. Usted intenta que el hecho de ser familia le sea de valor, pero la puerta se convierte en concreto. No se pierda la parte en que la multitud le dice a Jesús que Su familia está afuera, buscándolo. Visualice lo pública que es esta escena.

Ahora, elija cuatro palabras que describan adecuadamente cuál sería su reacción si usted fuera uno de esos hermanos:

Hay dos palabras que no puedo quitarme de la cabeza: pobre María. ¿Hay alguien más pensando lo mismo? Nosotras las madres somos como el salami entre pan de centeno de un sándwich, metidas entre los miembros de nuestra familia. Los amamos a todos. Queremos que se lleven bien. Si no lo hacen por ellos mismos, por lo menos que hagan el esfuerzo por nosotras. Mi madre solía amenazarnos con tener un ataque de nervios si los cinco niños de la casa no terminábamos con las peleas. Yo siempre me imaginé que podría suceder de repente, como un ataque cardíaco, y que iría cayendo de una articulación a la próxima, como el colapso de un grupo de barajas.

Hacer de árbitro es agotador y más feo en la casa que en las canchas. ¿No oye usted el sonido del silbato en Lucas 2.48, cuando Jesús tenía 12 años y se quedó solo en Jerusalén? "Hijo, ¿por qué nos has hecho así? He aquí, tu padre y yo te hemos buscado con angustia". En esta escena no se escucha ni una sola palabra de labios de José. Quizá María habló por él. Yo suelo hacer lo mismo: me enojo primero, en lugar de mi esposo, para que tal vez él no se enoje tanto.

En el baúl de la familia se van amontonando muchas cosas, hasta que está tan lleno que por la presión se abre de golpe. A menudo en la familia no nos damos el lujo de definir con claridad un sentimiento. Por más que lo deseemos, a veces no podemos simplemente llegar a la conclusión de que ya no amamos más a alguien y por lo tanto lo tacharemos de nuestra lista. Generalmente, los amamos aunque no nos caiga bien.

No estoy forzando estos sentimientos en los otros hijos de María. Solo quiero que imaginemos la dinámica familiar cuando más adelante arrestan y golpean a Jesús hasta casi desfigurarlo y crucificarlo públicamente. El horror y la oleada de amor, remordimiento, furia y culpa deben haber sido insoportables. Entonces, "resucitó al tercer día, conforme a las Escrituras; y que apareció a Cefas, y después a los doce. Después apareció a más de quinientos hermanos a la vez [...] Después apareció a Jacobo" (1 Corintios 15.4-7).

Aquí es donde comienza este peregrinaje. No sabemos dónde estaban ellos ni qué hacían. Solo podemos inferir algo: estaban solos. Ellos dos. Jesús y Santiago.

En el resto de la lección veremos en orden cronológico las próximas dos escenas que involucran a Santiago, ya sea por nombre o como uno de los hermanos de Jesús. Observe cada contexto con las complejidades que hemos sugerido y con el impacto que podemos inferir que tuvo esa reunión privada. Primero, lea Hechos 1.4-15.

¿Cómo sabemos que Santiago estaba en esta escena?

¿Cuán recientemente había visto Santiago al Cristo resucitado? Haga un estimado razonable de días o semanas, solo para establecer cuán nuevo era él ahora en el grupo de creyentes. (Pista: Lea Hechos 1.3).

Si lo permitiéramos, el poder de la resurrección aplastaría al poder del pasado. La reunión en ese aposento alto con algunos de los mismos que antes Jesús había llamado Su verdadera familia sería un buen material para un afiche titulado: "Incomodidad". Pero ya no había lugar para algo tan ridículamente narcisista. Cuando el llamado de Cristo abre un orificio, como un rayo láser, en nuestra coraza de autoprotección, vamos a donde Él nos guíe, nos guste o no. ¿Cómo vamos a superar los ardientes vientos del infierno si no podemos superar una situación incómoda?

¿Qué cree usted que haría sentir incómodo a Santiago al unirse al grupo apostólico después de haber sido un incrédulo?

Cuando el llamado de Cristo abre un orificio, como un rayo láser, en nuestra coraza de autoprotección, vamos a donde Él nos guíe, nos guste o no.

Relate una ocasión en la que usted se sintió incómodo y luchó ante la idea de hacer lo que Dios lo llamaba a hacer.

Quiera Dios que este viaje nos dé un nuevo aliento para tomar nuestro lugar en la historia, junto aquellos que buscaron a Jesús a pesar de sentirse "incómodos".

Una escena más y terminamos. Busque Hechos 12 y encontrará el relato del encarcelamiento de Pedro cuando las pruebas de fuego chamuscaban los pies de los primeros seguidores de Cristo. Para darle una idea del marco temporal, eche un vistazo a Hechos 11.26.

¿Con qué nombre se había comenzado a conocer a estos seguidores?

Ahora, lea Hechos 12.1-2. ¿A quién mataron?
☐ Herodes, el enemigo de la iglesia
☐ Juan, el hermano de Jacobo
☐ Jacobo, el hermano de Juan
☐ Esteban, el primer mártir

Lea Hechos 12.3-17. (¿No le encanta la reacción de Rode?) En el v. 17, donde se menciona a nuestro protagonista, ¿qué instrucción da Pedro en cuanto a "Jacobo y los hermanos"?

¿Qué detalles se habrán incluido en el relato que les hicieron a Jacobo y los hermanos acerca de "esto"? Piense libremente y a continuación escriba diferentes posibilidades.

Ahora imagine a Santiago recibiendo la noticia desde todos los ángulos. Quizá pensó algo así: *Esto que estamos haciendo es mortal. Aterrador. Me siento mareado. Me siento feliz. Él dijo que no temamos a los que solo pueden matar el cuerpo. Que pensemos más allá del dolor. ¿Y nuestras familias? ¿Qué significa todo esto? Siento como si hubieran soltado ejércitos de demonios en contra de nosotros. Hay ángeles. Ángeles reales, vivos… y algunos de ellos aparecen entre rayos de luz refulgente. Quizá nos capturen, pero quizá seamos rescatados. Quizá veamos horrores, pero quizá veamos maravillas. Quizá perdamos la cabeza, pero no perderemos nuestra alma. Las hogueras están preparadas. El fuego está encendido. Es tiempo de vivir como quienes no pueden morir.*
Bienvenido a la vida de los que llamaban "cristianos".

Día tres
EL HERMANO DEL SEÑOR

UN VISTAZO AL TEMA:

"no vi a ningún otro de los apóstoles, sino a Jacobo
el hermano del Señor". Gálatas 1.19

Hace siglos el clérigo inglés John Donne escribió palabras que muchos de nosotros sabemos de memoria. "Ningún hombre es una *isla* compuesta de uno mismo; cada hombre es una pieza del *continente*, una parte del total".[7] El apóstol Pablo lo hubiera dicho de esta manera: "Ningún hombre es un cuerpo entero en sí mismo; cada hombre es una pieza, una parte del todo". Para ser más exactos, Pablo escribió: "el cuerpo es uno, y tiene muchos miembros, pero todos los miembros del cuerpo, siendo muchos, son un solo cuerpo, así también Cristo" (1 Corintios 12.12). Si realmente queremos conocer a Santiago, será bueno que sepamos tanto como sea posible acerca de su relación con sus contemporáneos en las primeras obras del evangelio. Ellos no trabajaban aislados. De hecho, según la voluntad de Dios, la obra de uno estaba incompleta sin la del otro.

Por ejemplo, veamos a Santiago y al apóstol Pablo. Cada uno era necesario para la obra del evangelio, a pesar de nuestros interminables esfuerzos por meterlos a ambos en un cuadrilátero para que "solucionen sus diferencias". Hoy leeremos acerca de su primer encuentro y tendremos que contentarnos con ver la reunión desde el punto de vista de Pablo. De todos modos, es probable que la mayoría de nosotros sienta que lo conocemos mejor a él. No es de extrañarse, dado el peso de sus obras en el canon. La cantidad de textos bíblicos inspirados que escribió Pablo y que se escribieron acerca de Pablo es mucho mayor que los correspondientes a Santiago.

Entonces, como lo conocemos mejor, vamos a permitir que hoy Pablo nos presente a Santiago siempre que usted me prometa algo: usted recordará que en la iglesia primitiva de Jerusalén los roles estaban completamente revertidos. De hecho, Santiago ayudó a presentar al ex perseguidor de la iglesia. Cuando sus vidas se cruzaron por primera vez, el recién llegado era Pablo, no Santiago.

Perdone la redundancia, pero, ¿quién llegó primero?
☐ Santiago ☐ Pablo   Está bien, ahora no lo olvide.

Lea Gálatas 1.11-24. ¿De qué habla este pasaje?

Tenemos ante nosotros lo que el erudito Scot McKnight llama "una reconstrucción biográfica". Dejaré que él mismo lo explique. "Lo primero que un convertido hace es contar su biografía de una nueva forma. Una reorientación básica es así: lo que antes era lo más importante, ya no importa; lo que no importaba, ahora es fundamental".[8]

Intentaré aclarar el concepto. Contamos la historia de una vida a la luz de un acontecimiento que cambió toda la existencia y que no solo arroja luz sobre el futuro sino también sobre el pasado. Por ejemplo, una vez que Dios me lanzó al mundo del ministerio, mi trasfondo de abuso en la niñez ya dejó de ser algo que solo Satanás orquestó. Eso se convirtió en algo que Dios redimió y utilizó. Esto cambió drásticamente la forma en que yo veía las consecuencias de ciertos hechos. Pablo estaba haciendo esto, y más, en su "reconstrucción biográfica". No solo compartía su historia sino que también demostraba que su predicación provenía de nada menos que del mismo Jesús (vea el v. 12). No estaba repitiendo como un loro lo que otros habían dicho.

Antes de pasar a la parte de la historia de Pablo que involucra a Santiago, contemplemos parte del poder de su notable testimonio en Gálatas 1. Hagamos una línea de tiempo para documentar los hechos cronológicamente a partir de la información que tenemos. No se esfuerce por colocar los acontecimientos en una proporción exacta porque no tenemos todos los hechos. Solo anótelos en orden y rotúlelos. No olvide documentar su interacción con Santiago. Le doy el comienzo y el final. Usted complete el resto.

●——●

Conversión   A Siria y Cilicia

> Relea Gálatas 1.22-24. La meta principal de todo testimonio está bellamente resumida en el v. 24. ¿Qué dice?

> Este glorioso resultado no es solo para la historia de nuestra conversión. ¿Qué dice Mateo 5.14-16 acerca del propósito de nuestras obras?

> Ahora, volvamos al pasaje de Gálatas. En primer lugar, según Gálatas 1.18, ¿para qué hizo Pablo el viaje?

Deje volar su imaginación durante un momento. ¡Cuánto daríamos por poder ver un *reality show* de lo sucedido en esos quince días! Aquí se cruzaron dos de las mentes más influyentes del cristianismo. Ni siquiera podemos imaginar cómo sería el Nuevo Testamento sin sus historias y sus llamados. Pedro y Pablo también son claros ejemplos de las formas drásticamente diferentes que puede tener una conversión.

La Biblia nos dice que se "vieron", pero Dios sabe que la forma en que dos hombres se encuentran y llegan a conocerse no tiene absolutamente nada que ver con la forma en que lo hacen dos mujeres. Quizá ellos necesitaron quince días para llegar a conocerse tanto como dos mujeres llegarían a conocerse en cinco días. Y como suelen hacer los rabíes, es posible que en ese tiempo hayan disfrutado algunos debates muy animados.

> Escriba tres conversaciones que imagine que hayan tenido Pedro
> y Pablo durante esos 15 días.

Este es el punto en el que el testimonio de Pablo enlaza a Santiago, lo arrastra para meterlo en escena y luego parece olvidar que está allí. Lea el v. 19.

> ¿Cómo distingue Pablo a Santiago de los otros
> llamados apóstoles en el Nuevo Testamento? "No
> vi a ningún otro de los apóstoles, sino a Jacobo
> _____ ".

Quisiera dar un puñetazo en la mesa y exigir más que esto, ¿usted no? Queremos saber qué dijeron y qué aspecto tenían cuando lo dijeron. Desearíamos tener todas las piezas del rompecabezas de Santiago desde el momento de su conversión hasta más allá de su encuentro con Pablo, pero no las tenemos. No obstante, he aquí lo que podemos deducir basados en la conclusión de nuestra lección anterior acerca de Hechos 12.17 y nuestra actual preocupación con Gálatas 1.18-19.

Después de su encuentro redentor con el Cristo resucitado, Santiago debe haber residido en Jerusalén, donde terminó trabajando junto a Pedro. En los primeros años del cristianismo, Pedro era el líder indiscutible de la iglesia incipiente en Jerusalén y sus alrededores. Pero este puesto pasó a Santiago y es probable que Hechos 12.17 sea el pasaje que mejor explique por qué.

> Según este versículo, ¿qué hizo Pedro inmediatamente después
> de indicar al grupo de guerreros de oración que les contaran lo
> sucedido a "Jacobo y a los hermanos"?

Es muy posible que estemos viendo el momento en que Pedro se aleja temporalmente de Jerusalén y Santiago comienza a tomar la posición de liderazgo entre los convertidos en ese lugar. No saque conclusiones apresuradas: Pedro no huyó por cobarde. Salió de Jerusalén por, al menos, dos buenas razones. La primera es que tenía sentido común. Sin duda alguna el rey Herodes lo hubiera matado como lo hizo con el hermano de Juan, y la obra de Pedro habría quedado inconclusa. La segunda razón es la suma de todas las razones: la soberanía de Dios.

> Según Hechos 11.19-21, ¿qué sucedió como resultado directo de la
> persecución?

¡Qué extraordinario! ¿Verdad? La misma persecución que debía apagar para siempre el fuego del cristianismo solo logró extender las brasas por todo el territorio hasta incendiar un bosque reseco. Imagine cuántas veces Satanás debe reformular sus planes por causa del efecto retroactivo que consigue. Pero mientras tanto, toma como colaboradores conspiradores la acusación y la culpa y bajo su sutil influencia los hijos de Dios suelen atacarse unos a otros en lugar de unirse en contra del verdadero enemigo.

Aquí es donde la historia triangular de Pedro, Santiago y Pablo se vira al revés encima de uno de los tres ángulos. El fanatismo de personas como el antiguo Pablo impulsaba la persecución que tenía como fin llevar a Pedro y a Santiago a una muerte sangrienta. Solo unos capítulos antes vemos en el relato de Hechos: "Saulo, respirando aún amenazas y muerte contra los discípulos del Señor, vino al sumo sacerdote, y le pidió cartas para las sinagogas de Damasco, a fin de que si hallase algunos hombres o mujeres de este Camino, los trajese presos a Jerusalén" (Hechos 9.1-2). En Gálatas 1.13, el mismo Pablo lo dice: "Porque ya habéis oído acerca de mi conducta en otro tiempo en el judaísmo, que perseguía sobremanera a la iglesia de Dios, y la asolaba".[9]

¿Creemos tener algunos problemas en nuestras relaciones con otros siervos de Dios? ¿Creemos que la obra de Dios solo se cumple cuando vamos al unísono con nuestros hermanos preferidos? ¿Creemos que siempre tenemos que ver las cosas de la misma manera para ministrar juntos? ¿Acaso "la bondad de Dios nuestro Salvador y su amor" no se han manifestado a todos nosotros? (Tito 3.4). ¿Acaso no lo hemos negado todos, en un momento u otro?

Relate una ocasión en que usted se debatió con estas preguntas y cuál fue el resultado.

Imagine a Pablo, Pedro y Santiago en un momento determinado bajo el mismo techo, mirándose fijamente uno al otro. Sí, tenían mucho en común, pero podríamos decir que la teología de cada uno de ellos hubiera sido mucho más simple, más claramente definida, aparte de los otros. ¿Qué tres vidas podrían contar historias más diferentes de la redención de Cristo? Precisamente cuando creemos tenerlo todo explicado, Dios nos manda una persona que abre un hueco en nuestro sistema de creencias que solo Jesús puede llenar.

Al concluir la lección de hoy, reflexione en la línea de tiempo del testimonio de Pablo que trazamos anteriormente. Ahora elija una cantidad de años en su vida que haya sido muy estratégica en su trayecto hacia Cristo o con Cristo. Haga su propia línea de tiempo en una hoja aparte y escriba los datos que correspondan. Le recordará cuán fiel e intencional ha sido su Dios con usted. Si está participando en un grupo pequeño de estudio, prepárese para enseñársela al grupo como una forma de dar su testimonio. Por favor, haga esta tarea extra porque ¡volverá en bendición! Dios lo ama, querido hermano o hermana.

Un artículo más avanzado con Melissa

SANTIAGO Y EL VOTO NAZAREO

Muchos eruditos han relacionado a Santiago, el hermano de Jesús, con el voto nazareo.[1] Quizá usted ya conozca el contenido del voto, pero si no es así, puede echar un vistazo a Números 6.1-21, donde se establecen sus términos. Baruch A. Levine señala:

> El concepto subyacente de la devoción nazarea, en todas sus formas, es el de renuncia y entrega, percibidas como formas de acercarse a Dios para participar de Su poder, o en otras palabras, para convertirse en un instrumento del poder divino. La meta del nazareo podría definirse como la obtención de la santidad.[2]

El significado básico del sustantivo hebreo que se traduce "nazareo" es "el consagrado".[3] El nazareo más famoso de la Biblia es Sansón, a quien su madre dedicó a Dios como nazareo, aun antes de haber nacido. Sansón adjudicaba su excepcional fuerza a uno de los símbolos del voto, su cabello, que desde su nacimiento nunca se había cortado (vea Jueces 16.17).

Jueces 16.19 dice que la fuerza de Sansón lo abandonó cuando Dalila afeitó los siete rizos de su cabello, y el v. 20 lleva todavía más allá la relación del dedicado cabello con la fuerza del Señor. Cuando le cortaron el cabello, ya Sansón no se podía librar de las cadenas, pero cuando comenzó a crecer de nuevo, pudo derribar todo un templo sobre sí mismo y sobre los filisteos (vea Jueces 16.23-31).

Encontramos más indicios que relacionan a Santiago con el voto nazareo dentro del Nuevo Testamento, y más allá. Hegesipo, un historiador cristiano del siglo II, señala entre otras cosas de las cuales Santiago se abstenía, que no bebía vino ni se cortaba el cabello de su cabeza. Estas son dos de las características principales del voto nazareo.

Por supuesto, no podemos verificar que Hegesipo transmitiera una información veraz, pero el vínculo es digno de tomar en cuenta. Es interesante el hecho de que, en Hechos 21.17-26, también encontramos a Santiago vinculado con el voto cuando, entre otras cosas, sugiere que el apóstol Pablo pague por los gastos de cuatro hombres, supuestamente de los cristianos de Jerusalén, que han hecho un voto y deben afeitarse la cabeza.

Aunque no vemos a Santiago tomar explícitamente el voto nazareo en el Nuevo Testamento, su relación con los cuatro hombres que han tomado el voto en Hechos 21 es extremadamente intrigante. Al menos, el texto nos muestra que los primeros cristianos bajo el liderazgo de Santiago aún estaban relacionados con el templo, incluso, después de la resurrección de Jesús.

Al menos, el texto nos muestra que los **primeros cristianos** bajo el liderazgo de Santiago aún **estaban relacionados con el templo, incluso**, después de la resurrección de Cristo.

Día cuatro
TRES COLUMNAS

UN VISTAZO AL TEMA:

"Jacobo, Cefas y Juan, que eran considerados como columnas, nos dieron a mí y a Bernabé la diestra en señal de compañerismo, para que nosotros fuésemos a los gentiles, y ellos a la circuncisión". Gálatas 2.9b

Mientras escarbábamos en busca de información para este estudio, Melissa y yo descubrimos muchas cosas que nos abrieron los ojos en relación con la persona de Santiago. Mi oración es que usted tenga la misma experiencia. Antes de embarcarme en este viaje yo solo sabía unos pocos datos básicos acerca de él y la mayoría estaban teñidos por el rechazo que al principio él sintió hacia Jesús como Mesías. No me malentienda. Hace muchos años que admiro profundamente el libro de Santiago, pero al mirar en retrospectiva, no creo que lo relacionara lo suficiente con el hombre que Dios inspiró para escribir este libro.

Lo que descubrí en el proceso de preparación para este estudio influyó drásticamente en la forma en que trabajé el libro de cinco capítulos que lleva su nombre. Quiero que conozcamos al mismo Santiago que conoció la iglesia primitiva.

En Gálatas 1, nuestra lección anterior, tuvimos un fugaz atisbo de Santiago. Supimos que Pablo pasó un tiempo con él durante el viaje a Jerusalén donde pasó quince días conociendo a Pedro. Volvamos a las páginas de Gálatas y allí encontraremos otra breve mención de Santiago proveniente de la pluma del apóstol Pablo, pero esta vez con implicaciones mucho más amplias. Por favor, repase el contexto, lea Gálatas 2.1-10 y complete lo siguiente:

¿Cuánto tiempo después regresó el apóstol Pablo a Jerusalén?

¿Quién fue con él? Encierre en un círculo las respuestas correctas.

Silas   Timoteo   Tito   Bernabé   Juan Marcos

Comente cada detalle acerca de Tito que encuentre en este pasaje.

Según Pablo, ¿qué estaba en juego? (Vea los vv. 4-5).

Obviamente, por el tono de este pasaje, se estaba produciendo una lucha de naturaleza religiosa. ¡Nada peor!

Una de las cosas que seguramente ya usted ha notado es que Tito era griego, lo que la Biblia llama "gentil".

Eche un vistazo a Efesios 2.11-14 para obtener información acerca del rol de la circuncisión en las diferencias entre personas. ¿Cuál era la consecuencia de la circuncisión?

Parte del "tira y afloja" en la iglesia primitiva era debido a si los hombres que llegaban a la fe provenientes del mundo gentil debían circuncidarse. Recordemos que el árbol genealógico del cristianismo brotó de raíces judías, por lo que la respuesta no era tan simple como lo parece hoy, siglos después.

Por razones que en retrospectiva se ven con mucha más claridad Pablo categóricamente sostuvo que los gentiles no debían atarse a las leyes judías con su nueva fe cristiana. Después de todo, y a pesar del rechazo que Pablo sufrió de su pueblo, es posible que también sintiera lealtad y ansias de proteger especialmente a los que habían recibido su ministerio con los brazos abiertos (vea Gálatas 2.9). Él creía que los cristianos judíos estaban arrancando a los nuevos convertidos gentiles que acababan de ser liberados de las tinieblas para empujarlos en la ya atestada prisión del legalismo. No pasemos por alto el fuerte compromiso de Pablo con respecto a este tema, considerando los riesgos que corría.

Lea Gálatas 5.11 (y, si se atreve, agregue el v. 12). ¿Qué sugiere Pablo?

El clímax de la controversia ocupará nuestros pensamientos mañana, así que hagamos una pausa hasta entonces. Volvamos a fijar nuestra atención en Gálatas 2.8 y de nuevo leamos este versículo.

Solo Dios sabe cuántos ministerios útiles se han desintegrado hasta desaparecer por causa de la adicción a la comparación. Hablamos de los que creen que Dios es omnipotente y omnipresente, pero solemos actuar como si solo pudiera obrar por medio de una persona, un método o una clase de ministerio a la vez. Si no nos negamos a caer en esto, llegaremos a adoptar la mentalidad de un hijo malcriado que piensa que si Dios le muestra favor a otro, es porque seguramente me odia a mí.

Por otro lado, aunque nos esforcemos al máximo por no compararnos con otros hermanos con dones o llamados similares, los demás se ocuparán de hacerlo por nosotros. Retroceda un poco y fíjese cuántos observadores tratarán de empujarlo a una competencia con alguien que llena un espacio similar al suyo. La idea es que dos cosas que se puedan comparar necesariamente implican una competencia.

En esta sociedad de celebridades en la que tantos pelean por sus cinco minutos de fama, aun nosotros, los seguidores de Cristo, podemos caer en la tentación de reescribir

Por tanto, acordaos de que en otro tiempo vosotros, los gentiles en cuanto a la carne, erais llamados incircuncisión por la llamada circuncisión hecha con mano en la carne. En aquel tiempo estabais sin Cristo, alejados de la ciudadanía de Israel y ajenos a los pactos de la promesa, sin esperanza y sin Dios en el mundo. Pero ahora en Cristo Jesús, vosotros que en otro tiempo estabais lejos, habéis sido hechos cercanos por la sangre de Cristo. Porque él es nuestra paz, que de ambos pueblos hizo uno, derribando la pared intermedia de separación.
EFESIOS 2.11-14

La forma que Dios tiene de alcanzar este mundo grande y necesitado que hay allá afuera es convocarnos a cada uno de nosotros para que hagamos la parte que nos toca con amor y humildad, variedad y diversidad.

2 Timoteo 1.6, para que en lugar de decir "que avives el fuego del don de Dios que está en ti" diga "hazte famoso con el don de Dios que está en ti". Qué tragedia y qué inmensa pérdida de tiempo. Crucifiquémonos a la soberbia y a las comparaciones. Allá afuera hay un mundo grande y necesitado, y la forma de alcanzarlo que tiene Dios es convocarnos a cada uno de nosotros para que hagamos la parte que nos toca con amor y humildad, variedad y diversidad. Saboreemos la traducción en la paráfrasis de Gálatas 5.25-26:

> Dado que esta es la clase de vida que hemos elegido, la vida del Espíritu, asegurémonos de no solo mantenerla como una idea en nuestra mente o un sentimiento en nuestro corazón, sino de poner en práctica sus implicaciones en cada detalle de nuestras vidas. Esto significa que no nos compararemos unos con otros como si alguno fuera mejor y otro peor. Tenemos cosas mucho más interesantes que hacer con nuestras vidas. Cada uno de nosotros es un original. (Traducción libre del pasaje en la versión The Message).

Si esta línea de pensamiento le trae a la mente alguna trampa de comparación específica en la que usted ha caído, por favor, fíjese en esta otra forma de redactar Gálatas 2.8 y complete los espacios en blanco con tinta invisible delante de Dios. "Dios, que está obrando en el ministerio de _____ como siervo para _____, también está obrando en mi ministerio como siervo para _____".

¿En qué trampa de comparación suele usted caer con mayor frecuencia? ¿Por qué?

Ahora, vuelva a buscar Gálatas 2.1-10. ¿En qué contexto aparece Santiago, nuestro protagonista, en estos versículos?

¿Qué cree usted que Pablo quiso decir al usar la palabra "columnas"?

Este término se tomó de la arquitectura griega y su uso era tan común como lo es hoy en día. Era una metáfora que se utilizaba para referirse a alguien que servía como una columna suficientemente firme como para dar apoyo a una estructura grande. El Talmud se refiere a los patriarcas Abraham, Isaac y Jacob como las tres columnas de

Israel.[10] Pablo podría haber considerado a Jacobo, Pedro y Juan (en ese orden) como los Abraham, Isaac y Jacob de la iglesia primitiva. Imagine las ramificaciones de esta clase de sagrados paralelismos.

Dicho sea de paso: este Jacobo es nuestro Santiago. Estamos tan acostumbrados a leer juntos los nombres de Pedro, Jacobo y Juan en los Evangelios, donde Jacobo es el hermano de sangre de Juan, que tenemos la tendencia de suponer que se trata del Jacobo de aquí.

Basados en Gálatas 1.18 y 2.1, ¿cuántos años habían pasado, al menos, en el movimiento del evangelio?

Al poco tiempo de comenzar el cristianismo martirizaron a Jacobo, el hermano del apóstol Juan. La "columna" a quien se refieren aquí es Jacobo/Santiago, "el hermano del Señor" (Gálatas 1.19).

Por favor, permita que este hecho se asiente profundamente en su percepción, que tiña y moldee todo lo que estudiemos desde este momento en adelante: Santiago se elevó a un lugar de tremenda prominencia en la iglesia primitiva. Saltó con una velocidad pasmosa de dudar a liderar. Hechos como este deben inundar nuestra fe acerca de la certeza de la resurrección de Cristo. Antes de saltar a la conclusión de que la posición de Santiago se debía solamente a su vínculo fraternal, pensemos esto: en Hechos 1.14, cuando se reunieron en el aposento alto, ya todos los hermanos creían en Jesús como el Cristo. Sin embargo, solo uno surgió como líder y, mucho más impresionante, como una de las "tres columnas".

Eche un vistazo a Gálatas 2.9. ¿Qué les dieron las "columnas" a Pablo y Bernabé cuando reconocieron la gracia que le fue dada a Pablo?

No se trataba de un apretón de manos como un saludo, sino que un apretón de manos para establecer un acuerdo. En este contexto significaba una especie de bendición mutua y un vínculo para servir al mismo Señor en dos direcciones profundamente diferentes, pero igualmente cruciales. Bien, un último detalle.

Lea Gálatas 2.10. ¿Qué fue lo único que ellos pidieron?

¡Prometa no olvidar esto! El pedido de "las tres columnas" (que Pablo y Bernabé se acordaran de los pobres) planta una idea que más adelante producirá una cosecha muy significativa en este estudio. Era algo que tenía una importancia crucial para Santiago y que tiene un enorme peso en el libro de la Biblia que él fue inspirado a escribir.

Hoy aprendí mucho. ¿Y usted? Me alegra que esté conmigo. Siempre que escribo una serie pienso que no podría imaginarme estudiando con la misma profundidad si lo estuviera haciendo sola. Usted me mantiene activa y le doy gracias a Dios por eso. ¡Nos vemos mañana!

Un artículo más avanzado con Melissa

EL CONCILIO DE JERUSALÉN (PRIMERA PARTE)

En día cinco usted estudiará Hechos 15, un capítulo tan importante en la vida de Santiago que debemos pasar unos minutos hablando de él con anticipación. Los acontecimientos de Hechos 15 son cruciales en la vida de Santiago y en la iglesia primitiva.

Al principio, mi obsesión con Hechos 15 era como una broma, pero con el tiempo la situación se volvió más seria: "Bueno, Melissa, *realmente* tienes que apurarte con esto, o no podremos entregar el libro a tiempo". Baste decir que este es uno de los capítulos más fascinantes del Nuevo Testamento. Sé que la gente dice eso de cualquier pasaje, si es el que se está estudiando en ese momento, pero realmente lo digo en serio.

Lo nuevo que Dios hizo significó que los gentiles ya no necesitaban convertirse al judaísmo para que los incluyeran entre el pueblo de Dios. En palabras de Pedro, Dios había *purificado* (observe la imagen ritual) los corazones de los gentiles por medio de la fe (vea Hechos 15.9).

Cientos de años antes del concilio de Jerusalén, el profeta Jeremías habló de un tiempo en que los gentiles aprenderían bien "los caminos" de Israel para ser prosperados entre el pueblo de Dios. De repente, llegó el tiempo que había predicho Jeremías. Inesperadamente, el don prometido del Espíritu Santo se derramaba sobre los gentiles tanto como sobre los judíos.

De repente, la iglesia primitiva estaba experimentando algo sin precedentes en la historia de la salvación. No tenían ejemplos a seguir. Aunque las Escrituras del Antiguo Testamento legitimaban su experiencia, no había manual de instrucciones. Por el contrario, debían andar en el Espíritu e improvisar a medida que encontraban nuevos problemas y conflictos. Esto, con la ayuda del Antiguo Testamento, era improvisar en el poder del Espíritu, aunque, desde luego, no dejaba de ser una improvisación.

Una amiga mía está trabajando en la difícil tarea de iniciar un seminario en una cárcel de mujeres. ¿Cómo es eso, exactamente? Aunque en la Biblia no tenemos respuestas concretas acerca de un seminario en una cárcel, ¿qué sucedería si Dios lo llamara a usted a iniciar uno? Tendrá que andar en el Espíritu y pedirle a Dios que lo guíe con la sabiduría y el conocimiento de las Escrituras. Sí, es posible que tenga que tomar algunas decisiones sin tener un versículo en el cual fundamentarlas. La vida es complicada, pero Dios nos dio el Espíritu Santo para capacitarnos al enfrentar situaciones difíciles como esta.

Volvamos a la iglesia primitiva. Esta gente tenía que descubrir cómo transformar el mensaje profético en algo práctico y razonable en las vidas diarias, tanto de judíos como de gentiles. Y no fue fácil. Aunque el mensaje de Jeremías en teoría sonaba fabuloso, ¿cómo eran los detalles? Después de todo, los judíos y los gentiles apenas podían comer juntos. Desde la perspectiva de un judío devoto, toda la forma de vida de los gentiles no solo los hacía impuros sino, además, infecciosos. Así que aquí, en el concilio de Jerusalén, la iglesia primitiva debía discernir cómo iban a existir los gentiles como pueblo de Dios sin sacrificar la libertad de ser gentiles.

Santiago, nuestro protagonista, tiene la voz cantante en esa importante discusión. En el próximo artículo trataremos algunos de los tediosos, aunque importantes, detalles del discurso de Santiago en el concilio de Jerusalén. Créame, le diré más de lo que querrá saber acerca de este discurso después que usted estudie el día cinco con mamá.

Día cinco
¡ESCÚCHENME!

UN VISTAZO AL TEMA:

"Y cuando ellos callaron, Jacobo respondió diciendo:
Varones hermanos, oídme". Hechos 15.13

Prometí que hoy volveríamos al punto determinante del conflicto sobre los creyentes gentiles y las leyes judías. Pasemos a Hechos 15, un relato que algunos eruditos creen que concuerda con el segmento de Gálatas que estudiamos ayer. Si presta atención, hasta con un solo oído, usted escuchará el eco. Hoy vamos a trabajar mucho, así que quisiera comenzar con una dulce historia que podría aliviar la profundidad de la investigación que tendrá que hacer.

Mi yerno Curtis hizo una profesión pública de su fe en Cristo y lo bautizaron a los 9 años de edad. Este acto, en su denominación, lo calificaba para ser miembro de la iglesia. Él tomó muy en serio su fe, aun a esa edad, y me contó que no veía la hora de asistir a una reunión administrativa de la congregación para poder ejercer su recién adquirido derecho al voto.

Quizá sea cosa de varones, porque yo me crié en la misma denominación y nunca se me ocurrió salir corriendo para la primera reunión administrativa que se hiciera en la iglesia. Lo que yo pensaba era: "Dame la Cena del Señor ahora, antes que nadie vaya a salir herido, y ustedes se pueden quedar con la reunión". Las reuniones administrativas no me interesaban. Pero para Curtis era otra cosa. Él había ganado el derecho a votar y tenía toda la intención de ponerlo en práctica.

De haber sido Curtis un rebelde, yo diría que sus padres podrían haberlo hecho soportar tantas reuniones que el hecho de poder decir "sí" o "no" habría sido una dulce venganza para él. Pero, al parecer, su motivación era pura. Me contó que asistía a esas reuniones administrativas con las "columnas" adultas de la iglesia y levantaba su pequeño y delgado brazo para apoyar mociones con una voz a la que todavía le faltaban años para cambiar. Imagínese las sonrisas de los demás miembros. Mi corazón se enternece al pensar que años después varios de esos mismos hombres se pusieron de rodillas para imponer las manos sobre Curtis en su ordenación al pastorado. Nunca se sabe lo que Dios hará con un niño de nueve años.

Usted y yo también debemos soportar algunas reuniones de la iglesia o fuera de ella. De vez en cuando una de esas reuniones nos cambia la vida. Esto es lo que sucedió en Hechos. Lea Hechos 15.1-11. Este pasaje, muy adecuadamente, marca la mitad del libro. Un acalorado debate llevó a lo que en la historia se conoce como el Concilio de Jerusalén.

¿Qué fue esta reunión? (Vea los vv. 1-6).

Lea con mucha atención el v. 5. ¿Quiénes insistían en que los gentiles se circuncidaran y guardaran la ley mosaica?

No se detenga a mirar a los fariseos con malos ojos. Deléitese en el hecho de que muchos de ellos, tan notables como los otros que se le oponían, realmente aceptaron a Jesucristo como el Mesías. Lo que Pedro afirma en los vv. 7-9 fue casi escandaloso para algunos y de titánica importancia para todos.

En el margen, escriba varias cosas que Pedro dijo. Complete el desafío que lanzó en el v. 10: "¿por qué tentáis a Dios?"

Observe que Pedro reformula el yugo, no como una prueba de hombres sino como una prueba del mismo Dios, elevando la ofensa infinitamente.

Escriba su propia paráfrasis de Hechos 15.11.

Oh, que nunca tratemos de hacer que otros ganen lo que nosotros recibimos gratuitamente. Lea el próximo pasaje, Hechos 15.12-21, y reflexione en el v. 12.

¿Por qué cree que toda la multitud necesitaba escuchar que Bernabé y Pablo les contara de esas "grandes señales y maravillas"?

Fije su mirada en el v. 13. Este es el momento de la narración en que nuestro Santiago sube a la plataforma. Muchos eruditos creen que él presidía esta reunión revolucionaria (y aun trascendental). ¿Qué nos indica que Santiago estuviera a cargo? Enfoquemos los reflectores sobre algunos lugares que nos ayudan a imaginar a Santiago en su creciente círculo de influencia. El hecho de que presidiera no lo hizo perder su cálido pulso. Veamos nuevamente el v. 14.

¿Con qué nombre llamó a Pedro?

Santiago, con toda intención, llamó a Pedro por la forma hebrea o aramea de su nombre común personal, Simón, o más literalmente, Simeón. Pero, no se me duerma. Aquí es donde debo pedirle que renuncie a todo intento de separar a Santiago de su condición como judío. Hacerlo sería perdernos gran parte, casi todo, de él.

Cuando Pedro salía de viaje, Santiago asumía el liderazgo entre los seguidores de Cristo en Jerusalén que eran (¡memorice esto!) judíos. Así como Pablo tenía una afinidad natural con los gentiles a quienes servía principalmente, Santiago mantenía una afinidad con los creyentes judíos a quienes no solo servía, sino que además compartía su innegable condición de judío. En sus escritos veremos pruebas de esto y haremos bien en recordar que él disfrutaba de la misma inspiración del Espíritu Santo que tenía Pablo. Lea con atención estas palabras de F.F. Bruce:

Santiago tenía una amplitud de visión de estadista, como vemos en su política en el Concilio de Jerusalén (Hechos 15.13-21), pero tuvo el cuidado de mantener la confianza de los miembros comunes de la iglesia de Jerusalén, muchos de los cuales eran "celosos por la ley" (21.20). Además, hasta el final continuó infundiendo respeto en el pueblo de Jerusalén, en gran parte por causa de su forma de vida ascética y su frecuente participación en los cultos de oración en el templo, donde intercedía por el pueblo y su ciudad. No importa lo que hicieran Pedro y los otros miembros de los Doce, Santiago estaba libre de cualquier sospecha de fraternizar con los gentiles.[11]

Escriba en el margen las características de Santiago inferidas de este extracto que le ayudarán a moldear su percepción de él.

Solo con este trasfondo podemos apreciar en toda su plenitud las pasmosas palabras que salen de la boca de Santiago en Hechos 15.14.

Según este versículo, ¿qué hizo Dios exactamente?

Una vez más: ¿de quién tomó Dios?

Usted está frente a uno de los momentos más dramáticos y críticos de la historia de la salvación. ¿Por qué es tan importante?

¿Qué dice Deuteronomio 14.2 acerca del pueblo de Dios?

> Simón ha contado cómo Dios visitó por primera vez a los gentiles para tomar de ellos pueblo para su nombre.
> **HECHOS 15.14**

Yo estaba haciendo ejercicio en mi bicicleta fija al mismo tiempo que leía un comentario acerca de este capítulo de Hechos cuando tomé conciencia de la fuerza de las palabras de Santiago y vi cómo subían mis pulsaciones en el monitor. Espero que ahora su pulso también se agite un poco. En Hechos 15.14, Santiago "no dice que Dios tomó un pueblo que contrastaba con los gentiles sino que tomó un pueblo que consistía en gentiles".[12] Santiago, deliberadamente, invirtió el pasaje del Antiguo Testamento como si la mano de Dios se sacara un guante de adentro hacia fuera.

¿Cómo 1 Pedro 2.10 dice algo similar?

¿Por qué cree usted que Santiago fue sabio al citar un profeta del Antiguo Testamento como Amós en esta reunión del concilio?

Volvamos a Hechos 15.16. Santiago, entonces, cita al profeta Amós, quien predijo que los gentiles también llevarían el nombre de Dios. "Y con esto concuerdan las palabras de los profetas" (v. 15).

¿Observó las palabras "con esto concuerdan"? Le encantará saber la palabra original que se usó aquí. Se trata del compuesto griego "*symphonousin*".[13]

¿A qué palabra le suena similar?

Un día, adoraremos en presencia de Aquel que orquestó la perfecta sinfonía.

Ambas palabras provienen de una combinación de las palabras "juntos" y "sonido/voz". Después de todas nuestras discordias, choques y clamores, un día adoraremos en presencia de Aquel que orquestó una perfecta sinfonía de dos testamentos diferentes y, más impresionante aun, de un montón de instrumentos de barro. Él colocará las partituras, todas las notas en su lugar, y la exquisita belleza será de otro mundo.

Ahora vuelva a leer Hechos 15.20. ¿Qué campos específicos de abstinencia sugirió Santiago?

Si usted es como yo, tal vez desee hacer una lista diferente. La abstinencia de la inmoralidad sexual (interesante, la palabra griega es *porneia*) no es nada extraño, aunque sí sea extraño guardar el mandamiento en esta sociedad sobreexpuesta al sexo.[14] Las normas sobre las comidas, en el v. 20, nos confunden porque nos sentimos a millones de años luz de esa cultura. ¿Cuándo fue la última vez que usted fue a un restaurante y vio "Carne sacrificada a los ídolos" en el menú?

La explosión de la iglesia primitiva más allá de las fronteras del judaísmo arrojó trozos de metralla fuera de la puerta de entrada que cayeron sobre la mesa de la cena. Si me permite el atrevimiento diré que las consecuencias no podían haber sido más chocantes si hubiera golpeado en los dormitorios de matrimonios mixtos. Esta nueva obra del Espíritu podía significar que judíos y gentiles llegaran a encontrarse en una situación en la que estuvieran comiendo juntos. La idea de una cosa semejante dejaría a muchos con la boca abierta y seca. Después de todo, ¿quién podría comer?

El problema no solo era la comida, aunque un cerdo asado haría atragantar a muchos. El asunto más importante era la declaración de comunión de pacto sugiriendo compartir la mesa. Lo que vemos en Hechos 15.20 es el sabio esfuerzo de Santiago para asegurar que la dieta de los gentiles en la mesa común no hiciera sentir a los hermanos y hermanas en Cristo que eran judíos como si le estuvieran tirando la comida en sus caras. Terminemos nuestra lección con Hechos 15.22-35.

¿Cómo se hizo correr la voz acerca de la decisión que se adoptó en el Concilio de Jerusalén?

¿Cómo se distanciaron de aquellos que trataban de imponer a los gentiles la circuncisión y la ley de Moisés? (Vea los vv. 1, 24).

Observe la frase "perturbando vuestras almas". La palabra griega que se traduce "perturbando" es una metáfora militar que significa saquear una ciudad.[15] ¿Cómo encaja la metáfora del saqueo en este contexto?

El v. 25 dice: "nos ha parecido bien, habiendo llegado a un acuerdo, elegir varones y enviarlos a vosotros". Pocas cosas dan un testimonio más contundente de la presencia y el poder de Cristo que el de dos mentalidades fuertes que se funden en un acuerdo. Efesios 2.14-18 nos hace escuchar la conmovedora melodía de la armonía en la carta a los creyentes gentiles.

Lea estos versículos. ¿Cuál fue el medio por el cual se hizo la paz?

¿Cómo ha experimentado usted, personalmente, esta paz?

Nuestro texto concluye cuando los portadores de las buenas nuevas "fueron despedidos en paz por los hermanos" (Hechos 15.33). ¡Cuán perfecto es que los creyentes gentiles enviaran a sus hermanos judíos de regreso a Jerusalén con la antigua y profunda bendición judía: *Shalom*.[16] Sin duda, Él mismo "es nuestra paz" (Efesios 2.14).

Artículo adicional con Melissa

EL CONCILIO DE JERUSALÉN (SEGUNDA PARTE)

El veredicto que Santiago propuso en el Concilio de Jerusalén fue una especie de acuerdo con concesiones de ambas partes. Aunque validó los testimonios de Pablo y Pedro, rechazando la exigencia de que los gentiles debían guardar la ley de Moisés (vea Hechos 15.19), delimitó el juicio con la conclusión de que los gentiles debían abstenerse de: (1) alimentos contaminados por ídolos; (2) inmoralidad sexual; (3) carne de animales estrangulados y (4) sangre. Estas cuatro prohibiciones se conocen como el decreto apostólico.

Ahora quédese aquí conmigo. Sé que no todo esto parece pertinente para nuestra cultura actual, sin embargo, si nos tomamos el tiempo de estudiarlo, será útil saberlo. Yo estaría dispuesta a caminar 500 millas para preguntarle a Santiago de dónde sacó las cuatro prohibiciones del decreto apostólico. ¿De dónde venían? ¿Por qué fueron cuatro? ¿Qué importancia tenían?

> Yo estaría dispuesta a caminar 500 millas para preguntarle a Santiago de dónde sacó **las cuatro prohibiciones** del decreto apostólico.

Aunque no sabemos con seguridad de dónde proviene el decreto apostólico, Richard Bauckham presenta argumentos convincentes en el sentido de que las prohibiciones surgían de las reglas para los extranjeros residentes en la tierra de Israel. Basado en argumentos muy técnicos, sugiere que las prohibiciones de Santiago provienen de una típica exégesis judía de Levítico 17.8 – 18.18.

Recuerde que la iglesia primitiva estaba tratando de discernir cuál era la relación adecuada entre los gentiles y la ley mosaica.

Como dice Bauckham:

> **Todas las evidencias sugieren que los cristianos judíos aceptaron el decreto apostólico en general como la definición autorizada de la relación de los creyentes gentiles con la ley de Moisés. No pensaban que significara abolir la ley, como algunos suponen que afirmaba Pablo. Entendían que sostenía la validez de la ley, que en sí misma hacía la distinción entre los judíos —que debían guardar toda la ley— y los miembros gentiles del pueblo de Dios escatológico, a quienes solo imponían las cuatro obligaciones especificadas en el decreto.**

Algunos han cuestionado la historicidad del relato que hace Lucas acerca del Concilio de Jerusalén, dudando que Pablo hubiera apoyado el juicio más moderado de Santiago. Pero aquí le presento varios puntos para que usted vaya reflexionando mientras estudia este texto por sí solo.

1. Santiago propuso que los gentiles solo cumplieran 4 de las 613 leyes de las Escrituras judías, y no como medio de salvación sino para reconocer la importancia histórica y permanente de la ley mosaica en la historia de la salvación (vea Hechos 15.21).
2. Pablo enseñó que por amor a los cristianos "débiles", los cristianos fuertes debían limitar, en amor y sin egoísmos, su libertad (1 Corintios 8.9-13).
3. Pablo no creía que la ley salvara (generadora de salvación), pero en Romanos 3.31 dice que la fe confirma la ley, en lugar de anularla.
4. Pablo, en sus cartas, no menciona explícitamente el decreto apostólico, pero él, Timoteo y Silas comunicaron "las ordenanzas que habían acordado los apóstoles y los ancianos que estaban en Jerusalén, para que las guardasen" (Hechos 16.4). Por tanto, el libro de Hechos muestra cómo Pablo apoyó y dio a conocer las deliberaciones de Santiago.
5. Hechos 16.1-3 nos da la sorprendente noticia de que el mismo Pablo circuncidó a Timoteo porque quería llevarlo consigo en el viaje. Pero, ¿acaso el propósito de Hechos 15 no era demostrar que la circuncisión no era necesaria? Pablo debe haber sabido que los judíos de esa región eran particularmente sensibles a estos temas, quizá especialmente, debido a que la madre de Timoteo era una cristiana judía y su padre era gentil. Aparte de lo que motivara a Pablo, esto nos demuestra que esos asuntos no eran nada sencillos y que algunas veces se hacían excepciones debido a la misma complejidad de la situación. Además, Pablo también les dio un consejo a los corintios: "Pero mirad que esta libertad vuestra no venga a ser tropezadero para los débiles" (1 Corintios 8.9).

Desde una perspectiva cristiana moderna, la idea revolucionaria sería que la iglesia de Jerusalén requiriera que los gentiles cumplieran un par de leyes mosaicas. Pero para los judíos del primer siglo era mucho más revolucionaria la idea de que los gentiles pudieran ser pueblo de Dios, adorar a Yavé y no ser circuncidados.

Era mucho más revolucionaria la idea de que los gentiles pudieran ser pueblo de Dios sin ser circuncidados.

Cuando pensamos, *¿cómo hicimos para pasar del judaísmo que guardaba la Torá al cristianismo "libre de la ley"?* Hasta cierto punto, la respuesta se encuentra en el Concilio de Jerusalén. En Hechos 15 tenemos un breve pero claro atisbo de los primeros cristianos en acción.

UN LIBRO LLAMADO SANTIAGO

Día uno
SUMO GOZO

UN VISTAZO AL TEMA:

"Hermanos míos, tened por sumo gozo cuando os
halléis en diversas pruebas, sabiendo que la prueba
de vuestra fe produce paciencia". Santiago 1.2-3

Pasamos la primera semana conociendo a Santiago, el hombre, así que ya estamos acostumbrados a que sea bastante directo al hablar. Si yo fuera él, querría charlar un poco antes de tener por sumo gozo que la vida me lance al procesador de alimentos o me rompa un pie y me lastime el otro. Si no me quedara más remedio que decirlo, yo posiblemente lo dejaría para el final. Pero Santiago no. Él escribía como un hombre que tuviera miedo de quedarse sin tinta.

> Por favor, lea Santiago 1.1-4. Escriba este pasaje a mano en la página 202. Por favor, tome un tiempo para escribir a mano los versículos 2-4 en la misma página.

El medio hermano de Jesús escribía tan profunda como concisamente. En griego, el capítulo inicial de este libro se desenvuelve con una serie de palabras clave que forman como eslabones de una cadena. Santiago presenta una palabra y luego la envuelve alrededor del cuello del siguiente concepto, llevando el término a cuestas. Por ejemplo, el salto que hace de "Salud" a "tened por sumo gozo" puede parecernos abrupto, pero el oyente antiguo podía captar el juego de palabras. En griego, la palabra que aquí se traduce "salud" (*chairein*) y la que se traduce "gozo" (*charan*) son de una misma familia, como se puede entender con solo ver la transliteración de ambas.[1]

Yo haría algo similar si le fuera a escribir un correo electrónico para decirle este versito: "Vete. ¿Adónde? A donde se esconde el conde". Es posible que mi versito le parecería ridículo, pero sin duda captaría el juego de palabras y sonidos.

Antes de analizar lo que estas palabras en particular significan, veamos otra cadena de términos unidos por el fino arte de la aliteración. ¿Ve la frase "os halléis en diversas pruebas" en el v. 2? En griego, vería "*peirasmois peripesēte poikilois*".[2] Intente decir esta frase cinco veces lo más rápido posible.

Técnicas como la aliteración nos recuerdan que estas epístolas, en su mayor parte, se leían en voz alta a sus destinatarios originales, así que los escritores inspirados solían tener en cuenta no solo las palabras que utilizaban sino cómo sonaban.

Fue fácil para Santiago decir esto, pero no se me ocurre nada más difícil que considerar una prueba como un gozo y eso es lo primero que él escribió en el rollo. ¿Alguien más siente que ya está a punto de desaprobar el curso aunque apenas llegamos al segundo versículo? Anímese. Si lo soportamos, llegaremos a amar este libro.

Analicemos el v. 2. Cambie "tened" por "sentid". Escriba en el margen cómo cambiaría el significado si la exhortación dijera "Sentid puro gozo" en lugar de "tened".

Santiago nos está diciendo que hagamos un ejercicio mental. No habla de una emoción. No nos dice que nos desternillemos de risa por lo que estamos pasando. Nos dice que pensemos, reflexionemos y estimemos todos los puros gozos que están a nuestro alcance cuando experimentamos "diversas pruebas". Fíjese en la frase verbal "os halléis" en el versículo de esta lección. La palabra en griego es *peripēsete*, que literalmente significa "caer en", como lo sugiere su traducción.[3] Creo que encontrará una ayuda valiosísima al estudiar otro caso en el que se usa este verbo en griego, escondido dentro de la parábola del buen samaritano.

Lea Lucas 10.30. Complete los espacios en blanco. "Un hombre descendía de Jerusalén a Jericó, y _____ manos de ladrones".

Ahora, coloque ambos ejemplos del uso de la palabra griega, uno junto al otro. Ninguno de los dos textos habla de buscar problemas ni nos dice que podemos saltar deliberadamente y caer en un pozo lodoso con gozo. Dios sabe que lo he intentado. Simplemente, caemos en la clase de problemas que Santiago menciona. A veces, ni siquiera vemos el pozo.

En el margen, relate alguna ocasión reciente en la que haya caído en dificultades.

Para que sepa que la situación de la que escribió es válida, recuerde que la clase de prueba de la cual Santiago está hablando puede adoptar cualquier forma. Desde problemas con personas hasta personas con problemas, se aplica a cualquier cosa. Desde la casa hasta el hogar, la escuela, la iglesia, la cama, todo está incluido. El significado principal de la palabra griega que se traduce "diversas" es "de muchos colores" o "variadas".[4] Ejercitemos un poco la imaginación.

¿Qué dos colores usaría usted para pintar su actual problema? ¿Por qué?

Ver la figura verbal de Santiago 1.2 en el viajero golpeado y ensangrentado de Lucas 10 nos da una imagen gráfica de lo que pueden hacernos las pruebas. Pueden desnudarnos, golpearnos, abandonarnos y dejarnos casi muertos. A veces uno se siente tan exhausto y desmoralizado por una oscura dificultad que ni siquiera imagina ser capaz de terminar este estudio. Usted simplemente estaba de viaje, tratando de llegar de aquí para allá, haciendo su trabajo y ocupándose de sus asuntos… y entonces sucedió.

Lucas 10.30 dice que el viajante "cayó en manos de _____".

Es que si vemos las pruebas por sí solas, eso es lo que son: ladrones. Arrebatadores. Permítame mostrarle otro nombre muy gráfico para ellas. La palabra griega que se traduce "pruebas" (*peirasmois*) está vinculada con la palabra "*peirates*".[5] Con solo tachar la primera "e" y cambiar la segunda por una "a", ¿qué tenemos? "Piratas" que nos roban nuestra seguridad, dignidad, sueños y, algunas veces, a nuestro cónyuge o a nuestros amigos. Abordan nuestro barco y "piratean" el oro que iba a ser para nosotros.

A menos que usted esté en Cristo. Eso es lo que dice Santiago. Las pruebas no pueden robarnos a los que somos seguidores de Cristo a menos que nosotros entreguemos los bienes. De hecho, tienen órdenes de darnos bienes a nosotros, si estamos dispuestos a recibirlos. Ladrones o proveedores, de nosotros depende. "¿Qué dividendo haría que la dificultad valiera la pena?" Eche un vistazo a Santiago 1.3-4 y veamos qué consideraba Santiago que valía la pena.

> Ladrones o proveedores, de nosotros depende.

¿Qué produce la "prueba de nuestra fe"?

Si ahora usted está pensando que la paciencia está sobrevalorada y que en realidad preferiría que alguien le pagara la cuenta de la electricidad, está bien. Algunos de nosotros ya estamos bastante golpeados. Pero veremos el alto precio que se ha puesto en la cabeza de la paciencia y nos daremos cuenta de que, en efecto, la obra perfecta que está en juego somos nosotros. La palabra griega que se traduce "paciencia" va más allá de la pasividad con que tendemos a asociarla.

Dos definiciones fueron las que más me llamaron la atención. Primero, paciencia significa "cobrar valor" como una persona que está decidida a mantenerse de pie, aferrada a Jesús, mientras los vientos de tormenta intentan sacudirlo como un patito de goma amarillo en un mar embravecido.[6] Lo que hoy nos dice esta definición a ti y a mí es que ya es hora de mantenernos firmes.

Segundo, paciencia significa "entereza heroica".[7] Conozco a algunos que quisieran ver algo de entereza heroica en una débil persona de carne y hueso. ¿Y usted? ¿En quién la ha visto, y de qué forma? A menos que sea Jesús, esa persona es tan humana como usted y yo. Quizá haya tenido más fe, pero no más potencial. Ahora, concentrémonos en el v. 4. Responda al margen:

¿Qué debe hacer la paciencia o la entereza y, exactamente, por qué?

El v. 4 lo dice así: "Mas tenga la paciencia su obra completa, para que seáis perfectos y cabales, sin que os falte cosa alguna". No sé usted, pero yo me siento a miles de kilómetros de la perfección. Aunque sin moral no podemos ser creyentes maduros, en este contexto la palabra no implica ausencia de pecado. La palabra griega que se traduce "perfectos" (*teleios*) describe "aquello que ha logrado o alcanzado su meta, objetivo, propósito" y, por tanto, está "totalmente crecido y totalmente desarrollado".[8] Las últimas palabras del versículo 4 lo resumen de manera excelente: "sin que os falte cosa alguna".

La idea de *teleios* es que crecemos totalmente en Jesús durante nuestra permanencia aquí en la tierra, llevando mucho fruto, dando gloria a Dios y no dejando escapar ninguna de las cosas por las que Cristo murió en la cruz para darnos. Él tiene una meta para cada uno de nosotros y Su deseo es cumplirla por completo.

Toda nuestra discusión nos lleva a una importante pregunta: "Entonces, ¿qué haremos con todo lo que estamos pasando?"

No tenemos la obligación de sentir gran gozo cuando caemos en toda clase de pruebas, pero ¿tenemos una opción mejor? Consideremos las opciones que se nos presentan. ¿Cuáles son mis otros planes y cómo se desarrollarán? Algunas veces el problema básico es que no queremos que nos fuercen a nada. Necesitamos saber que realmente tenemos opciones. Pensemos en tres de ellas. Considere cuál es la prueba personal más urgente para usted en este momento. Por favor, haga este próximo ejercicio conmigo porque podría arrojar una necesaria y brillante luz sobre nuestro camino.

En el margen, mencione tres cosas diferentes que usted podría hacer con lo que está atravesando. Considere la posibilidad de poner en práctica una de ellas en obediencia a Santiago 1.2.

Ahora, reflexione en los frutos de cada una de esas tres decisiones. ¿Cuáles serían las ramificaciones para cada uno de esos cursos de acción en cinco años? Escriba el resultado debajo de cada una de ellas. Sea lo más específico posible.

Buen material para la reflexión, ¿verdad? Aunque es posible que considerar las pruebas como un gozo —a causa de los tesoros que pueden producirnos— sea la decisión más difícil de tomar al comienzo, la mayoría de nosotros podría admitir que las otras opciones no presentan mejores perspectivas que esa. En la sesión tres veremos más sobre esto.

Si la lección de hoy ha sido muy profunda para usted, terminemos con algo más alegre. Quizá haya captado la terminología de género en Santiago 1.2: "*Hermanos míos, tened por sumo gozo...*" Cuando el masculino se utiliza en sentido general para todos los creyentes, sabemos que también incluye a las mujeres.

En el clásico de ficción *Hannah Coulter*, por Wendell Berry, la protagonista habla con cariño acerca de una mujer que fue bondadosa con ella durante un tiempo difícil y, al hacerlo, cita a un hombre que tal vez sea el que mejor haya entendido a las mujeres.

La señorita Ora sabía lo que era ser ignorante, estar fuera de lugar y sola. Si le parecía que yo me sentía triste, encerrada en mi cuarto, venía y golpeaba dos veces con los nudillos en mi puerta. "Oh, Hannah", me decía, "¿no quieres venir y sentarte un rato en el porche? La noche está hermosa". O: "Hannah, ven a la cocina, tomemos una taza de café, o té, si lo prefieres".

"Todas las mujeres son hermanos", solía decir Burley Coulter, y luego nos miraba tremendamente serio, como si no supiera por qué pensábamos que eso era divertido. Pero, como siempre, decía la verdad, o parte de ella.[9]

Después de 30 años ministrando a las mujeres, compartiendo muchos gozos y tristezas, yo diría que esto tiene algo de razón. "Todas las mujeres son hermanos".

NIVEL
3

Un artículo más avanzado con Melissa
LA EPÍSTOLA DE SANTIAGO

Nunca olvidaré la primera vez que leí el texto griego de Santiago 1.1. Mis ojos iban de un lado a otro buscando el nombre del autor en griego y no lo encontraba. Vi el nombre griego Ἰάκωβος (cuya transliteración en español sería Jakobus) y pensé: "Esta no puede ser la misma palabra que usamos en español para Santiago/Jacobo".

Después de buscar en un léxico, me di cuenta que sí es la versión griega del nombre Santiago. Para los estudiosos a quienes les interesan los detalles tediosos, descubrí que Ἰάκωβος es la forma helenizada de la transliteración del griego Ιακωβ que a su vez proviene del nombre hebreo יַעֲקֹב (Ya'akov), que en español es Jacobo.

Lo que hace este tema extremadamente confuso es que el idioma español tiene dos variantes que se derivan del mismo nombre: Jacob (el patriarca del Antiguo Testamento) y Jacobo/Santiago (en el Nuevo Testamento). Lo lógico sería pensar que Jacobo y Santiago son dos nombres completamente diferentes. Jacob sería el más fácilmente reconocido como un derivado del hebreo. En castellano, el nombre Santiago proviene de la contracción "San" y la palabra griega "Iakōbos".

En resumen, el hombre a quien conocemos como Santiago por su epístola, y Jacobo en los Evangelios, fue llamado así, como muchos otros hombres judíos en el siglo primero, en honor al famoso patriarca del Antiguo Testamento: Jacob. Esto se aplica a todos los hombres que se llaman Jacobo en el Nuevo Testamento.

El hombre a quien conocemos como Santiago por su epístola, y Jacobo en los Evangelios, fue llamado así por Jacob, **el famoso patriarca** del Antiguo Testamento.

Mateo 1.15-16 indica que el padre de José también se llamaba Jacob, lo cual hace que nuestro autor sea tocayo tanto del patriarca Jacob como de su abuelo Jacob.

El sentido de esta explicación es mostrar que la traducción más precisa del nombre de nuestro protagonista sería "Jacobo". En todo este estudio lo llamaremos "Santiago" para mayor simplicidad y continuidad con el texto del libro en español. Pero no pasemos por alto el hecho de que la familia del escritor de este libro (y por extensión, la familia de Jesús mismo) estaba orgullosa de su legado profundamente judío.[1]

Todo el tiempo que pasemos recordándonos cuán ostensiblemente judías son las raíces del movimiento cristiano es tiempo bien invertido. Así que en Santiago 1.1 vemos a nuestro protagonista, a quien se le dio el nombre del padre de las doce tribus de Israel, dirigiéndose a las doce tribus de la Diáspora. ¿No es maravilloso?

1 Algunas partes de este artículo se han modificado para adaptar la explicación a los términos en español.

Día dos
SOLO PIDAN

UN VISTAZO AL TEMA:

"Y si alguno de vosotros tiene falta de sabiduría, pídala a Dios, el cual da a todos abundantemente y sin reproche, y le será dada". Santiago 1.5

Anoche, antes de irme a la cama, me arrodillé y le susurré a Dios: "¡Necesito sabiduría! Dime qué hacer". Creo que hasta me froté la cabeza con las dos manos. Mis primeras palabras a Él esta mañana, después de una noche en la que no logré descansar, fue un eco del mismo ruego. No necesitaba sabiduría para la semana próxima. Tenía un problema de trabajo acuciante que necesitaba enfrentar hoy. No tenía que ver solo con situaciones y circunstancias; tenía que ver con personas, gente de sangre caliente a quien se puede herir, confundir o hacer que tropiecen. Ser jefa de otras personas es más de lo que yo quería ser.

Durante la siguiente media hora recibí suficiente comprensión de los versículos que leí en mi guía de meditaciones como para saber cuáles serían los primeros pasos que debía dar al llegar al trabajo esa mañana. A través del día reflexioné en una experiencia sagrada a la que podemos llegar a restarle importancia: planear el ir en una dirección, pedir la guía de Dios, tomar otra dirección y poco después reconocer que esa era la única dirección que era sabio tomar. La intervención divina nunca es trivial ni rutinaria. Recuperemos hoy cierta capacidad de asombro. En este momento me maravilla, me deja casi perpleja, eso que suele ser intangible y que solemos llamar la guía del Espíritu.

El libro de Santiago ha cobrado vida en mi vida. Ah, cuánto oro para que también cobre vida en la suya.

> Por favor, lea Santiago 1.5-8 y escriba estos versículos en la p. 202.

> ¿Recuerda la parte de la lección anterior en la que le conté que Santiago enlaza los conceptos al comienzo de su carta? ¿Cómo el v. 4 se enlaza con el v. 5?

Si le hice las preguntas con suficiente claridad, usted notaría la repetición del concepto de falta. Santiago pasa de la idea de que la paciencia (perseverancia) obra para proveer lo que falta en nosotros, a lo que nosotros debemos hacer si nos falta sabiduría. A todos nos hace falta sabiduría. A mí me hace mucha falta. ¿A usted también? Piense ahora en cuatro aspectos diferentes de su vida en los que le sería útil la clase de sabiduría que solo Dios puede dar.

Necesito sabiduría en . . .

Necesito sabiduría en . . .

Necesito sabiduría en . . .

Necesito sabiduría en . . .

También necesitamos conocimiento, pero es algo diferente a la sabiduría. ¿Cuáles cree usted que sean las diferencias entre ambos?

Necesitamos el liderazgo auténtico del Espíritu Santo.

Somos desmesuradamente ricos al poseer un texto sagrado que extiende sus brazos hacia el norte, a las elevadas promesas del cielo, y toca con la punta de sus pies el sur, donde nos encontramos con la realidad cotidiana. Aquí abajo las cosas son difíciles y Dios lo sabe. Necesitamos consejos prácticos. Necesitamos sabiduría para saber qué hacer con el conocimiento. Necesitamos la verdadera guía del Espíritu Santo en aquellas cosas que no son blancas o negras.

Algunos necesitamos encontrar una buena ayuda para cuidar a nuestros hijos o saber dónde educar a un niño con problemas de aprendizaje. Nos preguntamos cómo actuar con nuestros hijastros. O nuestros padrastros. O nuestros parientes políticos. O tenemos un matrimonio con problemas y no sabemos qué hacer ahora. O nuestro negocio está a punto de fracasar. O nuestro vecindario se ha vuelto peligroso. Algunos nos hemos enterado de algo potencialmente terrible y no sabemos qué hacer con esa información. Necesitamos ayuda. No la clase de ayuda que puede dar el hombre. Necesitamos sabiduría de Dios… ¡ahora!

Sé que en la parte siguiente podría perder la atención de los creyentes veteranos que ya saben muchas cosas. Por favor, continúe prestando atención y maravíllese una vez más ante este privilegio.

¿Qué debemos hacer si nos falta sabiduría? (V. 5). Escríbalo todo con letra mayúscula.

En este estudio bíblico no rechazamos a los cínicos, así que voy a plantear algunas preguntas en representación de ellos. Dios ya sabe lo que necesitamos. ¿Por qué no nos lo da directamente?

¿Por qué siempre tenemos que pedir? Intente una respuesta.

El Rey del universo quiere tener una relación real y viva, con nosotros. No le interesa leernos la mente y nada más. Ni siquiera le interesa ser nuestro proveedor. Es ambas cosas, pero el rol que más disfruta es el de Padre. Él quiere que nosotros, estas frágiles criaturas mortales, nos relacionemos con Él y nos comuniquemos con Él en la relación más íntima de nuestra existencia humana. Él se goza en oír nuestra voz. Le deleita ser nuestra única y santa fuente de todas las cosas de la vida.

Lea Mateo 7.7-8 con un alma deseosa de ser revivida. ¿Cómo resumiría lo que dicen estos versículos?

Ahora, vuelva a leer Santiago 1.5. ¿Cómo podemos esperar que Dios responda a nuestro ruego por sabiduría?

Usted está contemplando una garantía segura como el oro. Dios nunca, ni una sola vez, se burlará de nosotros por nuestra falta de sabiduría, ni se recostará en su sillón pensando: "¿En serio? ¿Cuán estúpido puedes llegar a ser?" Me encanta la frase "sin reproche". ¿Podremos contar todas las veces que nos reprendemos a nosotros mismos por nuestra falta de sabiduría, con la enfermiza tranquilidad de que, después de todo, es completamente nuestra culpa? Me alivia saber que aunque mi falta de sabiduría me metió en problemas, si le pido a Dios lo que necesito, Él no se deleitará en recordarme que nunca seré suficientemente capaz.

Maravíllese en saber que se nos invita a pedir con tanta frecuencia o tanta cantidad de sabiduría como necesitemos porque el verbo pedir en Santiago 1.5 está en imperativo y en tiempo presente.[10] El mismo versículo dice que Dios da "a todos abundantemente". Esto le incluye a usted. Me incluye a mí. Él no nos da hasta el borde de lo que nos falta. Él deja que se derrame por el borde y caiga sobre nuestro regazo como una jarra en manos de un camarero nervioso.

No, Dios no es nuestro camarero, pero no se equivoque. Cristo es el Agua viva y las aguas vivas salpican fuera de los límites. La inquebrantable promesa de generosa sabiduría también tiene sus condiciones.

¿Cuál es la condición, según Santiago 1.6-8?

En una vida sincera llega el momento en que la persona se cansa de la duplicidad. Cuando se cansa de ver dos caras en su espejo retrovisor. Cuando ya no puede respetar su propia falta de deseos de decidirse. Llega un momento en que se debe clavar la estaca en la tierra y reclamar una vida, una meta concreta y un Dios. La frase "de doble ánimo" es curiosa. La palabra griega, *dipsychos*, literalmente significa *de dos almas*.[11] Este versículo constituye el uso más antiguo que se conozca de este término. Quizá Santiago mismo lo haya inventado.[12] Pero la idea subyacente está bien documentada en las escrituras del Antiguo Testamento.

> Habla mentira cada uno con su prójimo; hablan con labios lisonjeros, y con doblez de corazón.
>
> SALMOS 12.2

Lea Salmos 12.2. ¿Cómo hablan los labios lisonjeros?

En hebreo, la expresión literal es "con corazón y corazón".[13] Podríamos imaginar tal enfermedad de esta manera: las dos cámaras de nuestro corazón, tratando de separarse una de la otra y latiendo como tambores que compiten, mirando en direcciones opuestas. Algo así dejaría todo el sistema desincronizado y falto de autenticidad.

¿Cuál sería, para usted, un ejemplo de "doblez de corazón"?

1 Crónicas 12.33 ofrece el antónimo perfecto de esto con la frase "sin doblez de corazón", que literalmente sería "*no* con corazón y corazón".[14] Significa que traemos todo lo que somos a todo lo que Él es y todo lo que necesitamos a todo lo que Él puede dar. Significa que dejamos de agitarnos de un lado a otro, nadando hacia Dios en un momento y chapoteando hacia el mundo en el siguiente. Significa tomar las palabras del apóstol Pablo en Romanos 11.36 como nuestra confesión personal: "Porque de él, y por él, y para él, son todas las cosas". Incluyéndonos a nosotros.

Santiago habla de esta clase de fe en 1.6, cuando dice que debemos pedir sin dudar. Como el salmista, sabemos de dónde viene nuestra ayuda (vea el Salmo 121). Solo en las manos de Dios ponemos nuestra vida, nuestros seres queridos, nuestras necesidades y nuestros deseos. Oramos y podemos saber, sin lugar a dudas, que Dios escucha.

En el contexto de Santiago 1.6, no solo *podemos* ir ante Dios para pedir sabiduría con la seguridad de que la recibiremos sino que *debemos* ir ante Dios, pidiendo sabiduría con la absoluta seguridad de que la recibiremos. Desde que comencé este viaje he practicado unir mi pedido de sabiduría con una oración de gratitud adelantada por recibirla.

Vuelva a leer el v. 7. ¿No es interesante que la persona que duda, que cambia de opinión y que vacila no pueda esperar recibir "cosa alguna del Señor"? ¿Nada? ¡Ay! Esto significa que la duda no solo nos roba la sabiduría que pedimos sino también otras provisiones valiosas.

Mateo 6.33 representa lo contrario: "Mas buscad primeramente el reino de Dios y su justicia, y todas estas cosas os serán añadidas". ¿Ve el concepto de sobreabundancia en ambas situaciones? La fe recibe más de lo que pide. La duda pierde más de lo que dudó. Mateo 13.11-12 refleja una idea similar. Aquí hay mucho en juego. Veamos nuevamente qué opciones tenemos.

¿Qué sucede si lanzamos por la borda toda esta resolución y seguimiento incondicional a Cristo para seguir la vida natural de la duplicidad? El gran premio es una vida inestable. Un hombre de doble ánimo es "inestable en todos sus caminos" (Santiago 1.8, LBLA). No sé si a usted esto le causa escalofríos, pero a mí sí me los causa. ¿Cuántos de nosotros realmente podemos decir que no hemos sentido estar a punto de caer en la inestabilidad? ¿A un milímetro de una crisis que provocaría un derrumbe? Hasta la idea de sufrir un posible daño puede debilitar nuestras rodillas y acelerar nuestro pulso. Hace años que tengo anotada una traducción de Isaías 33.6a: "Él mantiene constantemente tu estabilidad". Sí, lo hace. Y cuando el enemigo amenaza con lanzarme sobre un piso resbaladizo como a un ebrio tambaleándose, le recuerdo quién es el Único que mantiene constantemente mi estabilidad.

Una y otra vez esta lección me hace recordar la exhortación de Elías en 1 Reyes 18.21. Concluyamos escribiéndola en el margen y viendo si sentimos alguna palabra de parte de Dios. Quizá hoy sea el día de tomar una determinación en algún aspecto personal con el cual nos estemos debatiendo en la duplicidad. Es un honor para mí hacer este recorrido con usted. Tenga la seguridad de que comparto toda la convicción que esta clase de lección provoca. Nuestro Dios está a favor de nosotros, incluso al confrontarnos.

> La fe recibe más de lo que pide. La duda pierde más de lo que dudó.

Día tres
UNA FLOR SILVESTRE EN LA PRADERA

UN VISTAZO AL TEMA:

"El hermano de condición humilde debe sentirse orgulloso de ser enaltecido por Dios". Santiago 1.9 (Dios Habla Hoy.)

Al principio, nosotros, los que tenemos muchas posesiones, quisiéramos retroceder ante este pasaje de Santiago y cambiar una verdadera convicción de pecado por autocondenación. No lo hagamos. Recibamos la Palabra como medicina para almas enfermas de egoísmo y profundamente necesitadas de terminar con su sufrimiento.

El narcisismo es el virus más extendido en el Occidente, y el libro de Santiago perfora nuestra delicada piel como una dolorosa vacuna. Contemplemos el lado bello de estudiar un libro entero de la Biblia: no podemos elegir los temas que se acomoden a nuestro nivel de incomodidad.

Por favor, lea Santiago 1.9-11 y escriba a mano los versículos en la página correspondiente. Después escriba tres conceptos que resuman a simple vista lo que ha leído, sin hacer un análisis profundo:

1.

2.

3.

Si lo primero que escribió es que Dios ama a los pobres, lo segundo es que Dios odia a los ricos y lo tercero, que está seguro de que Dios lo odia a usted también, entonces, a usted (como a mí) le haría falta una buena lección de teología. Anímese desde ahora. Seguramente acertó con el número 1. Dios sí ama a los pobres. También los amaba Su siervo Santiago y por buenos motivos: prácticamente todos los días de su ministerio en Jerusalén estuvo rodeado de gente de escasos recursos. A fines de la semana 1, el Día cuatro, le pedí que escribiera lo único que "las tres columnas" (Santiago, Pedro y Juan) les pidieron a Pablo y Bernabé que hicieran mientras llevaban el evangelio a los gentiles.

Repase Gálatas 2.10 y escriba lo único que les pidieron aquí:

Ahora, lea Romanos 15.23-29. ¿Por qué Pablo iba camino a Jerusalén?

Según la terminología del v. 26, ¿es posible decir si estos pobres eran cristianos? De ser así, ¿por qué?

¿Qué argumento fascinante plantea Pablo a favor de la reciprocidad entre judíos y gentiles en el v. 27?

En Hechos 24.17, Pablo se refiere a este mismo viaje. ¿Qué propósito señala que tuvo tal viaje?

Algo sucedió en los primeros tiempos del cristianismo que extendió la pobreza como una plaga entre los judíos conversos de Jerusalén. Sabemos por las palabras del propio Jesús en Marcos 14.7 que siempre había habido pobres entre ellos, como siempre los habrá entre nosotros. No obstante, las condiciones cambiaron con tal rapidez que evangelistas como Pablo sintieron la motivación de hacer correr la voz por el creciente mundo cristiano de que los creyentes de Jerusalén necesitaban ayuda. Su situación era tan grave que Pablo se ocupó activamente de recoger ofrendas para ellos en sus viajes y llevarlas en persona hasta la ciudad santa, corriendo un riesgo considerable por su vida.

Recordemos que Santiago era el pastor de este rebaño que la pobreza amenazaba, entonces, ¿quién podría haberse compadecido más por sus necesidades? Su constante exposición a los pobres le otorga perfecto sentido a las múltiples menciones que hace de ellos en su breve epístola. Si usted y yo trabajáramos entre los pobres todos los días (como algunos de ustedes lo hacen), estaríamos deseosos de hablar a gritos y golpear cualquier puerta para defenderlos. Los que por el momento no hemos tenido esta asignación para servir a quienes tienen menos medios debemos afinar constantemente nuestros oídos para escuchar las voces de quienes sí lo han hecho. Busque los siguientes pasajes bíblicos y anote algunas razones por las que esto es así:

Deuteronomio 15.11

Proverbios 17.5

Proverbios 19.17

Proverbios 31.8-9

Desde Éxodo hasta Apocalipsis la Biblia habla cientos de veces acerca de los pobres. El concepto es tan constante que desde el punto de vista de alguien que estudia la Biblia es virtualmente imposible recordar a Dios sin recordar a los pobres. El asunto no es motivarnos a sentir culpa sino motivarnos a dar. En pocas palabras, los que tenemos debemos abrir las manos, con toda humildad, para quienes no tienen.

Es propio de Santiago volver vez tras vez al mismo tema, pero la línea de acción no declina: la culpa es inútil. Dar es útil. Antes de empezar a glorificar la pobreza y considerarla como el único estado sagrado, enfréntese con esto: "Si la escasez de

Los que por el momento no hemos tenido esta asignación para servir a quienes tienen menos medios debemos afinar constantemente nuestro oído para escuchar las voces de quienes sí lo han estado.

bienes mejorara por sí misma la espiritualidad de una persona, ningún texto bíblico nos ordenaría, jamás, que ayudáramos a los pobres".[15] Dios nunca nos pediría que aliviáramos el estado de bendición de alguien.

Así que, volvamos a Jerusalén en el primer siglo d.C. y a Santiago, el siervo de Dios. ¿Qué sucedió para causar tal sufrimiento? ¿Estaban los pobres más abiertos al evangelio? Es probable. ¿O perseguían a muchos conversos judíos por su fe? Véalo por usted mismo.

Lea Hebreos 10.32-34 y destaque la parte que sugiere un estallido de pobreza entre los primeros convertidos a Cristo.

Reflexionemos una vez más en Santiago 1.9-11. Quizá el trasfondo nos ayude a comprender mejor la pasión de Santiago por los pobres. Su exhortación a los que tienen una condición humilde a enorgullecerse de su elevada posición y a los que tienen riquezas que se enorgullezcan de su humillación tenía un efecto nivelador. Pensémoslo como una forma sociológica de Isaías 40.4-5: "Todo valle sea alzado, y bájese todo monte y collado; y lo torcido se enderece, y lo áspero se allane. Y se manifestará la gloria de Jehová, y toda carne juntamente la verá".

En la hermandad de los creyentes se llaman a inclinarse a los que están en lo alto, y a los que están agachados se les llama a erguirse, a cada uno de ellos por lo que Jesús ha hecho. Mire fijamente Santiago 1.10 y considere qué querría decir que los ricos se enorgullecieran de su baja posición. No sé con seguridad si esta perspectiva se aplica aquí, pero puedo decirle, luego de una experiencia personal, que la única vez que siento una profunda comunión con los creyentes que sufren en otras partes del mundo es cuando yo misma sufro alguna dificultad extrema. De lo contrario, me pregunto cómo podré colocarme junto a ellos alrededor del trono de Dios y tener alguna corona para arrojar a Sus pies. Sin estas frecuentes lecciones de humildad, soy una cristiana liviana, cómoda, que no sabe nada de negarse a sí misma y llevar su cruz.

Santiago convoca a ambos extremos a reflexionar en lo que les espera. Es interesante que en un caso sea a largo plazo y en el otro a corto plazo. Llama a los pobres a mirar más allá de esta vida, la posición final que tendrán en Cristo. Y llama a los ricos a mirar al final de esta vida y la futilidad de sus riquezas terrenales. En otras palabras, la posición que tenían determinaba sus perspectivas.

Coloque 1 Pedro 1.24-25 junto a Santiago 1.10-11. ¿A quién compara Santiago con una flor que se marchita?

Ahora, ¿a quién compara Pedro con la hierba o la flor que se marchita?

Pero el que es rico, [gloríese] en su humillación; porque él pasará como la flor de la hierba.
SANTIAGO 1.10

Como usted sabe, toda carne humana se desvanece y desaparece rápidamente. Lo transitoria que es la existencia terrenal es tanto esperanza para el pobre como humildad para el rico. La imagen de Santiago 1.11 capta el vértigo y el ruido de los que se consideran importantes, los que realmente piensan que gana el que tiene más cosas al morir. Santiago incorpora la enseñanza de su medio hermano en Lucas 12.15-21.

¿Cómo ambos pasajes repiten un mismo principio?

Mientras estudiaba para esta lección se me ocurrió pensar cómo fue posible que Satanás atacara a los nuevos conversos judíos que, de repente, se encontraban en circunstancias de pobreza. Muchos judíos creían que las muchas posesiones eran prueba del favor de Dios, mientras que la escasez de bienes indicaba lo contrario. No me malentienda. El Antiguo Testamento contiene quejas sobre la prosperidad de los malos y relatos de justos que sufrían escasez. Pero el concepto prevaleciente en la gran mayoría era que Dios prosperaba a los fieles y negaba prosperidad a quienes no lo eran.

Lea Salmos 112.1-3, por ejemplo. ¿Quién es "bienaventurado", y qué hay en su casa?

Es probable que en la oscuridad de la noche los judíos convertidos que sufrían la confiscación de sus propiedades se preguntaran si habían perdido el favor de Dios. De hecho, durante siglos los adaptaron a pensar así. También me pregunto si esta confusión no será la bella razón por la cual Santiago concluye esta parte de la Biblia con una nueva bienaventuranza en el v. 12.

Según Santiago 1.12, ¿quién es "bienaventurado"?

¿Por qué cree usted que Dios hace tanto énfasis en los pobres en toda Su Palabra?

La encarnación revolucionó la bendición. La gloria agració un pesebre de madera. La carne veló la belleza más descarnada. Las vendas aseguraron las coronas sobre las cabezas de los quebrantados. Las malas noticias dieron paso a las buenas. "¡Bienaventurados los pobres en espíritu! ¡Bienaventurados los que lloran!" (Vea Mateo 5.3-4).

¡Bienaventurados todos los que necesitan a Jesús!

"Porque tú dices: Yo soy rico, y me he enriquecido, y de ninguna cosa tengo necesidad; y no sabes que tú eres un desventurado, miserable, pobre, ciego y desnudo" (Apocalipsis 3.17).

Oh, si lo supiéramos…

Un artículo más avanzado con Melissa
¿ERA CASADO SANTIAGO?

Al disponernos a aprender todo lo posible acerca de Santiago, es natural que nos planteemos la pregunta: "¿Era casado?" Después de todo, la mayoría de las personas casadas que conozco consideran esta relación en particular como una de las más importantes en sus vidas. Aunque no tenemos cómo saber con seguridad si Santiago era casado, 1 Corintios 9.5 nos presenta la posibilidad. En ese texto, aparentemente inconexo, Pablo pregunta a los corintios: "¿No tenemos derecho de traer con nosotros una hermana por mujer como también los otros apóstoles, y los hermanos del Señor, y Cefas?"

El asunto para Pablo, en 1 Corintios 9.5, no era principalmente tener el derecho a casarse, ya que sabemos por 1 Corintios 7.7 que Pablo prefería el celibato. En este contexto el versículo más bien tiene que ver con la negativa de Pablo a invocar sus diversos "derechos", específicamente el derecho a que los corintios los sostengan. Así que, debemos admitir que la pregunta que formulamos es algo tangencial al contexto de 1 Corintios 9.5. No obstante, es interesante que Pablo mencionara a "los hermanos del Señor". Yo interpreto literalmente la frase "los hermanos del

Señor" como una referencia a los hermanos físicos, terrenales del Señor. Si esta interpretación es correcta, entonces, Pablo incluye a los hermanos de Jesús entre los líderes cristianos que estaban casados. Dado que Santiago era, notablemente, el más prominente de los hermanos de Jesús, como mínimo, es posible que tuviera esposa.

Ya que creemos que Santiago permaneció mayormente en Jerusalén como líder de la iglesia local de esa ciudad, no podemos considerarlo como un predicador itinerante como Pedro o Pablo. Aunque sí es probable que viajara de vez en cuando. Fuera soltero o casado, es posible que Santiago tuviera el sostén económico de la iglesia de Jerusalén. Según Pablo, muchos de los líderes cristianos contaban con el sostén económico de las primeras comunidades cristianas, al parecer, excepto él.

La moraleja de este breve segmento es que, algunas veces, en el versículo menos esperado encontramos un atisbo de algo que podría ser significativo y aunque no sea posible verificar un asunto, no deja de ser interesante explorar las posibilidades.

Día cuatro
ATRAÍDOS POR NUESTROS DESEOS

UN VISTAZO AL TEMA:

"Cuando alguno es tentado, no diga que es tentado
de parte de Dios; porque Dios no puede ser tentado
por el mal, ni él tienta a nadie". Santiago 1.13

Imagine su círculo social más íntimo, el de su vida real, no virtual. No es necesario que quienes lo integran se conozcan unos a otros. Es posible que su único denominador común sea usted. Ahora, imagine sus rostros.

- ¿Quién es el que tiende a decirle lo que usted quiere oír?
- ¿Quién le dirá lo necesario para que se sienta mejor, aunque no sea lo correcto?
- ¿Quién es su amigo, el mentiroso confiable?

Ahora, haga girar ese círculo de amistades como una flecha en un juego de mesa. Deténgase en aquel que al parecer no tiene demasiada habilidad social para dar rodeos. Aquel que le suelta con franqueza lo que necesita oír aunque usted se esté tapando los dos oídos. Señale a aquel que usted evitaría si no se sintiera con deseos de escuchar la verdad.

Ahora bien, póngale a esa persona el rostro de Santiago. (Quizá sin la falta de habilidad social.) Él no solo va a ser nuestro amigo durante las próximas seis semanas, sino que también va a ser nuestro hermano mayor. Va a decirnos lo que necesitamos escuchar y si somos inteligentes, lo escucharemos. Hoy, por ejemplo, vamos a aprender algo que podría ayudarnos a determinar exactamente el punto en que siempre fallan las cosas. Algunos siempre estamos tratando de protegernos del diablo, y debemos hacerlo, solo para volvernos a encontrar en el fango. Algo no está funcionando, pero quién sabe qué es.

Nadie en esta vida se beneficia más con nuestro "oído selectivo" que el diablo. No crea que el diablo no puede ser dulce con usted. Si usted quiere permanecer atado por el engaño, él será su mejor amigo.

Tomemos valor para hoy mirarnos por dentro. No solo está en juego la santidad sino la felicidad auténtica. En la economía de Dios estos no son términos exclusivos.

Por favor, lea Santiago 1.12-15 y escriba los versículos en la página correspondiente.

La palabra "bienaventurado" que se encuentra en el v. 12 también podría traducirse

No solo está en juego la santidad sino la felicidad auténtica.

como "feliz". Esta bienaventuranza o felicidad espera un acontecimiento futuro con tal certidumbre que recibe un depósito de alegría por adelantado.

¿Quién dijo usted que era "bienaventurado" (1.12) ayer?

Hasta este punto, en Santiago 1, el énfasis ha estado en la prueba de nuestra fe en circunstancias difíciles; pero en el v. 13, con una leve variación en terminología y contexto, cambia de pruebas a tentaciones. He aquí un puñado de hechos que al unirlos, realmente nos salvan la vida:

1. *Toda persona es tentada*. La tentación es una de las cosas más igualitarias del mundo. Nadie escapa a la tentación. Todos somos tentados, pero no nos tientan las mismas cosas. La tentación es profundamente personal y la carnada se adapta al tipo de pez.

2. *Dios no tienta a nadie*. Algunos nos preguntamos lo que yo me hubiera preguntado hace algunos años: "¿Quién podría pensar semejante cosa?" ¿Acaso la mayoría de nosotros no creemos que Dios es santo y justo, incapaz de hacer mal y que no hay oscuridad en Él? ¿No es eso lo que dice la Biblia? Ah, sí, pero la tentación de culpar a Dios por nuestras tentaciones hoy está tan madura como el fruto del árbol prohibido.

¿Qué dice Proverbios 19.3 sobre la tentación?

La expresión "La insensatez del hombre tuerce su camino, y luego contra Jehová se irrita su corazón.
PROVERBIOS 19.3

Como usted, tal vez yo haya culpado a Dios muchas veces por "haberme hecho así", pero quejarnos de nuestra naturaleza no es lo que nos convierte en el ejemplo perfecto de Proverbios 19.3. Lo que nos constituye como tales es hacer algo extraordinariamente estúpido, armar un terrible desastre y luego enojarnos con Dios por permitirnos hacerlo. Algunos solemos inclinarnos más a culparnos a nosotros mismos, pero yo mentiría si dijera que nunca he culpado a Dios por no haberme impedido hacer algo estúpido. "Señor, eso no era propio de mí. Ni siquiera estaba en mi corazón hacerlo". ¡Incorrecto! Quizá no planeara esos actos conscientemente, pero sin duda surgieron de mi errado corazón. Puede parecer una mala noticia, pero es buena si al final nos permite ser libres.

3. *Nuestros deseos nos atraen*. Lea con cuidado Santiago 1.14. La palabra "concupiscencia" es traducción del término griego *epithymia*. La palabra por sí misma solo indica un fuerte deseo o anhelo. El contexto determina si es positivo o negativo. Mire un ejemplo de uso positivo en Lucas 22.15.

¿Cómo exactamente se sentía Cristo acerca de celebrar la cena de la Pascua con Sus discípulos?

La expresión "¡Cuánto he deseado…!" es traducción de esta misma palabra griega. Me encanta saber que Cristo siente algo muy fuerte por Sus seguidores y que tiene un santo anhelo por nosotros. Me gusta pensar que no ve la hora de que estemos allá con Él. Una relación sin emoción no tiene ningún atractivo para mí. La apatía mata lo que tiene vida. Dios nos creó a Su imagen y quiere que tengamos pasión por las personas, celo por la vida y un llamado a causas justas, pero para que todo esto no nos coma vivos, necesitamos un corazón sano.

No puedo evitar recordar la definición de *epithymia* que da el Dr. K.A. Richardson. En el contexto negativo de Santiago 1.14, él la traduce como *deseo deformado*.[16] Esta definición, ¿le atraviesa el corazón como una daga, como a mí? No se me ocurre una forma más vívida y perturbadora de calificar lo que fue mi estado durante muchos años. Con frecuencia iba a buscar precisamente aquello que me iba a quemar. Me atraía como la llama a una polilla. Me encantaba hacerlo y luego me odiaba por desearlo. Después lo odiaba, pero me odiaba más a mí misma por elegirlo. ¡Dios mío, ten misericordia! En algún momento tenemos que hacernos cargo de nuestros deseos deformados. Tenemos que responsabilizarnos por preparar nuestra propia carnada y morderla después. Aunque la Biblia de ninguna manera absuelve a Satanás en este proceso, en este punto vital nos vemos obligados a enfrentarnos solos a nuestro yo pecaminoso. Cuando reconocí que el problema estaba en mí, y no solo a mi alrededor o impuesto sobre mí, supe que Jesús era mi única esperanza. Solo Él puede cambiarnos desde la raíz. Solo Él puede meterse en los rincones más oscuros de nuestra alma adonde nos impulsa nuestro afán de destrucción.

Solo Jesús puede cambiarnos de raíz.

Cuénteme: ¿alguna vez se vio obligado a reconocer su propio "deseo deformado"? De ser así, ¿qué lo obligó a hacerlo?

Amado hermano, deténgase un momento y dele gracias a Dios por esa convicción. Podríamos estar haciendo muchas cosas además de andar con Dios por medio de este estudio bíblico.

"Entonces la concupiscencia, después que ha concebido, da a luz el pecado; y el pecado, siendo consumado, da a luz la muerte" (Santiago 1.15). Inquietante, ¿verdad? Todos los que somos sinceros hemos experimentado el proceso mencionado en este versículo. Sentimos el anhelo o el deseo y esta vez, en lugar de luchar, cedemos a él. Tomás de Kempis lo explicó así: "Al principio es solo un pensamiento que confronta la mente, la imaginación lo pinta con colores más vivos. Solo después de eso nos complacemos en este, la voluntad hace un movimiento en falso y damos nuestro consentimiento".[17]

Según Santiago, ese "consentimiento" es el punto de la concepción y pronto se da a luz un pecado descarado. Entonces, todos sabemos lo que sucede: crece y crece y crece hasta que se convierte en un dragón que arroja fuego por la boca y que se parece un poco, solo un poco, a una versión algo retorcida de cómo solíamos ser. Nos azota con su cola, nos lanza más alto de lo que jamás hubiéramos soñado ir y nos entierra más profundo de lo que queríamos escondernos. Y luego, la muerte. Cuando termina, siempre muere algo.

Escriba en el margen algunas muertes que pueden producirse a causa de un pecado crecido que ha sido concebido por nuestros deseos deformes. Puede ser un tema para discutir con su grupo de estudio.

Un comentarista sugiere que el pecado está consumado "cuando se convierte en un hábito fijo".[18] Puedo confirmarlo por experiencia personal. Las muertes que produce la adicción son innumerables. Pueden matar las relaciones, la seguridad, el respeto por uno mismo y el sostén, y eso solo es el comienzo. Hace unas noches una amiga mía se sentía muy mal, tanto que no podía levantarse ni para alcanzar su teléfono. Su esposo estaba inconsciente, completamente inerte, porque había bebido demasiado… por enésima vez. Ella trató de gritar para despertarlo, aun de arrojarle algo como último recurso, pero no logró nada.

Más tarde le pregunté qué sentía por él y me di cuenta que estaba luchando contra la muerte en su corazón. Esa es una de las formas en que el pecado consumado nos mata. ¿Dónde estaríamos sin el Salvador que puede resucitar a los muertos? Si al estudiar esta lección usted reconoce un patrón similar en su vida, sepa que hay otro camino. De hecho, lo estudiamos a principios de esta semana.

Vuelva a leer con cuidado Santiago 1.3-4. ¿Cuál es la progresión exacta que se detalla aquí?

Ahora, comparemos ambos pasajes. Santiago 1.14-15 es la antítesis de Santiago 1.3-4. ¿Lo ve? El punto central en común entre los dos es la prueba de nuestra fe. No se equivoque. Una oleada de tentación es una prueba de nuestra fe tanto como lo es un tiempo de prueba. Ambos se resumen en si vamos a creer a Dios o no. Cada uno, además, tiene una progresión antitética. Si cuando somos probados, decidimos ser fieles y soportar, nuestra resistencia producirá su efecto perfecto. Algo que nos ha faltado durante toda nuestra vida se completará en nosotros, y maduraremos. El v. 12 dice que eso no es todo.

En última instancia, Dios mismo nos dará la "corona de _____".

Por otro lado, si decidimos no confiar en Dios y dar lugar a nuestros deseos deformes, ellos concebirán pecado. Irónicamente, el pecado también tiene un proceso de maduración.

El pecado madura y da a luz _____ (vea el v. 15).

Esta es la versión que hace Santiago de Deuteronomio 30.19: "os he puesto delante la _____ y la _____ […] escoge, pues, la _____".

Bien, un último vistazo a Santiago 1.12. ¿A quién, exactamente, le prometió Dios la corona de vida?

Querido, usted está viendo la antítesis exacta de los deseos deformes. Quisiera ponerme de pie y gritar de gozo como alguien que acaba de descubrir un tesoro que estuvo perdido durante un largo tiempo. Mi hermano querido, la clave para tener un corazón sano es amar a Dios con todo lo que somos. Una amiga mía suele decir que si uno no ama a Dios, ama cualquier cosa. Si usted pudiera pedir una sola cosa para sí mismo o para un ser querido, que sea esto: Amar al Señor tu Dios con todo tu corazón, alma, mente y fuerzas. Hay un camino que lleva a la vida. Y hay un camino que lleva a la *corona de vida*.

> **La clave para tener un corazón sano es amar a Dios con todo lo que somos.**

Día cinco
EL PADRE DE LAS LUCES

UN VISTAZO AL TEMA:

"Toda buena dádiva y todo don perfecto desciende de lo alto, del Padre de las luces, en el cual no hay mudanza, ni sombra de variación". Santiago 1.17

Tengo un secreto que le oculto a mi esposo. Es una deliciosa sensación. Hasta ahora, la carnada es la mejor parte. Le digo todo el tiempo que hay algo que no puedo contarle. Finalmente, después de todos estos años de matrimonio, creo haber encontrado el regalo perfecto.

Es casi imposible comprarle algo a Keith, un hecho que nos produce una considerable consternación a mí, su esposa, y a sus hijas, en las ocasiones especiales. Debemos enfrentar tres grandes desafíos. Primero, Keith es un amante de la vida al aire libre, por lo cual sus tres mujeres nos sentimos como peces fuera del agua cuando él va a alguno de sus comercios favoritos. Segundo, si él puede pagarlo, es probable que ya lo tenga. Esto me produce una terrible frustración. Tercero, sus preferencias en materia de cañas de pescar, escopetas de caza y demás implementos para la vida al aire libre son tan específicas que tenemos 1/1000 de oportunidad de acertar alguna vez.

Este año es diferente. Este año creo que lo he logrado. Ya está envuelto en un papel de un masculino color púrpura oscuro con un moño blanco (algo un poco menos masculino). Lo único que ahora espero es el momento oportuno.

> Nuestro pasaje de estudio para hoy es Santiago 1.16-18. Por favor, lea estos versículos y luego escríbalos a mano en la página correspondiente.

Lea con atención Santiago 1.13-15, 17-18. Compárelos en su mente y tome notas de la diferencia de tono. Ambos pasajes parecen ser absolutamente diferentes, pero el v. 16 los relaciona magistralmente creando un contraste deliberado.

¿Sobre qué nos advierte el v. 16?

Considere todo el pasaje que queda entre Santiago 1.13 y Santiago 1.18. ¿Ve algún concepto repetido? (Vea los vv. 15 y 18).

Escriba una oración que resuma estos seis versículos uniéndolos.

Nunca nos engañemos creyendo que la carne da y el Cielo quita.

Toda buena dádiva y todo don perfecto desciende de lo alto, del Padre de las luces, en el cual no hay mudanza, ni sombra de variación.
SANTIAGO 1.17

Desde que cayó la noche en el huerto del Edén, el hombre ha caído presa de la paranoica idea de que Dios está tratando de engañarlo. Santiago 1.13-15 traza la imagen de lo que sucede cuando llegamos a la conclusión (aun inconsciente) de que Dios nos está escondiendo algo y nosotros mismos tendremos que tomar lo que queremos.

Toda rebelión es, básicamente, un intento para apoderarnos *ya* de lo que Dios no nos está dando. El objeto de nuestro deseo deforme parece tan atractivo y prometedor que no podemos imaginar que dé a luz muerte, como finalmente lo hace.

Santiago nos advierte a gritos que nunca nos engañemos creyendo que la carne da y el Cielo quita. Muy en lo profundo de la médula de nuestro sistema de creencias tendemos a pensar que Dios es un gigante signo de restar en una vida llena de signos de sumar. Solo con la revelación integrada del Espíritu Santo reconocemos que es exactamente al revés: Dios da, la carne quita. Dios otorga, la carne despoja.

Santiago 1.17 toma nuestra perspectiva con relación a la ganancia y la enfoca hacia arriba como brazos bien abiertos. Santiago pone delante de sus lectores al Dios del cielo y de la tierra que literal, activa, perpetua y generosamente da obsequios divinos a Sus hijos. Me refiero a obsequios como los que uno encuentra bajo el árbol de Navidad, solo que infinitamente mejores y maravillosamente menos restringidos a una sola temporada. Todos hemos recibido muchos de ellos, solo que no siempre los reconocemos.

De hecho, toda cosa buena y perfecta que alguna vez haya llegado a nuestras vidas ha venido como un regalo del mismo Dios para nosotros. No brotó de la tierra como el petróleo crudo. Fluyó desde arriba, como una lluvia del cielo. Fue intencional. Fue personal. Sin embargo, nos vemos como dejados a merced de acontecimientos, capacidades y coincidencias totalmente azarosas.

Reflexionemos de nuevo en la terminología del pasaje: "Toda buena dádiva y todo don perfecto desciende de lo alto". Quizá usted ve algo "bueno", pero la idea de "perfecto" le resulta totalmente extraña en un mundo tan fallido y, si usted es como yo, en una vida tan fallida. Recuerde la definición ampliada de la palabra *teleios* que se traduce como *perfecto/a* en el libro de Santiago. La palabra hace referencia a "aquello que ha logrado o alcanzado su meta, objetivo o propósito".[19]

Por la asombrosa gracia divina, hasta una persona muy imperfecta puede recibir un obsequio perfectamente delicioso, precisamente porque es perfecto para ella. Los obsequios de Dios se entregan con metas. Son perfectos porque nos perfeccionan. No dan solo para el día de hoy. Dan para cada día de mañana.

Una de las tareas más impactantes que podríamos cumplir hoy es reconocer varios obsequios que nos haya dado Dios. Para hacerlo, tome su edad actual y divídala entre cuatro.

Mi edad actual es _____ dividida entre 4 = _____

Reflexione en el curso de su vida en cuartos. Por difícil que haya sido en diversos períodos, tratemos de reconocer varios obsequios buenos y (¿nos atrevemos a decirlo?) perfectos que Dios derramó sobre nuestra vida. Los anotaremos en los siguientes ejercicios.

Detengámonos ahora y oremos, pidiendo al Señor que abra nuestros ojos a Su actividad con propósito en nuestra historia. Yo le agregaré algunas de mis confesiones personales para ayudarla a comenzar.

Primer cuarto (desde el nacimiento hasta _____):

El regalo de una familia grande y dormir en el cuarto de mi abuela.

Segundo cuarto (desde _____ hasta _____):

Me llevaron a la iglesia. Dinero para los aparatos dentales. Pude ir a la universidad. Inicié algunas relaciones muy importantes. Conocí a mi hombre. Tuve dos hijitas.

Tercer cuarto (desde _____ hasta _____):

El estudio bíblico se metió en mí como un virus. Encontré en Cristo la libertad de varias fortalezas constantes en mi vida y una redención mensurable del dolor de mi pasado.

Cuarto cuarto (desde _____ hasta _____):
Mis maravillosos compañeros de trabajo. Yernos. Nietos!

Amado hermano, preste atención a lo que Santiago, inspirado por el Espíritu Santo, afirma: "Si fue bueno, fue de Dios. Si fue perfecto, tenía un objetivo preciso". Al mirar atrás y ver los obsequios de Dios que podemos discernir en cada cuarto de nuestra vida, podríamos sentirnos tentados a espiar las listas de otros y considerar que han tenido vidas de ensueño. Si es así, usted está tan equivocado acerca de mi vida como yo lo estaría acerca de la suya.

En esos cuartos sucedieron muchas cosas difíciles. Algunas no fueron simplemente difíciles, fueron horribles. Pero veo cómo Dios me continuó derramando obsequios del cielo que me sostuvieron y me levantaron. Algunos llegaron a ser mi vida. Soy una persona terriblemente imperfecta, pero el insaciable amor por los libros fue un regalo perfecto para mí. Soy una persona inherentemente egoísta, pero Dios me ha dado un extraño afecto por los hermanos que sirvo como si los hubiera conocido desde hace años, aunque a muchos de ellos nunca los he visto personalmente. Por mí misma soy un manojo de nervios egocéntricos como no hay otro, pero en Cristo he logrado ver un atisbo de lo que es la comunidad.

¿Alguno de estos ejemplos le ha servido para recordar algunos obsequios buenos o perfectos de Dios para su vida? De ser así, tome valor y escríbalos aquí:

Deuteronomio 26.11 nos dice: "Y te alegrarás en todo el bien que Jehová tu Dios te haya dado a ti y a tu casa, así tú como el levita y el extranjero que está en medio de ti". Si últimamente usted no se ha detenido a darle gracias a Dios por sus innumerables obsequios, ¡hágalo ahora! Hónrelo, regocijándose en las cosas buenas que le ha dado a usted y a su familia. No trate de ignorarlas por falsa humildad. El orgullo se adueña del reconocimiento y la gloria da el reconocimiento. Lo importante es glorificar a Dios por medio de esos buenos dones.

Hubo partes de nuestra vida que fueron más una pesadilla que algo bueno. ¿Qué hacemos al respecto?

Yo miro atrás en mi vida y puedo ver que muchas de esas cosas terminaron por convertirse en obsequios. Estoy convencida que la desesperación se convirtió en un regalo que Dios me dio porque me salvó de una vida de mediocridad. Para una persona tan autodestructiva como era yo, no había que andar con rodeos. La profunda decepción por algunas personas clave en mi vida también llegó a convertirse en un obsequio. Ninguna persona podía arreglar ni cuidar mi alma lastimada como yo lo necesitaba.

Toda una vida tratando de abrazar a personas con manos de tijera nos dan cicatrices, pero estas cicatrices se convierten en un mapa que nos lleva directamente a Jesús. Entonces, Él se convierte en el amor indiscutible de nuestra vida, y la inesperada fuente de un afecto más limpio por los demás. Cada hueco que haya en nuestra vida hace lugar para el Amante de nuestra alma. Dios usa el tiempo para desenvolver obsequios que a primera vista parecen maldiciones.

Ahora, vuelva a leer Santiago 1.17. ¿Cómo se le llama a Dios en ese versículo? El "Padre de _____".

Vea la referencia a la par de Santiago 1.18. Según este versículo, ¿qué decidió hacer Él?

Nuestro Padre celestial dio a luz a todo el universo con su impecable orden y su espectacular belleza. El que llama a las estrellas por su nombre nos llama a nosotros "hijos de Dios" (1 Juan 3.1). ¡Eso es lo que somos!

Él conoce perfectamente cada circunstancia de nuestra vida y cada célula de nuestro cuerpo. Él sabe lo que necesitamos. Sabe lo que anhelamos. Reconoce el obsequio perfecto para nosotros con solo verlo, y tiene una meta para cada presente perfecto que nos envía desde el cielo.

Él nos dio a luz por medio de la palabra de verdad. Nada es más contrario a nuestra nueva naturaleza en Cristo que dar a luz muerte por nuestros deseos deformados. Detrás de cada tentación se esconde una palabra de engaño, y la palabra de verdad está detrás de cada obsequio oportuno. La tentación trata de romper el paquete antes que llegue el momento justo y, al hacerlo, desfigura lo que hay adentro.

¡Espere en el Señor! Hay tantos obsequios envueltos debajo de su árbol que le llevará toda la vida abrirlos. Así lo hace Dios. Él siempre nos dice que hay algo que no nos está diciendo, como por ejemplo, cómo será con exactitud que funcione todo esto. De una cosa podemos estar seguros: será perfecto.

La tentación trata de romper el paquete antes que llegue el momento justo y, al hacerlo, desfigura lo que hay adentro.

Un artículo más avanzado con Melissa

EL GÉNERO LITERARIO DE SANTIAGO

Una clave para interpretar un libro de la Biblia, como cualquier otra obra escrita, es su género literario. Para los que hace tiempo que salieron de la escuela primaria, "género", simplemente significa clase, categoría o tipo de obra literaria. Como señala E.D. Hirsch: "Toda comprensión de significado verbal necesariamente tiene que ver con el género".[1] Sabemos esto intuitivamente. Por ejemplo, leemos una sátira de forma diferente a cómo leemos un artículo de una enciclopedia.

Tenemos diferentes expectativas acerca de un texto según nuestro conocimiento o percepción de su contenido, estructura y propósito.

Sabemos que diferentes géneros literarios expresan significados de diferentes maneras. La Biblia contiene numerosos géneros literarios, por ejemplo: poesía, narración, profecías, ley, sabiduría, evangelios (algo así como una biografía antigua), cartas, parábolas, apocalipsis e innumerables subgéneros que no podemos tratar aquí en honor a la brevedad.

Como es posible que ya usted se lo imagine, el libro de Santiago no cae prolijamente dentro de una sola categoría. No hay consenso entre los eruditos en cuanto al género de Santiago, pero podemos comentar algunas de las observaciones más importantes y generalizadas.

1. **Una epístola.** Primero, Santiago es una epístola, pero algo irregular como carta. A diferencia de la mayoría de las cartas de Pablo, Santiago no le escribió a una persona o a una congregación en particular. Su identificación de los destinatarios como "a las doce tribus que están en la dispersión" (Santiago 1.1) ha llevado a muchos a subclasificar Santiago como "carta de la diáspora".

2. **Carta de la diáspora.** Esta era una carta circular que enviaba una autoridad espiritual reconocida de Judea a los judíos que vivían fuera de esa tierra. Una carta de la diáspora tenía como fin unir a las comunidades judías con las creencias y costumbres de su tierra natal e instarlas a vivir fielmente como el pueblo del pacto de Dios en una tierra que no era la suya. Como evidencia de esto observe que algunos pasajes parecen referirse a situaciones históricas particulares (vea Santiago 2.2-7, 15-17; 4.1-4, 13-17).

3. **Una parénesis.** Un influyente erudito especializado en Santiago argumenta que el libro es literatura parenética.[2] Esta palabra difícil significa una forma de consejo o exhortación que incluye, al menos, algunas de estas cinco características:
   a. El uso de preceptos e imperativos (órdenes).
   b. El uso de ejemplos morales.
   c. Una estrecha relación entre el autor y los destinatarios.
   d. El uso de materiales tradicionales.
   e. Aplicabilidad general.[3]

Santiago, sin duda, contiene estas cinco características, especialmente el uso de órdenes. Santiago tiene la mayor cantidad de imperativos en todo el Nuevo Testamento.[4]

4. **Literatura sapiencial.** Debido a la superposición con la literatura sapiencial los estudiosos recientes han sugerido que la parénesis es, en realidad, una subcategoría o un subgénero de la categoría más amplia llamada "literatura sapiencial".

De hecho, el libro de Santiago tiene mucho en común con la literatura sapiencial hebrea.

Hace varios años, cuando comencé a estudiar Santiago, le rogué a un compañero de clase muy perspicaz que leyera todo el libro de una vez y que sin pensarlo dos veces me contara sus impresiones iniciales sobre el libro. Él tuvo la amabilidad de responder a mi pedido y su primer comentario fue: "Santiago parece ser el libro de Proverbios del Nuevo Testamento". Su apreciación tiene mucho de verdad.

Santiago tiene dos elementos en común con Proverbios. Por ejemplo, muchas veces Santiago hace referencia a la sabiduría (Santiago 1.5; 3.13, 15, 17). Repite temas de Proverbios, como la riqueza, la pobreza y la lengua. Presenta algunos aforismos (dichos o máximas) breves y cortantes, pero profundos. Pasa rápidamente de un tema a otro, algunas veces sin fluidez en la transición de las ideas. Además, alude a Proverbios varias veces (vea Santiago 4.6; 5.20). Pero, aunque tiene mucho en común con la literatura sapiencial, muchos comentaristas son renuentes a clasificarlo dentro de esta.

Santiago es un escritor difícil de clasificar porque a pesar de todas las semejanzas que hemos señalado, no le interesa la sabiduría como tema rector. Además, usa textos legales como Levítico 19, y aun más paradójicamente, habla con el mismo tono del profeta Amós (vea la profecía de Santiago 5.1-6). Así que, aunque Santiago tiene muchas características de la literatura sapiencial, no debemos apresurarnos a clasificar este ecléctico texto como pura literatura sapiencial, como el libro de Proverbios.

Clasificar prolijamente Santiago es una tarea ciclópea, quizá imposible. La voz de Santiago es la voz de un profeta y de un sabio. Podríamos decir que es totalmente única pero, en realidad, también es muy semejante a la del mismo Jesús. Podemos llegar a la conclusión de que Santiago utiliza muchas características de la literatura sapiencial y parenética para expresar materiales judíos tradicionales por medio de la visión y la enseñanza de Jesús.

El propósito de la epístola de Santiago, como sostiene Cheung, es "reorientar a sus lectores hacia un sistema nuevo y diferente de significado, basado en la fe de Jesucristo, el Señor de la gloria".[5]

> El propósito de la epístola de Santiago, como sostiene Cheung, es "reorientar a sus lectores hacia un sistema nuevo y diferente de significado, basado en la fe de Jesucristo, el Señor de la gloria".

PALABRAS QUE NOS LIBERAN

Día uno
PRONTO PARA OÍR

UN VISTAZO AL TEMA:

"Por esto, mis amados hermanos, todo hombre sea pronto para oír, tardo para hablar, tardo para airarse". Santiago 1.19

¿A alguien más que a mí lo han atrapado recientemente justo cuando no estaba prestando atención a algo que le decían? ¿Alguien más se pone a hacer tonterías durante una llamada en conferencia y después no sabe qué decir cuando le toca hablar? O, por el contrario: ¿siempre le toca hablar a usted? ¿Hay alguien además de mí que sea particularmente hábil para entrometerse en una conversación? Dios no quiera que perdamos una oportunidad de hablar. ¿Alguien más, además de mí, mantiene el celular sobre el regazo mientras está almorzando con un amigo nuevo para con disimulo echarle una mirada mientras su amigo toma un sorbo de su té helado? Es patético.

Gracias solo a Dios porque ni siquiera yo soy tan desconsiderada todo el tiempo. Sin embargo, con frecuencia me toca muy de cerca el pasaje que estudiaremos hoy. De hecho, últimamente he mejorado mi capacidad para escuchar solo por que sabía que se acercaba esta lección. Ese es el beneficio de conocer bastante bien un libro de la Biblia antes de comenzar a escribir un estudio sobre el mismo; uno tiene la oportunidad de prepararse antes que la convicción de pecado le caiga encima como un mazo. Con el estudio del libro de Santiago podemos cambiar o podemos salir corriendo. No salgamos corriendo.

En lugar de eso, escribamos a mano Santiago 1.19-21 en la página correspondiente.   1.

Ahora, literalmente "tomemos nota" de los tres imperativos en el v. 19. Escríbalos en el margen.   2.

Marque con un asterisco aquel (o aquellos) que le resulten más difíciles debido a su   3. personalidad natural. Si marcó los tres, anímese. Estamos hechos para necesitar a Dios. Con la plena seguridad de que somos hermanos queridos, concentrémonos primero en este par: "pronto para oír, tardo para hablar".

Tal vez usted también sea devoto de "pronto para hablar, tardo para oír". De hecho, la mayor parte de las veces que dejo de prestar atención a lo que me dicen, lo hago porque estoy pensando en lo que yo quiero decir. Entonces, si estoy de buen humor, me muerdo los labios mientras los segundos transcurren a paso de caracol hasta que es mi turno de hablar. Es un hábito terrible, que hiede a narcisismo, un hábito que quiero romper durante el curso de este estudio.

La única forma en que podemos llegar a desarrollar el arte de escuchar es tener la rabiosa determinación de hacerlo.

Los medios electrónicos de comunicación llegaron para quedarse, pero no recurramos a ellos para afinar nuestra interacción social. La mayoría de nosotros está de acuerdo en que conectarse electrónicamente tiene sus ventajas, pero el periódico USA Today sugiere una seria desventaja: "Con frecuencia nos desconectamos de quienes están en el mismo ambiente con nosotros".[1] El contacto cara a cara se nos escapa entre los dedos tan rápido como un rayo, así que la única forma en que podemos llegar a desarrollar el arte de escuchar es tener la rabiosa determinación de hacerlo. Nuestra primera tarea para esta semana es cerrar los labios y escuchar. Permítame darle una pequeña motivación extra.

Escriba aquí Proverbios 17.27-28:

¿No le encanta este pasaje? Ni siquiera tenemos que ser sabios para parecer sabios. Lo único que tenemos que hacer es cerrar la boca. Aquí es donde el asunto atrapa mi atención: me gusta aprender más de lo que me gusta hablar. ¿A usted también? Pero si hablamos, por lo general no aprendemos. Darme cuenta de eso es suficiente para cerrar la boca. Tenga en cuenta que Dios nos dio la boca a propósito, por lo que el asunto no es dejar de hablar. No obstante, nuestro hablar debe poder medirse con una regla escolar, no con una cinta métrica de 50 pies.

Ahora pasemos al siguiente imperativo mientras todavía nos quede energía: "pronto para oír, tardo para hablar, _____".

En la privacidad de su relación íntima con Dios, en una escala del 1 al 10, en la que 1 es "insignificante" y 10 "sustancial", ¿hasta qué punto tiene usted un problema con la ira?

|____|____|____|____|____|____|____|____|____|
1   10

Recuerde cuánto lo ama Dios y cuánto está de su lado y entonces responda estas preguntas inquietantes: ¿Cuántas veces su ira se expresa en palabras (de cualquier clase)? ¿Qué cosas ha dicho en las últimas semanas, motivado por la ira, que ahora desearía poder borrar?

A pesar de la gravedad de su problema con la ira, reflexione en los últimos siete días. ¿Qué cosas le produjeron ira? Sea lo más específico posible, hasta incluya a ese conductor que lo molestó en el semáforo.

Tome en cuenta que la ira pudo haber sido reprimida o disfrazada cuando usted dijo lo que ahora lamenta, pero, en honor a la verdad, sabe que la ira fue lo que motivó esas palabras.

Compliquemos un poco más el asunto. ¿Cuándo fue la última vez que usted sintió que su ira estaba justificada?

De hecho, ¿se podría considerar que su ira fue una "justa indignación"? De ser así, explíquelo en el margen.

Vuelva a leer Santiago 1.20 y escriba cuál es el peligro de la ira.

Hay pocas motivaciones internas que sean tan poderosas como la ira. La ira no solo señala, grita. No se limita a sugerir una dirección que podríamos tomar. Nos empuja hacia allá con un latigazo. Observe que Santiago no refuta que la ira pueda ser una emoción plausible. Él refuta la idea de que la ira pudiera ser un santo conspirador para tener una vida recta.

Los rabíes de tiempos pasados posiblemente la hubieran prohibido por completo. "Aunque el hombre puede imitar ciertas cualidades divinas, según los judíos, algunas, especialmente la ira, son prohibidas: 'Tres veces se airó Moisés, y tres veces no reflejó la mente de Dios'".[2] Me resulta intrigante esta perspectiva sobre la ira entre las que prevalecían en el judaísmo antiguo: "Se creía que el hombre 'airado' no había dominado su *yetser* [básicamente, su impulso]. Perder los estribos era, básicamente, perder la *shekinah*" (Santiago 2.1).[3] Esta última palabra se refiere a la gloria de Dios que descansa o se posa. El comentarista lo relaciona con Santiago 2.1 por una razón gloriosa. Guárdela en un rincón de su mente hasta que lleguemos al segundo capítulo.

Por ahora, ¿de qué manera Efesios 4.30-31 implica que la ira podría afectar la manifestación del Espíritu en nosotros?

La ira del hombre no obra la justicia de Dios.
SANTIAGO 1.20

Ahora, vuelva a leer Santiago 1.20. Este pasaje puede tener particular importancia para nosotros cuando sentimos una justa indignación. David P. Nystrom dice que quizá Santiago nos esté "enseñando que seamos lentos para asumir el manto de la justa indignación, ya que al hacerlo, implícitamente estamos afirmando que hablamos por Dios".[4] La idea da escalofríos, ¿verdad? Si las implicaciones eran atemorizantes en la época de Santiago, cuando las cartas se escribían a mano y se entregaban por el correo manual, imagine el impacto en una cultura en que podemos publicar instantáneamente nuestras acaloradas opiniones en un foro público sin el beneficio de un editor o un borrador permanente.

Cuando se produce un desastre natural, el hombre natural que hay en nosotros se levanta con una túnica religiosa, aduciendo ser vocero de Dios. No nos equivoquemos. Dios puede hablar y lo hace, pero según este pasaje de Santiago, rara vez lo hace a través de alguien precipitado y, según un pasaje posterior de Santiago, pasa por alto a los orgullosos como si tuvieran alguna plaga espiritual. Este es el punto en que el versículo 21 comienza a repicar. (El Día uno continúa en la p. 70.)

Un artículo más avanzado con Melissa

OIDORES, NO SOLO LECTORES

La semana pasada, cuando salimos con mamá a almorzar, vi en el piso de su automóvil un papel laminado, que estaba gastado, con el texto del capítulo 5 de Santiago. Hace varios meses mamá me dijo que estaba memorizando todo el libro; claro, todos decimos que quisiéramos hacer tal cosa, así que decidí que le creería solo si lo podía comprobar. Después de todo, algunas veces yo también me he fijado metas muy ambiciosas. Una vez hice una lista de metas para mi vida y una de ellas pudo haber sido memorizar la Biblia entera. Seamos sinceros: no he pasado de Génesis 1.

Dado que ella ya había terminado el último capítulo y aún nos quedaban unos minutos más a solas en el auto, le pedí que recitara el libro de memoria. Al recitar el texto tan conocido mi mamá acentuaba y pronunciaba algunas palabras y frases de una manera especial, de tal manera que al oírlas, sonaban como nuevas para mí. El mensaje de Santiago seguía siendo el mismo, pero las palabras tomaban una nueva forma cuando ella las pronunciaba en voz alta.

> ## El mensaje de Santiago seguía siendo el mismo, pero las palabras **tomaban una nueva forma cuando** ella las pronunciaba en voz alta.

Escuchar a mamá narrar el libro de memoria, todo de una vez, fue tan increíble para mí que le pedí que hiciera lo mismo para nuestro personal de *Living Proof* durante el tiempo de meditaciones y de oración semanal. Las reacciones de los colaboradores fueron interesantes.

Esta experiencia conmovió de tal manera a una colaboradora que casi se echó a llorar en el primer capítulo. Dijo que escuchar el mensaje por alguna razón le llegaba más profundamente que solo leer partes del libro.

Otra colega dijo que nunca se había dado cuenta de cuán prominente era un determinado tema en el libro de Santiago hasta que lo oyó en alta voz. La mayoría de nosotros llegó a la conclusión que era más fácil seguir el flujo del pensamiento de Santiago de capítulo a capítulo escuchando las palabras que cuando simplemente las leíamos.

> ## Era más fácil seguir el flujo del **pensamiento de Santiago de capítulo a capítulo escuchando** las palabras que cuando simplemente las leíamos.

Aunque me siento inexplicablemente agradecida de poder ponerme cómoda en mi sillón a leer mi propio ejemplar de la Biblia, escuchar un pasaje recitado delante de un grupo fue, por varias razones, una experiencia muy provechosa. Primero, escuchar toda la epístola de una vez fue beneficioso. Todo el libro lleva unos 15 minutos de comienzo a fin.

Debido a que las divisiones de versículos y capítulos de las traducciones modernas algunas veces no resultan demasiado útiles, fue muy importante escuchar el mensaje sin interrupciones ni cortes artificiales. Además, muchas veces nos limitamos a uno o dos versículos sin reconocer el contexto inmediato que tienen.

Aunque meditar con profundidad en el libro, versículo por versículo, tiene profundos beneficios, también es necesario decir algo a favor de la increíble coherencia de leer o, como en este caso, escuchar de una vez toda una epístola o un evangelio.

Segundo, dado que nuestra sociedad se apoya tanto en las formas escritas y visuales de comunicación, fue refrescante absorber y procesar información solamente escuchándolo. Escuchar en silencio pasajes bíblicos leídos o recitados hace que utilicemos un "músculo" diferente de aprendizaje que nuestra cultura no ejercita con frecuencia.

Por último, la mayoría de los primeros cristianos habrían escuchado las palabras de Santiago leídas en voz alta. No es coincidencia que en 1.22 el mismo Santiago mencione indirectamente la antigua práctica de escuchar textos leídos en voz alta cuando ordena a sus lectores ser hacedores de la palabra y no solo oidores (a diferencia de lectores).

La mayoría de los primeros cristianos habrían escuchado las palabras de Santiago leídas en voz alta.

Tendemos a imaginar a los cristianos del primer siglo con Biblias de cuero en la mano, pero no era así. Los libros en el mundo antiguo no solo eran caros y muy raros sino que solo una ínfima parte de la población sabía leer (y la abrumadora mayoría de esa ínfima parte eran varones).

Si a usted le gustan los números, se estima que la población alfabetizada en la Palestina romana del primer siglo era del 3% al 10%.[1] Actualmente, el índice de alfabetización en los Estados Unidos es del 99%; hasta mi sobrino, de solo 5 años, está aprendiendo a leer.

La alfabetización masiva que conocemos y vivimos en los Estados Unidos habría sido completamente extraña para el mundo antiguo. Publicar un libro en aquel entonces literalmente significaba preparar una o dos copias de una obra, cada copia hecha de forma separada y a mano.[2] Incluso "leer" era un fenómeno totalmente oral, ya que los libros principalmente se escribían para leerse en voz alta.[3] Aunque suena contrario a nuestros instintos, en la gran mayoría de los casos una persona de la antigüedad "leía" un libro escuchando a otra persona leerlo en voz alta.

Enseguida que mamá terminó de recitar el libro, una de nuestras colaboradoras exclamó: "¡Me sentí como si perteneciera a la iglesia primitiva!" Estaba totalmente en lo cierto, ya que los primeros cristianos vivieron en una cultura oral que daba prominencia a la forma oral del lenguaje, más que a la escrita. Escuchar la epístola de Santiago leída en voz alta nos da una especial continuidad entre el lector moderno y los primeros oyentes cristianos.

...una especial continuidad entre el lector moderno y los primeros oyentes cristianos.

Crear esta continuidad con los primeros cristianos no es, de ninguna manera, algo indispensable, pero constituye un encuentro muy especial.

En vista de lo que dice Santiago 1.19-21, ¿qué debemos hacer? (Vea el v. 21).

La orden de "desechar" significa "desvestirse" de algo, como si nos quitáramos una chaqueta demasiado ajustada. Un comentarista sugiere que tal vez Santiago haya querido recordarles a sus lectores el pasaje de Zacarías 3.1-7.[5]

Lea estos vívidos versículos y explique lo que sucedió.

Los creyentes en Cristo, bajo el Nuevo Pacto, se convierten en miembros del santo sacerdocio (vea 1 Pedro 2.5; Apocalipsis 1.6). ¿Algo del sacerdote Josué, en Zacarías 3, le recuerda su propia experiencia?

De ser así, ¿qué? Escríbalo al margen.

La traducción de la Biblia NET® especifica una dimensión del "mal" en Santiago 1.21 que podría ayudarnos a captar lo que se supone que debemos quitarnos de encima. La versión dice: "Dejen de lado toda inmundicia y exceso maligno y reciban con humildad el mensaje que se ha implantado en ustedes, que puede salvar sus almas". (Traducción libre de la versión inglesa NET®).

En la frase anterior encierre en un círculo la palabra "maligno". Entonces, ¿cómo la inmundicia y el "exceso maligno" suplantan las palabras de Dios que nos han sido extendidas? Creo que quizá ambas intentan llenar un hueco o un vacío que hay en nuestras vidas y que Dios puso para que Su Palabra tuviera lugar para crecer allí. Aunque prácticamente todos los que tenemos suficiente educación como para leer este libro y dinero para comprarlo, tenemos más de lo que necesitamos, técnicamente existe una gran diferencia entre tener más de lo que necesitamos y tener un exceso maligno.

Si está de acuerdo, explique la diferencia en el margen.

Desde que comencé a investigar este libro, comencé a atacar algunos aspectos de "exceso maligno" en mi vida. Aspectos en que mis posesiones eran realmente nauseabundas. Tengo por norma no regalar cosas que mi esposo me haya regalado a mí, pero me deshice de algunas otras. Aún tengo exceso de posesiones en todos los aspectos de mi vida, pero Dios me está ayudando a quitarme un poco de todo eso.

Seguiremos este tema un poco más adelante, pero no tema. Si Dios insiste en hacer lugar en nuestra vida, es para llenarnos de las cosas que realmente satisfacen. Recuerde: ¡Toda buena dádiva y todo don perfecto desciende de lo alto! Ahora pasemos los últimos momentos del estudio de hoy fijando nuestra atención en la última parte del v. 21.

¿Qué nos dice Santiago que hagamos humildemente?

El pasaje de hoy completa aquí su círculo. Por sobre todo, Dios desea que seamos prontos para oírlo *a Él. Oír Su Palabra. Y Sus Palabras*. De hecho, nos dice: "Estas palabras que he plantado en ti tienen poder para salvar tu misma alma. ¡Recíbelas con gozo!"

Dios nos recuerda que Él no plantó Su palabra en nosotros para que la dirijamos a otro para darle convicción o liberación. Eso es cierto, aunque sentimos una justa indignación. Necesitamos humildad para recibir una palabra de Dios en el suelo de nuestra humanidad. Tenemos la tendencia de tomar el mensaje que Dios nos ha dado y colgárselo del cuello a otro, pero ese mensaje, en primer lugar, estaba destinado a nuestra alma.

Los que confiamos en Cristo como nuestro Salvador fuimos salvados al instante de una eternidad lejos de Dios, pero continuamente necesitamos ser liberados hasta que Él nos lleve "para su reino celestial" (2 Timoteo 4.18). Aquí, en Santiago 1.21, el término léxico griego que se traduce como "salvar" en la mayoría de los casos dentro del Nuevo Testamento, es *sozo*, que significa "salvar, librar, sanar, preservar de daño, pérdida o destrucción".[6] Otra forma de decir "salvar vuestras almas" es decir "rescatar vuestras vidas".[7]

Estas palabras hacen que mis ojos se llenen de lágrimas. Cristo ha usado Su palabra implantada para rescatar mi vida tantas veces… ¿La suya también? Mi hermano, Él es muy fiel. Quitemos la mano que cubre el rico suelo de nuestro corazón y recibamos la semilla que siembra salvación "perpetuamente" (Hebreos 7.25).

Día dos
LA LEY PERFECTA

UN VISTAZO AL TEMA:

"Mas el que mira atentamente en la perfecta ley, la de la libertad, y persevera en ella, no siendo oidor olvidadizo, sino hacedor de la obra, éste será bienaventurado en lo que hace". Santiago 1.25

Hermanos, aprieten bien fuerte en su mano los versículos que estudiamos hoy porque son la clave para una vida floreciente, una transformación realmente profunda y la bendición divina. Lo que Santiago nos enseñará es la diferencia entre hablar de vivir en victoria sobre cosas como el egocentrismo, la adicción, la seducción y la tentación, y realmente hacerlo. Si tuviéramos espacio, toda esta lección estaría en letra tamaño 72, negrita y cursiva. Así que prométame que la verá grande y la escuchará fuerte.

Santiago puede enseñarnos la diferencia entre hablar de vivir en victoria y realmente hacerlo.

Por favor, lea Santiago 1.22-25 y escríbalo a mano en la parte final del libro.

Al final de nuestra lección le pediré que arme un acrónimo con las letras de PALABRA, que reflejen una dimensión de estos cuatro versículos. Recuerde esta tarea mientras estudia hoy.

Una querida hermana se me acercó y me dijo: "Beth, hice *¡Sea libre!* tres veces, pero todavía tengo en mi vida la misma fortaleza del mal". No fue la primera persona que me dijera algo así. Su pregunta era genuina y me encariñé de inmediato con ella, pero mi instinto de mentora comenzó a luchar a brazo partido con mi instinto maternal. Su libertad debía tener prioridad sobre sus sentimientos.

"¿Hizo usted realmente lo que la Biblia dice?"

Ella no estaba segura. Creía que sí, porque había completado fielmente todas las tareas. Podemos estudiar hasta que el desierto se congele y, no obstante, seguir con la misma atadura. Es el hacer lo que cambia las cosas, no el oír. Somos personas inteligentes, entonces, ¿por qué no lo reconocimos antes?

Santiago nos responde claramente: nos engañamos a nosotros mismos. Y me refiero tanto a ustedes como a mí. Dedique un momento a echar un rápido vistazo a todo Santiago 1. ¿Cuántas veces él habla de engañarse a sí mismo? _____. Preste atención, hermano, porque esto lo sé de memoria: No hay mentira tan taimada como la que nos decimos a nosotros mismos.

Vuelva a leer los vv. 23-24. Dibuje en el margen la imagen visual que Santiago propone para demostrar el concepto.

No importa si es hombre o mujer. El griego no dice que este hombre se miró en el espejo de la misma forma en que lo haría una mujer. Es un hombre. El griego no sugiere que se mirara rápido solo para recordar cómo era él. Una traducción más cercana a la redacción original refleja toda la fuerza de esta frase: "Es como un hombre que mira fijamente su rostro natural en un espejo". Encierre en un círculo la palabra que indica cómo se miró el hombre en el espejo. Y aun así, lo olvidó.

Un comentarista "resalta el carácter absurdo de esta imagen de una persona que 'examina con atención su rostro en el espejo, pero segundos después ni siquiera podría reconocerse a sí mismo en una rueda de reconocimiento policial'".[8] ¡Imagine si fuéramos nosotros!

Podríamos subrayar la Biblia hasta secar la tinta de todos nuestros bolígrafos sin que una sola gota salpicara nuestra vida. El autoengaño se desliza cuando confundimos apreciación con aplicación o ser tocado con ser cambiado. El asunto es que escuchar, en sí mismo, produce una cierta satisfacción. Piense la última vez que usted cerró los ojos y escuchó el sonido de un instrumento que casi le hizo llorar. Algo similar puede suceder con la lectura de la Biblia o con un mensaje o una enseñanza. Escucharlo, por sí mismo, puede ser satisfactorio. "Un abismo llama a otro" (Salmos 42.7), y todos asentimos con la cabeza, sintiéndonos identificados.

Sin embargo, la Palabra de Dios tiene como fin hacer algo más que penetrar. Debe activar. Puede horadar los obstáculos. Puede derribar las defensas. Puede plantar los inseguros pies de barro en lugares con un propósito divino. Puede santificar al enfermo de pecado y calmar al confundido y desorientado. Puede encender una

El autoengaño se desliza cuando confundimos apreciación con aplicación o ser tocado con ser cambiado.

antorcha brillante en un hueco oscuro. En pocas palabras, la Palabra tiene como fin obrar. Y por medio de ella debemos dar fruto. Romanos 10.17 nos dice que la fe viene por el oír, pero pronto Santiago nos enseñará que la fe sin fruto está muerta en la vid.

El medio hermano mayor de Santiago enseñó en los Evangelios una actividad similar a la fe. Podemos imaginar que las palabras de Cristo en Lucas 8.21 resonaban como un disco rayado en la memoria de Santiago: "Mi madre y mis hermanos son los que oyen la palabra de Dios, y la hacen".

Concéntrese en esta parte de Santiago 1.23: "al hombre que considera en un espejo su rostro natural." Encierre en un círculo las palabras "su rostro natural". La palabra en griego es *génesis*. Aunque sin duda alguna el adjetivo "natural" traduce la palabra, algunos eruditos creen que el significado de "génesis" podría estar implícito.[9] Después de todo, en su carta Santiago se refiere varias veces a los aspectos de la creación (vea 1.18; 3.9). Si génesis es el significado más profundo, el reflejo en el espejo no solo revelaría suciedad o heridas. También le recordaría su verdadera identidad al que se contempla, dándole convicción con un giro ascendente: "Quiero ser quien fui creado para ser: alguien que lleva la imagen misma de Dios". No obstante, lamentablemente se va y se olvida quién es en realidad.

Fuimos creados para que nada menos que el cumplimiento de nuestro propósito original nos satisfaga. Santiago 1.25 nos muestra una mirada a otra fuente.

¿Qué hace esta persona?

¿Qué promesa se encuentra al final del versículo?
"[Esta persona] será _____".

Repitamos el concepto para mayor claridad: "Éste será bienaventurado en _____".

¿Ve el concepto? Creer nos lleva a la bendición solo cuando oír se convierte en hacer. Es posible que nuestro "hacer" no siempre se demuestre con una actividad física. El acto inicial de obediencia puede ser esperar en el Señor o celosamente fijar nuestra mente en Su fidelidad.

Para Abraham, en Romanos 4.20, el "hacer" fue dar gloria a Dios y negarse a vagar en la incredulidad. Por favor, tenga en cuenta que Santiago 1.25 registra la segunda bienaventuranza que encontramos en este libro. La primera apareció en Santiago 1.12 para aquel que soporta las pruebas. Más adelante, en esta misma lección, veremos la importancia de haber incluido esta bienaventuranza. Ahora bien, ¿qué clase de ley se menciona en Santiago 1.25?

¿Qué será esta "perfecta ley, la de la libertad"? ¿Se refiere Santiago al Antiguo Testamento, o a la Torá judía? ¿O se refiere al mensaje del evangelio de Cristo? Suponemos que no se podría estar refiriendo conscientemente a la totalidad del Nuevo Testamento porque para ese entonces solo se había escrito una pequeña parte de este. Para complicar más el asunto tampoco podemos descartar por completo la ley del Antiguo Testamento por lo que dice Jesús en Mateo 5.17.

¿Qué dijo Cristo acerca de la ley?

Si realmente queremos hacerle justicia a la voz de Santiago en el contexto de su mundo, debemos dar lugar a la posibilidad de que quizá se estuviera refiriendo a la ley mosaica. Pero, con la perspectiva de toda su carta, es posible que lo hiciera de tal forma que diera prioridad al código moral antes que al ritual y, por tanto, se hiciera eco de las enseñanzas de Jesús. Tenga en cuenta que la ley era preciosa para muchos judíos del primer siglo y también para los que los antecedieron. Además, la iglesia primitiva aún no había recibido la revelación completa del canon del Nuevo Testamento.

El Dr. Peter H. Davis ofrece otra perspectiva sobre la ley perfecta que da libertad:

> Es dentro del mundo judío que se puede entender la frase. Para el cristiano judío la ley es aún la voluntad de Dios, pero el Mesías ha venido, la ha perfeccionado y ha dado su nueva ley [...]. Así que, uno encuentra el Sermón del Monte (especialmente en Mateo 5.17) y otros pasajes similares en la tradición cristiana primitiva que presentan a Cristo como el dador de una ley nueva o renovada. Es seguro que Santiago estuvo en contacto con la tradición subyacente en el Sermón del Monte y debemos estar de acuerdo [...] en que Santiago ve la reinterpretación de la ley que hace Jesús como una nueva ley.[10]

Preste mucha atención a lo que sigue porque es vital para relacionar algunos de los puntos más importantes entre Jesús y su medio hermano Santiago. ¿Qué dice el Dr. Davis que es "seguro"?

Durante mi investigación he visto a muchos eruditos relacionar ambas enseñanzas. Imagine una cuerda que cuelga del Sermón del Monte y otra que cuelga del libro de Santiago. ¿Las ve? Ahora, átelas para que queden unidas. Si se cuelga con todas sus fuerzas, aferrándose a ese gran nudo mientras los temas de Santiago lo hacen balancearse por aquí, por allá y al parecer por todas partes, caerá aproximadamente en el centro de su enseñanza cuando terminemos. Veamos dos ángulos interesantes de este nudo que tenemos entre manos.

La meta de las reglas son las relaciones.

1. ¿Qué palabra tienen en común Santiago 1.12 y 1.25 con Mateo 5.3-10? (Solo necesitará un vistazo para descubrirla).

2. ¿Qué conexión ve usted entre Mateo 7.26 y Santiago 1.22?

El hecho de que ambos textos contengan bienaventuranzas y exhortaciones para poner la Palabra en práctica, va más allá de una mera coincidencia. Veremos que Santiago sigue a su medio hermano en esto de tomar la letra de la ley y meterla en la tierra de los vivos, donde la meta de las reglas son las relaciones. Un erudito explica: "Santiago define la ley de tal forma que ella otorga libertad del egocentrismo y la inmoralidad, permitiendo que el cristiano crezca hasta llegar a ser lo que Dios quiere que sea. No es improbable que Santiago, aquí, esté reflejando las palabras de Jesús en relación con la ley".[11]

Una clásica interpretación del Sermón del Monte es verlo como una especie de reconstrucción de cuando Moisés bajó del monte con las tablas de piedra y proclamó la ley al pueblo de Dios. En el Evangelio de Mateo, no es Moisés, el siervo de Dios, quien está en la ladera del monte. Es Jesús, el Hijo de Dios, y esta vez Él está proclamando la ley del Reino. Un reino que vive dentro de nosotros (vea Lucas 17.21). Fiel a sus palabras en el Sermón del Monte, Él no abole la ley sino que levanta la pesada capa de piedra para poner al descubierto su corazón de carne. No le interesa solo el comportamiento, le interesa la motivación. "Penetró hasta el corazón de su intención y, al hacerlo, elevó la ley".[12] Para que la ley realmente pudiera liberar, se debía voltear de adentro afuera. Jeremías 31.31-34 registra el proceso profético.

¿Qué prometió Dios que haría?

Compare con Ezequiel 36.26-27. ¿Cómo serían movidos para seguir a Dios quienes recibieran este nuevo corazón?

¿En qué ocasión supo usted en su corazón que su acto de obediencia era el resultado de un movimiento del Espíritu?

Cuando Jesús atravesó el corazón que estaba debajo de la ley quebrantada, nuestra conciencia de culpa y fracaso solo hubiera aumentado de no haber habido un Salvador camino a la cruz y la promesa de que el Espíritu Santo se infiltraría en nuestras vidas. Por Su paciente y meticuloso plan, Dios grabó esta perfecta ley de la libertad en los corazones humanos por medio de Cristo y, por tanto, la Torá "alcanzó su propósito redentor final".[13]

Présteme atención solo a un concepto más. ¿Cuál es, después de todo, el "propósito redentor final" de Dios para cada uno de nosotros? ¡Romanos 8.29! Que seamos "hechos conformes a la imagen de su Hijo". Hebreos 10.5-7 atribuye las palabras proféticas de Salmos 40.7-8 a Jesucristo. Escuche la melodía mesiánica de pluma del salmista: "He aquí, vengo; en el rollo del libro está escrito de mí; el hacer tu voluntad, Dios mío, me ha agradado, y tu ley está en medio de mi corazón" (Salmos 40.7-8).

Aun antes que Moisés descendiera del Monte Sinaí con las tablas de piedra rotas en pedazos, el corazón de la ley latía con vida inquebrantable dentro del Hijo de Dios. Cuando Dios envía al Espíritu de Su Hijo a nuestros corazones (vea Gálatas 4.6), la ley que está en Su corazón late dentro del nuestro, grabando aun más profundamente nuestra declaración de libertad. Allí está la transformación. "El hacer tu voluntad, Dios mío, me ha agradado, y tu ley está en medio de mi corazón". Y la Imago Dei aparece en mi espejo.

Ahora, escriba en el margen un acrónimo basado en la lección.

P
A
L
A
B
R
A

Un artículo más avanzado con Melissa

LA PALABRA IMPLANTADA

Mientras más estudio Santiago, más me convenzo de que la frase "la palabra implantada" que se encuentra en 1.21 tiene una inmensa importancia para el significado del libro.

Unos versículos antes Santiago hace referencia a sí mismo y a sus lectores como "primicias" porque son el comienzo de la nueva creación de Dios (vea el v. 18). Por ello, la "palabra implantada" de la que habla en el v. 21 no es algo incorporado en cada ser humano sino que más bien se instala en el creyente cuando Dios, soberanamente, le da el regalo del nuevo nacimiento.

La frase "palabra implantada" no tiene precedentes en la Biblia, pero como mamá mencionó hoy en la tarea, es la repetición de un tema que prometieron los profetas Jeremías y Ezequiel. En esos textos los escritores hablan de un tiempo en que la palabra o la ley de Dios se sembrará en los corazones de la comunidad del pacto.

En la Epístola de Bernabé, uno de los textos más antiguos fuera del Nuevo Testamento, encontramos apoyo para esta postura. Allí también encontramos la rara palabra ἔμφυτος utilizada por Santiago: "implantada".[1] Bernabé dijo: "Quien colocó en nosotros el regalo implantado [ἔμφυτος] de su pacto, entiende. Nadie ha aprendido jamás de una palabra más confiable, pero yo sé que vosotros sois dignos de ella".[2] Este cercano paralelo agrega peso al argumento de que Santiago usó "palabra implantada" para referirse al Nuevo Pacto de la profecía judía.

Me resulta interesante que una prefigura de la interioridad del pacto no solo aparezca en los Profetas sino también en la Torá, específicamente, en Deuteronomio. Moisés ordena al pueblo: "Circuncidad, pues, el prepucio de vuestro corazón, y no endurezcáis más vuestra cerviz" (Deuteronomio 10.16). Después, en 30.6, muestra un notable cambio de tono. El capítulo, bastante profético, anticipa un tiempo en que Israel, la comunidad del pacto, será disperso entre las naciones, pero regresará a Dios con todo su corazón. Moisés promete que por lejos que esté Israel, Dios lo restaurará y llevará a los israelitas a la tierra de sus padres. Moisés promete: "Y circuncidará Jehová tu Dios tu corazón, y el corazón de tu descendencia, para que ames a Jehová tu Dios con todo tu corazón y con toda tu alma, a fin de que vivas" (Deuteronomio 30.6).

Moisés anticipaba que el infiel Israel iba a recibir las maldiciones del pacto pero, un día, sería restaurado. Al expresar su sincero arrepentimiento, recibiría una "cirugía" de corazón de parte de Dios. Todo en un mismo libro: Moisés cambia radicalmente, de ordenar a los israelitas que circuncidaran su corazón (en 10.16) a declarar que, en algún tiempo futuro, Dios mismo iba a circuncidar sus corazones, antes infieles, pero ahora arrepentidos (vea 30.6).

Desde el principio la palabra de Dios a través de Moisés estuvo cerca del pueblo de Dios, a su alcance, (vea Deuteronomio 30.11-14), pero el Nuevo Pacto esperado prometía algo único, diferente, interior. Como algo empotrado o plantado en el corazón humano, "la palabra está permanentemente establecida en el individuo y como cualquier característica innata funciona de manera excepcional".[3] Aunque el lenguaje no es idéntico en Ezequiel, Jeremías o Deuteronomio, es muy posible que Santiago considerara el nacimiento del movimiento de Jesús, el movimiento mesiánico, como el cumplimiento de las profecías del Nuevo Pacto. Si este argumento es válido, constituye un asombroso ejemplo de la continuidad entre el Antiguo y el Nuevo Testamento.

Día tres
LA RELIGIÓN PURA

UN VISTAZO AL TEMA:

"La religión pura y sin mácula delante de Dios el Padre es
esta: Visitar a los huérfanos y a las viudas en sus tribulaciones,
y guardarse sin mancha del mundo". Santiago 1.27

"El hombre es el animal religioso. Es el único animal religioso[…]Es el único animal que ama a su prójimo como a sí mismo y le corta el cuello si su teología no es la correcta. Ha convertido al globo en una tumba, intentando con sinceridad allanar el camino de su hermano a la felicidad y al cielo".[14] Mark Twain nos hace pensar dos veces si realmente queremos que nos consideren religiosos, ¿no es cierto? De hecho, si usted es como yo, nunca sabe si alguien está usando esa palabra como un elogio o como una acusación al referirse a usted.

> Antes que yo le dé una definición, ¿cómo definiría usted el ser "religioso"?

Desde los cruzados a caballo hasta los terroristas en aviones, la historia ha ganado la dudosa relación de la humanidad con la palabra *religioso*. Sin embargo, tomada en forma aislada, la palabra no tiene ningún sentido negativo inherente. Una vez que nos instalamos en ella e invitamos a las personas a sentarse y ponerse cómodas en nuestro adoctrinamiento, el resultado puede variar. La palabra *religioso* significa "manifestar fiel devoción a una realidad o deidad máxima reconocida".[15] El concepto bíblico de piedad es similar, pero la "deidad" es únicamente el Señor. Para la mayoría, el asunto no es que las personas manifiesten fiel devoción a la deidad, sino *cómo* lo manifiestan. Santiago enfrenta el tema sin perder tiempo.

> Por favor, lea Santiago 1.26-27 y escriba ambos versículos en la página correspondiente.

El v. 26 plantea una pregunta que desearía poder comentar con usted en persona: ¿Nos consideramos religiosos? Espere un segundo antes de sacudir la cabeza o asentir. A los evangélicos nos han enseñado que debemos insistir en que tenemos una relación en lugar de una religión. Y eso es un hecho bíblico en lo relativo a la salvación. Somos cristianos porque conocemos a Jesucristo como nuestro Salvador. Al mismo tiempo, de esa relación pueden surgir prácticas que manifiestan nuestra devoción a Él. De hecho, en este mismo momento estamos practicando una de ellas.

> Conocemos a Jesucristo como nuestro Salvador, por lo tanto, nuestras prácticas manifiestan nuestra devoción a Él.

Escriba en el margen cómo manifiesta usted su devoción a Cristo durante el transcurso del mes. No sea tímido. Es importante.

Si ha mencionado cosas como orar, adorar a Dios en compañía de otros creyentes, orar antes de las comidas, tomar la Santa Cena del Señor, asistir a bautismos u otras, es probable que estemos de acuerdo. Entonces, si nos atenemos a la definición del diccionario, yo diría que parecemos ser religiosos. Lo sé, lo sé, a mí también me cuesta aceptarlo pero, en realidad, es posible que nuestros vecinos, compañeros de trabajo o amigos nos consideren a usted y a mí como las personas más religiosas que conocen. Da miedo, ¿verdad?

Si alguno se cree religioso...

Probemos con otra pregunta más definitiva: si a partir de mañana se considerara que ser religioso es ilegal y nos arrestaran a usted y a mí, ¿habría suficientes pruebas como para condenarnos? Entréguennos un traje anaranjado y dígannos dónde está la celda. Le guste o no, técnicamente somos religiosos. Y aquí, querido hermano, es donde Santiago enciende el tema como un cartucho de dinamita. Comienza en el v. 26.

Complete las frases que están en el margen.

Entonces, la religión de [fulano] es...

¡Otra vez la lengua! No será la última vez, pero por lo menos Santiago, cada vez que lo vuelve a mencionar, agrega algo nuevo al concepto. Esta vez nosotros somos el jinete y la lengua es el caballo. El mandato que debemos oír por encima del ruido de la estampida de palabras es: "¡Jinete, controla tu cabalgadura!"[16]
¿Y si no lo hacemos? Para citar lo que dicen diversas traducciones de Santiago 1.26, nuestra religión es "vana", "no vale nada", "de nada sirve".

¿No hay nada en el medio? ¿Ninguna palabra de aliento para los que trabajamos extra en nuestra devoción? ¡Por favor! ¿Acaso no sirve de nada recitar pasajes bíblicos de memoria?

Vana, inútil, inservible. Santiago no se anda con rodeos. Mire, es que siempre volvemos a caer en la trampa de pensar que si lo bueno pesa más que lo malo, todo está bien. Santiago sugiere que si practicamos toda clase de devoción a Dios, pero no controlamos nuestra lengua salvaje, nada sirve. Observe la última frase de Santiago 1.26 donde, una vez más, Santiago habla del autoengaño.

Si lo relacionamos con nuestra definición de "religioso", ¿cómo podemos engañarnos a nosotros mismos con nuestras manifestaciones de devoción?

Santiago nos dice lo que NO es la verdadera religión y después pinta rápidamente dos imágenes de lo que SÍ es la verdadera religión. Lea
Santiago 1.27 y explique cuál es la idea que él plantea de la "religión pura y sin mancha".

No tenemos que limitar todas las manifestaciones de fiel devoción a estas dos prácticas. Debemos verlas como demostraciones vivas y vibrantes de la verdadera religión. Podríamos considerarlas como un "*reality show*" de lo que es la verdadera piedad.

Detengámonos en la primera prueba: "Visitar a los huérfanos y a las viudas en sus tribulaciones". Santiago menciona a las dos clases de personas de su sociedad más privadas de derechos y de esperanza, las más vulnerables. Impotentes por sí mismos, estaban sujetos a una vergonzosa opresión, explotación y desamparo. Observemos que también las menciona como personas que sufren terribles necesidades, por si alguno pensaba que con desearles el bien ya era suficiente. Las imágenes que vemos a diario en nuestros televisores, computadoras y celulares nos ayudan a conocer algunos rostros de los desamparados del mundo.

¿Qué imágenes le vienen a la mente cuando imagina a los que son explotados y desamparados en nuestra época?

Pero el verbo "visitar" no completa la idea. No nos engañemos. Una mano cálida puede ser de gran ayuda. Pero, realmente, cuidar de estas personas y aliviar sus tribulaciones es la demostración de una religión pura. Mientras estudiaba para esta serie, Dios dispuso que yo escuchara diversas opiniones y todas me señalaron la creciente tendencia de preocupación social de parte de los creyentes jóvenes. Muchos de nuestros estudiantes universitarios y otros adultos jóvenes cristianos se involucran en verdaderas iniciativas prácticas para ayudar a los pobres y oprimidos. Para ellos, no se trata de política. Es algo espiritual.

Comente cómo estos profetas del Antiguo Testamento estarían de acuerdo con esta postura.

Isaías 58.5-7

Deuteronomio 14.28-29

Lea con cuidado Deuteronomio 24.17-22. ¿Qué debían recordar los israelitas cuando dejaran sin recoger parte de sus cosechas?

Mire, los jóvenes creyentes que hemos mencionado no están experimentando un despertar sino un avivamiento de un mandato prominente en la Biblia. Tal vez no estén atados a las tradiciones, pero observe la rapidez con que sacan sus billeteras para ayudar a quienes salen destrozados debido al tráfico sexual. Podríamos pasar todo el día hablando de lo necesario que es tener un equilibrio, y seguiría habiendo personas que sufren escasez; pero, dado que Dios nos está haciendo estudiar el libro de Santiago, subamos el volumen para escuchar mejor su voz. El Dr. Peter Rhea Jones escribe:

Habrá una constante tentación de domar el potente mensaje social de esta epístola incendiaria para domesticarla y reducir su mensaje pertinente y penetrante a términos más aceptables. Si no permitimos que se ahogue, el mensaje de Santiago sacudirá los vitrales.[17]

Cada vez son menos los templos que hoy en día tienen vitrales, pero Santiago podría hacer crujir algunos paneles. No podemos darnos el lujo de ahogar su mensaje arrodillados con la Biblia al pie de la cruz, tratando de encontrar la voluntad de Dios. La verdadera religión está en juego. La conciencia social nos convoca a todos, de todas partes, pero las formas en que podemos responder son tan variadas como nuestras santas pasiones. Se nos llama a socorrer a los pobres, pero ajustemos nuestros lentes y veamos qué oportunidades específicas hacen que nuestro corazón salte, o se hunda. Echar el pan sobre las aguas quizá no parezca algo tan productivo, pero si encontramos un buen estanque, pronto veremos los peces. Los ministerios que especialmente me conmueven son aquellos que están destinados a los que sufren abuso o están desmoralizados por las adicciones.

¿Y usted? ¿Hacia qué situaciones sociales dirige Dios su compasión?

La verdadera religión es poner las manos sobre la mesa y sacar la cabeza de la arena.

Dios es práctico y no nos pide que hagamos algo que no tiene importancia. Lo que para usted parece una gota en un cubo, es posible que sea un sorbo de agua de vida para alguien que se muere de sed. Reunamos el valor necesario para pedirle a Dios que nos muestre a quién ayudar y cómo. La verdadera religión es "todas las manos a la obra" y "sacar la cabeza de la arena". El misterio es que allí es donde muchas veces encontramos nuestra propia sanidad y realización.

Bien, una última palabra. Volvamos a Santiago 1.27 para ver la imagen final en el retrato que Santiago hace de la religión pura. Las palabras de la Nueva Versión Internacional (NVI) son especialmente poderosas: "conservarse *limpio de la corrupción* del mundo". Piense en la imagen de la contaminación que sufre nuestro mundo. La contaminación que impregna el aire que respiramos. Que forma un pesado velo de humo entre nosotros y el horizonte que Dios creó, distorsionando nuestra visión y debilitando nuestra determinación. Pero el mensaje práctico de Santiago no es para quienes se han apartado del mundo.

Santiago escribió para personas que trabajaban para servir de manera activa, abierta y humilde en medio de esta gruesa y punzante contaminación. ¿Cómo podemos servir en este mundo sin que se nos quede adherida su suciedad? Con verdadera disciplina y determinación. Con valor y profunda convicción. Con una gran dosis diaria del Espíritu Santo, como dice una amiga mía. Esta clase de vida no se vive por casualidad. Debo decidirme a ser quien quiero ser y morir diariamente a lo demás. Tengo que rendirme a vivir en la tensión de que siempre estaré exigido y muchas veces, quebrantado. La religión pura y sin mancha son agallas sin contaminación. Aceptamos que hay formas mucho más fáciles de vivir, pero no nacimos para nada que sea menos que esto.

Y cuando nos miramos al espejo y vemos que estamos sucios del mundo, corremos a Aquel que puede lavarnos.

Día cuatro (Lo absurdo del favoritismo)
ACEPCIÓN DE PERSONAS

UN VISTAZO AL TEMA:

"Hermanos míos, que vuestra fe en nuestro glorioso Señor
Jesucristo sea sin acepción de personas". Santiago 2.1

Prepárese, hoy vamos a estudiar siete versículos. Tal vez necesite un empujoncito para comenzar, así que esperaré aquí mientras usted copia Santiago 2.1-7 en la p. 204. Vamos, hágalo. Le prometo que cuando llegue el momento de despedirnos, estará muy contento de haber copiado a mano toda esta epístola.

A primera vista Santiago parece atrapado en un círculo repetitivo. El cuadro general del primer capítulo presenta muchos temas que luego él desarrolla en el resto del libro. Temas como la perseverancia, la fe, el hablar y la sabiduría aparecen en el primer acto, y antes del saludo final, en un determinado momento, cada uno de ellos atrae sobre sí los reflectores.

Por ejemplo: ayer solo dedicamos un ínfimo espacio al segundo cuadro de la religión pura y sin mancha: "guardarse sin mancha del mundo". Si nos detenemos abruptamente al final del capítulo 1, un tema de 50 galones solo parece recibir una gota de tinta. No crea que el final de un capítulo es el final del pensamiento inspirado que se venía desarrollando. Recuerde que originalmente la Biblia no estaba dividida en capítulos y versículos. En 2.1-7, Santiago sigue hablando de guardarnos sin mancha del mundo con un ejemplo que hoy es tan válido y actual como lo era en el siglo primero: nuestra tendencia a tratar de manera diferente a las personas.

Librados a nosotros mismos somos tortas de barro al calor de los elementos de las preferencias y los prejuicios. Preferimos a uno y descartamos a otro. Entretenemos a uno y soportamos al otro. Una mirada puede provocar respeto o rechazo. Creamos estereotipos. Presuponemos. Hablamos de personas y las llamamos "esos" y "esa clase de gente". Nuestros prejuicios están tan metidos en lo profundo de nuestros poros que no reconocemos que visten nuestra piel. Si tratamos con una cordialidad básica a una persona que hemos devaluado, decimos que hacemos justicia. Pero Santiago no lo llama así. Sentir compasión por un grupo no equilibra la balanza de nuestra preferencia por otro. Quiera Dios que este pasaje de la Biblia nos hable con toda su brutal verdad porque, al que le venga el sayo, que se lo ponga.

Anne Lamott dijo una vez: "Usted puede suponer con seguridad que ha creado a Dios a su imagen si considera que Dios odia a las mismas personas que usted odia".[18] Piénselo un momento. Después, note si la Biblia también levanta las cejas con un pasaje similar.

Busque cada uno de los siguientes versículos y escriba tanto la idea principal como el contexto.

> Librados a nosotros mismos, somos tortas de barro al calor de los elementos de las preferencias y los prejuicios.

Levítico 19.15

Deuteronomio 10.17

Hechos 10.34-35

Gálatas 2.6

Romanos 2.11 (Este es el resumen. Escríbalo en letras mayúsculas).

Nos aferramos a pensar que nosotros —los que dedicamos tiempo a la Palabra de Dios y tratamos de vivir la vida en el Espíritu— estamos lejos de la ignorancia del prejuicio, pero no nos atrevemos a dar esto por descontado. El racismo, el prejuicio en su forma más obvia, es una abominación a Dios y una blasfemia a Su nombre. El prejuicio, en cualquier forma, nunca deja de hacer daño, nunca es gracioso, nunca se puede tomar a la ligera. Quedarse sentado sin decir nada es aprobarlo. Algunas cosas requieren cero tolerancia. Después de las atrocidades del siglo pasado es posible que estemos tan asustados de la naturaleza humana que no permitamos que los prejuicios raciales se salgan con la suya.

Sin embargo, quizá la raza no sea la mayor oportunidad para discriminar. En Santiago 2.1-7 la tenemos exactamente ante nuestros ojos. Tal vez tenga más que ver con los que parecen ganadores y los que parecen perdedores. La idea es: "los que tienen" deben ser más inteligentes o, al menos, más sabios; y que Dios bendiga a los "pobrecitos que no tienen". Nuestros prejuicios difieren de acuerdo a nuestros valores personales. Dicho en pocas palabras, lo que nos impresiona, nos dictamina. Desde luego, preferimos a quienes poseen lo que estimamos: ya sea dinero, posición social, poder, talento, espiritualidad, inteligencia, celebridad, estilo o belleza, y devaluamos a quienes no lo poseen. ¿Nos hemos visto alguna vez dando un trato preferencial a alguien? ¿Prestamos especial atención a uno y menos atención a otro? ¿Alguna vez notó un olor a creído y descubrió que venía de usted? Sí. Yo también.

Santiago diría que el origen de ese mal olor es la contaminación del mundo. Mientras más mundanos somos, menos lo percibimos. Volvamos a leer "Un vistazo al tema" de hoy. ¿Ve cómo Santiago enfrenta la fe con la acepción de personas? En resumen, por más que nos esforcemos, no podemos mezclarlas y hacer un cóctel con ellas. La fe y la acepción de personas son como el aceite y el agua. Vinagre y néctar. Talco para bebés y pólvora. Si pensamos que somos una mezcla de ambas, nos estamos engañando a nosotros mismos.

Después, Santiago nos incluye en un juego de roles: estamos en un cierto ambiente y entran dos visitantes. Piénselo como si fuera un *reality show* titulado: "¿Qué haría usted?" Los eruditos están divididos en cuanto a si Santiago 2.2 describe un culto de adoración en la iglesia o un tribunal eclesiástico para juicios entre creyentes. Hoy en día los tribunales eclesiásticos son mucho menos comunes, pero en el siglo primero eran muy habituales. Cualquiera sea la interpretación que le demos, el concepto queda bien claro.

La fe y la acepción de personas son como el aceite y el agua. Si pensamos que somos una mezcla de ambas, nos engañamos a nosotros mismos.

Lea el v. 2 con mucha atención y complete el siguiente espacio en blanco con una palabra: "Porque si en vuestra _____ entra un hombre…".

La palabra que se usa en griego es *sinagoge*, que reconocemos como "sinagoga".[19] Esto puede darnos una referencia muy importante respecto a la fecha en que se escribió la epístola de Santiago. Estos nuevos creyentes en el Mesías Jesús aún estaban apegados a la sinagoga judía de su localidad. Imagine que este sea el escenario del juego de roles. O imagine su iglesia local, su grupo de estudio bíblico, una reunión cristiana o incluso una sesión de consejería. Usted está en su ambiente. Pero en eso entran dos personas que no son de allí. ¿Qué sucede? ¿A quién le damos el mejor asiento, por así decirlo? Observe lo poco que, tristemente, ha cambiado el elemento determinante de nuestro prejuicio. Aún hoy, ¿no sigue teniendo mucho que ver con la forma de vestir?

Describa a la primera persona que se menciona en el v. 2.

La expresión griega que se traduce como "con anillo de oro" es lo que los eruditos llaman un "hápax". Esto significa que es la única vez que esa frase exacta se utiliza en las Escrituras. Además, la pluma de Santiago fue la primera en fijarla en un pergamino, con lo cual, algunos estudiosos creen que él la creó. La expresión griega "describe con gran colorido a una persona que tiene, literalmente, 'dedos de oro'".[20] Para los amantes de las películas viejas, esto es antes de James Bond. A quienes nos criamos con ropa hecha en casa —como mis hermanos y yo— no nos será muy difícil entender este hecho: "El comercio antiguo sugiere que todos, con excepción de los ricos, vestían ropas confeccionadas en casa. […] Uno de los indicadores más claros de la posición social en el mundo romano era la vestimenta".[21]

¡Vaya, qué sorpresa! Se describe al pobre como vestido con ropas andrajosas, lo cual también sugiere necesidad. Agreguemos "hediondo" a la descripción de su vestido andrajoso, ¿y qué tenemos? Imagine a un ujier abrazando al pobre para que nadie pueda oler en él nada más que a Cristo. El amor lo cubre.

Relea Santiago 2.4. Si nosotros discriminamos, ¿en qué nos convertimos?

Ahora, ¿cómo comienza Santiago el v. 5?
"Hermanos míos amados, _____".

Esta es la única vez que Santiago usa en su carta este llamamiento. Dios puso en mi vida a una mujer sabia, unos diez años mayor que yo, para que sea mi principal consejera. Algunas veces ella se apoya sobre los codos, cruza los dedos, fija su mirada en mí y me dice: "Escúchame". Y yo la escucho. Sería idiota no hacerlo. Santiago está haciendo lo mismo aquí y, como mi amiga, ofrece su consejo a alguien que quiere.

Vuelva a leer el v. 5. ¿Notó para qué eligió Dios a los pobres del mundo, para que sean o hagan?

Hermanos míos amados, oíd: ¿No ha elegido Dios a los pobres de este mundo, para que sean ricos en fe y herederos del reino que ha prometido a los que le aman?
SANTIAGO 2.5

Sorprendente, ¿verdad? Todo está mirando hacia arriba desde el punto de vista de Dios, pero desde donde nosotros lo vemos, parece estar al revés. No crea que el versículo dice que todos los que son pobres, son ricos en fe, y todos los ricos son pobres en fe. La condición indispensable para que los pobres sean bendecidos se encuentra al final del v. 5.

Bienaventurados aquellos que lo necesitan lo suficiente como para amarlo lo suficiente y saber que Él es suficiente.

¿A quiénes hizo Dios la promesa?

Aunque el lienzo del cristianismo está tachonado de excepciones, la tendencia general es que los creyentes que menos tienen son los que más confían en Dios. Los creyentes que tienen más, confían menos. En cierto sentido es lógico. Tener mucho es necesitar poco. Tener poco es necesitar mucho. Bienaventurados aquellos que necesitan a Dios. Bienaventurados aquellos que lo necesitan lo suficiente como para amarlo lo suficiente y saber que Él es suficiente.

Explique según 1 Corintios 1.26-29 por qué Dios tiende a elegir a los débiles antes que a los fuertes.

¿Qué siente usted cuando de alguna manera lo deshonran? ¿Cómo podría trasladar esos sentimientos a los que se deshonran por ser pobres? Responda en el margen.

¿Lo vio? ¿Cómo puede ser que nuestra naturaleza tienda de tal manera a preferir a aquellos que ni siquiera nos preferirían a nosotros? ¿Cuántas veces nos quedamos extasiados frente a una persona famosa que se burla de Aquel a quien pertenecemos?

Un comentarista dice lo siguiente acerca de los prejuicios en Santiago 2: "Los cristianos no se limitan a discriminar a los pobres sino que, además, favorecen a los ricos. Esto significa que se inclinan hacia la clase que, tanto históricamente como en el presente, ha perseguido a los creyentes empobrecidos. Ellos han convertido a la iglesia en una herramienta de persecución; de hecho, se han puesto del lado del diablo y en contra de Dios".[22]

Señor, ten misericordia de nosotros. Ayúdanos a ver cualquier atisbo de esto en nuestro rostro por medio de este espejo. Gracias, hermano, por perseverar conmigo hasta el final de esta lección. Lo que no tuvo de agradable, lo tiene de importante. Al final, deténgase un momento en este diamante que hallamos entre el carbón: Dios eligió a los pobres a los ojos del mundo para que sean "herederos del reino".

Cada vez que vuelvo a mi relativa riqueza después de servir a los pobres con lo que me parecen migajas, me aferro a Santiago 2.5. El mar de barrios bajos no nos permite el lujo de sentirnos orgullosos de nosotros mismos por ir a ayudar o dar algo. Hemos olvidado a los pobres que están en nuestras mismas ciudades, pero ahora, mi mente vuela a hacer flamear el estandarte de Santiago 2.5 para aquellos que están apiñados en la miseria, en lugares donde los derechos humanos se han abandonado. *Compénsaselo en el cielo, Señor. Dales lo que nos ha tocado a nosotros, por poco que sea. Cumple con creces sus sueños y viste a los pobres temporales de este mundo con tus más finas ropas, y exhíbelos como príncipes y princesas honrados de tu Reino. Y nosotros aplaudiremos.*

Día cinco
LA LEY REAL

UN VISTAZO AL TEMA:

"Si en verdad cumplís la ley real, conforme a la Escritura: Amarás
a tu prójimo como a ti mismo, bien hacéis". Santiago 2.8

Me alegra que hoy haya regresado. He pensado mucho en usted desde que terminamos la lección de ayer y me preguntaba si ahora podría soportar escuchar un "¡Bien hecho!" De vez en cuando un alma necesita esas palabras de aliento que significan el doble cuando provienen de una persona que no arroja palabras dulces por ahí como goma de mascar a la calle.

Estamos a punto de escuchar a Santiago decir a una cierta clase de persona que está "haciendo bien", y en esas palabras de elogio podemos atisbar, como por una cerradura, toda la ley. Por favor, tómese unos minutos para escribir a mano Santiago 2.8-13 en la página correspondiente. El pasaje al que se hace referencia en Santiago 2.8 es Levítico 19.18.

Lea el versículo del Antiguo Testamento y complete su declaración final: "Yo _____".

¿Qué significa para usted que Dios termine una declaración con estas palabras?

En ocasiones, con este énfasis en particular, Dios le recuerda al lector que el peso de una frase no se encuentra tanto en las palabras como en quien las dice. Como hijos de Dios no respondemos a palabras escritas con tinta ya seca. Respondemos a un orador vivo que continúa oxigenando Su Palabra con cálido aliento y, como en el tiempo de Jeremías, aún se ocupa de ver que se cumpla Su Palabra (vea Jeremías 1.12). Todo lo que hablamos esta semana de la "ley" —vieja o nueva— tiene la capacidad de hacer levantar nuevamente la nube de Éxodo 24.9-12. Imagine ver esta escena con una nueva mirada:

> Y subieron Moisés y Aarón, Nadab y Abiú, y setenta de los ancianos de Israel; y vieron al Dios de Israel; y había debajo de sus pies como un embaldosado de zafiro, semejante al cielo cuando está sereno. Mas no extendió su mano sobre los príncipes de los hijos de Israel; y vieron a Dios, y comieron y bebieron. Entonces Jehová dijo a Moisés: Sube a mí al monte, y espera allá, y te daré tablas de piedra, y la ley, y mandamientos que he escrito para enseñarles.

Respondemos a un orador vivo que continúa oxigenando Su Palabra con cálido aliento y aún se ocupa de ver que Su Palabra se cumpla.

Las palabras grabadas en esa piedra provenían de un trono, "escritas con el dedo de Dios" (Éxodo 31.18). La ley no se puede amputar del Dador de la ley como una extremidad muerta. Un brazo extendido con pulso acelerado la tenía que animar y un edicto real la tenía que defender. Vuelva a leer el texto de Santiago 2.8.

¿Cómo llama nuestro protagonista al mandato que se origina en Levítico 19.18? "Si en verdad cumplís la _____, conforme a la Escritura".

Y para mayor énfasis, ¿cuál es esta "ley real"? "Amarás..."

Un comentarista traduce la intención del texto griego de Santiago 2.8 como "la ley del Gran Rey".[23] Desde el corazón del Antiguo Testamento resuena no menos de siete veces en el Nuevo. Mateo 22.32-40 registra la fuente burbujeante de donde fluyen todas las demás. Allí, en el glorioso evangelio, tenemos un atisbo del Gran Rey que vendrá y de la ley como Él la resumió.

Escriba lo que Jesús dijo en Mateo 22.40.

Busque otros dos pasajes que incluyan el mandato de amar al prójimo como a uno mismo. Escriba un resumen de cada uno y señale cualquier cosa que encuentre de interés en sus contextos.

Romanos 13.8-10

Gálatas 5.13-14

> **Después de todo, amar a Dios y amar a los demás no significa odiarnos a nosotros mismos**

Dios podría haber dicho: "Amarás a tu prójimo". Punto. O podría haber dicho: "Amarás a tu prójimo como amas a tus padres". O mejor aún: "Amarás a tu prójimo como amas a tus hijos". Pero no lo hizo. Categóricamente dijo: "Amarás a tu prójimo como a ti mismo".

Bueno, ¿qué le parece? Después de todo, amar a Dios y amar a los demás no significa odiarnos a nosotros mismos. Fuimos creados para amarnos y cuidarnos a nosotros mismos, de lo contrario no nos apresuraríamos a meter un pie dentro del auto antes que alguien cierre la puerta. Imagine cuán arruinados estarían nuestros cuerpos si los cuidáramos tanto como cuidamos nuestros corazones. Pero antes de adoptar una posición fetal para sumergirnos en un obsesivo autoanálisis, corramos como el viento a esta parte: "El uso que Santiago hace de 'a ti mismo' [...] *no* promueve lo mismo que la psicología moderna [...] que intencionalmente imponen el 'amor a uno mismo' antes de poder amar a otros. Por el contrario, los mandatos de amar, en toda la Biblia, dan por descontado que la persona tenga una visión equilibrada y sana de sí misma, sin referirse a patologías".[24]

Señor, eso es lo que necesitamos. Una visión equilibrada y sana de nosotros mismos porque, francamente, todas nuestras patologías son agotadoras. Estamos hechos un ovillo aquí en el planeta Tierra. Desenróllanos, Señor.

En este desenrollo llegamos a algo definitivo en cuanto a la forma en que Santiago considera la ley en toda su carta. Nuestra devoción a Dios y nuestra verdadera religión se ilustra con claridad meridiana en las páginas de las vidas de los demás. Allí es donde se cuenta gran parte de nuestra historia. Pensamos que queremos una biografía extensa escrita por Dios con nuestro nombre como título, pero como Él la escribe, es mucho mejor. ¿Y el desarrollo del personaje? Sublime.

Santiago usa la ley real como resumen de lo que es la verdadera obediencia. Amar a nuestro prójimo como a nosotros mismos es el Arco de Triunfo de "la perfecta ley, la de la libertad" de la que habló en 1.25. En otras palabras, así es como reina. Así es como todos ganan.

Preste atención a Santiago 2.12. ¿Cómo debemos hablar y actuar?

Reflexione en esto: ¿de qué manera el amar a los demás, como nos amamos a nosotros mismos, termina siendo liberador para nosotros? Piense de manera tanto práctica como teológica y escriba sus reflexiones al margen.

Busque este concepto en el resto de la carta de Santiago y verá cuántos de sus principios entran en la categoría de amar a los demás como a nosotros mismos. En el contexto actual, no solo cura nuestra tendencia a hacer acepción de personas sino el egoísmo que la impulsa. Reducir muchas cosas a una sola frase es un alivio. Si usted es como yo, mientras más se adentre en esta epístola, más sentirá la necesidad de actuar.

Debemos hacer una pausa en este punto y escuchar estas palabras: si, por amor a Dios, usted ama a los demás, "bien hace" (v. 8). Algunas veces solo necesito tener una meta concreta. ¿Usted también?

Terminar aquí esta lección sería algo maravilloso, pero aún no ha terminado. Cuando por fin soltamos un suspiro aliviado, Santiago nos dice: "cualquiera que guardare toda la ley, pero ofendiere en un punto, se hace culpable de todos" (v. 10).

Sin duda, Santiago tomó esa santa idea de Jesús en Mateo 5.19-20. La clase principal de rectitud que en este pasaje Jesús relaciona con los "escribas y fariseos" es el cumplimiento ritual de las reglas. Recordemos que Jesús llamó a Sus seguidores a ir más allá de cumplir las reglas justas: los llamó a desarrollar relaciones correctas.

En el siguiente pasaje de Mateo, Cristo incluye la ira contra un hermano en la conversación acerca del asesinato. Luego, mientras todos tienen un remolino en el cerebro, dice: "Por tanto, si traes tu ofrenda al altar, y allí te acuerdas de que tu hermano tiene algo contra ti, deja allí tu ofrenda delante del altar, y anda, reconcíliate primero con tu hermano, y entonces ven y presenta tu ofrenda" (Mateo 5.23-24). Jesús no permitió que sus oyentes se quedaran satisfechos por su buena condición ante Dios, si estaban en una mala condición con los demás.

Hoy, quienes lo escuchamos somos nosotros. Sí, vivimos a este lado de la obra terminada de la cruz, pero Santiago también. No, no estamos obligados por leyes

De manera que cualquiera que quebrante uno de estos mandamientos muy pequeños, y así enseñe a los hombres, muy pequeño será llamado en el reino de los cielos; mas cualquiera que los haga y los enseñe, éste será llamado grande en el reino de los cielos. Porque os digo que si vuestra justicia no fuere mayor que la de los escribas y fariseos, no entraréis en el reino de los cielos..
MATEO 5.19-20

rituales, pero sí estamos obligados a amar. Jesús mismo dijo: "Un mandamiento nuevo os doy: Que os améis unos a otros; como yo os he amado, que también os améis unos a otros" (Juan 13.34). Y Pablo, después de Jesús, dijo: "el cumplimiento de la ley es el amor" (Romanos 13.10).

¿Qué es el amor si evita la reconciliación? No pasemos por alto este precepto y la convicción que podría darnos libertad. ¿Es posible que usted tenga la esperanza de que Dios esté tan ocupado en su relación con usted que no haya notado su necesidad de reconciliarse con alguien? A mí me ha pasado eso de esperar que Dios estuviera distraído, pero, nunca lo estuvo.

Hace muchos años, una amiga me contó que sentía que Dios le estaba pidiendo algo mientras ella se resistía a la reconciliación. "¿Queremos tener razón? ¿O queremos tener una relación?" Creo que, para Santiago, ella estaba expresando la ley real.

¿Encuentran estos pensamientos algún eco en usted? Si es así, ¿cómo?

Debido a que miramos al cielo, nos vemos obligados a mirar a nuestro alrededor.

Dios conoce la tendencia de los religiosos a usar la devoción a Él como una excusa para no prestar atención a las personas. La mentalidad de "Estoy demasiado ocupado mirando al cielo como para mirar a mi alrededor" no convence a Jesús. Él preferiría que usted mirara a su alrededor y sirviera al que tiene a su alcance. De Su enseñanza, y también de la de Santiago, solo podemos obtener una conclusión: Debido a que miramos al cielo, nos vemos obligados a mirar a nuestro alrededor. Esta es la fuente de la que fluyen las bendiciones: "Bienaventurados los misericordiosos, porque ellos alcanzarán misericordia" (Mateo 5.7).

Queremos mirar al cielo y mirar a nuestro alrededor, pero el hecho es que fallamos. Aunque esta ley real fuera la única que nos comprometiéramos a cumplir, tarde o temprano vamos a sucumbir ante el egoísmo y seremos juzgados como transgresores. Y que Dios nos ayude, porque somos juzgados de la misma forma que juzgamos a otros, y somos medidos como hemos medido a otros (vea Mateo 7.1-2).

Necesitamos algo más grande que la justicia. Necesitamos misericordia: la clase de misericordia que extiende sus alas triunfantes sobre el juicio, como se extienden las alas de los querubines de oro sobre el propiciatorio. Necesitamos tener los ojos abiertos de par en par a esta misericordia que nos rescata, tan grande que no puede menos que hacernos misericordiosos. Necesitamos la misericordia de un Dios santo y justo que es suficientemente bueno para nosotros.

Para que nunca lo olvidemos, necesitamos un recordatorio a viva voz de la roca de donde hemos sido cortados y el pozo del que hemos sido levantados, para que si nos equivocamos con respecto a nuestro hermano, nos equivoquemos para beneficio de él.

Señor, despiértanos de la modorra de nuestra propia impotencia y despiértanos a una misericordia tan grande que nos levantemos a la luz del oriente mientras nuestras transgresiones se ponen en el occidente. Esta es la misericordia que alimenta la misericordia. Es el amor que ama a los demás como a sí mismo. Esta es la ley del Gran Rey.

Un artículo más avanzado con Melissa

LA PERFECTA LEY DE LA LIBERTAD

"La ley perfecta, la de la libertad" suena como una contradicción, ¿cierto? La verdad es que no estamos acostumbrados a que la ley tenga una connotación tan positiva. Esto es muy comprensible, ya que la mayoría de nosotros somos cristianos gentiles y el apóstol Pablo luchó con vehemencia para que no tuviéramos que regirnos por la ley del Antiguo Testamento. Pero la función de la ley para los judíos que creían en el Mesías Jesús era un asunto diferente a lo que era para los gentiles. Debemos tomar en cuenta esta distinción para entender la dinámica del movimiento cristiano primitivo. He aquí tres puntos generales que debemos recordar cuando hablamos de la ley:

Según nuestra Biblia, el mismo Dios es el autor e iniciador de la ley entregada a Moisés.

El hecho de que muchos creyeran que la ley era tanto perfecta como liberadora es coherente con las declaraciones que se encuentran en Deuteronomio (vea 31.11-19), los Salmos (vea 19.7) y la Mishná (Abot. 6.2b). Como señala Mariam Kamell: "La Torá era una ley de libertad porque fue dada en el tiempo en que [Israel] fue liberado de Egipto y porque no obedecerla los llevó a ser esclavizados una y otra vez por otras naciones".[1]

El judaísmo del primer siglo era extremadamente diverso (algo similar a lo que ocurre hoy con el cristianismo). No podemos suponer que todos los judíos guardaran literalmente las más de 613 leyes que se encuentran en los cinco primeros libros del Antiguo Testamento. Había grandes diferencias entre las formas exactas de interpretar y obedecer los mandamientos.

Esto explica por qué Jesús le pregunta a un experto en religión: "¿Cómo lees?" (Lucas 10.26). Aunque mamá ya habló de esto, Santiago interpreta la ley (la Torá) a través del lente de la enseñanza de Jesús, enfatizando tanto el amor por Dios como el amor por el prójimo.

Santiago interpreta la ley a través del lente de la enseñanza de Jesús.

Irónicamente, aunque nos cuesta interpretar teológicamente la frase "la perfecta ley, la de la libertad", creo que en la práctica entendemos su significado. Por ejemplo, el otro día alguien le preguntó a mi mamá cómo la obediencia a Dios había cambiado su vida.

Mamá habló de forma conmovedora sobre cómo la práctica de la lectura y la memorización de pasajes bíblicos reparó y restauró su mente quebrantada. Contó cómo bañar su mente con el conocimiento y la sabiduría de Dios cambió su comportamiento y su vida.

La forma en que mamá relacionaba constantemente su libertad y su liberación personal con la Palabra de Dios es el corazón de la frase "la perfecta ley, la de la libertad". La mayoría de nosotros somos cristianos gentiles. No guardamos las más de 613 leyes mosaicas, pero como cristianos canónicos consideramos que la ley mosaica es Palabra de Dios. Realmente creemos que la ley mosaica que Jesús reinterpretó, particularmente en el Sermón del Monte, hoy tiene total autoridad para nosotros.

Jesús prometió que quien escuche sus palabras y las ponga en práctica, será como un hombre sabio que construye su casa sobre la roca (vea Mateo 7.24). En otras palabras, Jesús predicó que Sus propias palabras pueden cambiar la vida y dar vida a quien las pone por obra.

Tal vez sepamos más de esta frase de lo que realmente pensamos. Si le cuesta captar cómo Santiago entiende la ley, anímese, porque él es uno de los muchos cristianos que sintieron lo mismo a través del tiempo. Desde el cristianismo antiguo, los asuntos relacionados con la ley mosaica han sido los más complejos.

Cuarta Semana

VIVIR LA FE

Día uno
MUERTA EN SÍ MISMA

Día dos
LA FE PERFECCIONADA

Día tres
UN LLAMADO A TODOS LOS MAESTROS

Día cuatro
FUEGO Y AGUA

Día cinco
SABIDURÍA DE ABAJO, SABIDURÍA DE ARRIBA

Día uno
MUERTA EN SÍ MISMA

UN VISTAZO AL TEMA:

"Así también la fe, si no tiene obras, es muerta en sí misma". Santiago 2.17

Hace unos días, dos de mis queridas colaboradoras iban a toda velocidad por una autopista en Houston cuando tres autos chocaron y comenzaron a girar en círculos delante de ellas. Sabrina se aferró con ambas manos al volante y clavó ambos pies en el freno mientras los neumáticos chillaban y Diane gritó: "¡Jesús!" Finalmente, con un chillido, se detuvieron a unos 10' del accidente.

Nuestra serie de estudios avanza velozmente. Durante las tres primeras semanas hemos volado con tareas y cuatro encuentros. Hoy vamos a pisar el freno para estacionarnos en un pasaje que ha causado más de un "accidente" teológico. Por favor, lea y escriba a mano Santiago 2.14-19 en la parte posterior del libro.

¿Por qué cree usted que este pasaje es tan controversial?

En la lección de hoy y la de mañana lucharemos con los versículos que causaron tal conmoción en el corazón de Martín Lutero por causa de la carta de Santiago. Para él, la enseñanza de este pasaje y las (profusas) enseñanzas de Pablo sobre la justificación por la fe simplemente no podían coexistir. En opinión de Lutero, una de ellas estaba equivocada, y la de Santiago la superaba por un amplio margen.

Mi pastor durante 25 años nunca se consideró un erudito en la Biblia, pero siempre decía algo que me parecía brillante: "Cuando dos textos parecen contradecirse entre sí, ¿cuál es el correcto? Ambos. No siempre podemos comprender cómo. Pero Dios sí".

Por encima de toda la tensión entre los pasajes bíblicos relativos a la justificación está la verdad inquebrantable de que somos salvos solo por el poder y la gracia de Dios. Él logró nuestra salvación ofreciendo a Cristo, que "fue entregado por nuestras transgresiones, y resucitado para nuestra justificación" (Romanos 4.25). Acerquémonos con cuidado al texto y extraigamos tres temas básicos que nos ayudarán a evitar el choque. Los primeros dos flotan en la superficie con palabras repetidas.

Lea Santiago 2.14-16 en el margen y encierre las frases idénticas que sirven como marcadores del segmento.

En esta página Santiago se encuentra con nosotros haciendo la pregunta que tal vez sea la más penetrante que se le pueda hacer a un creyente en Cristo: ¿De qué aprovecha tu fe? Tengamos el valor de reflexionar en esta. ¿En qué es mejor nuestro mundo individual porque creamos en Jesús? ¿Reciben algún beneficio directo aquellos con

Hermanos míos, ¿de qué aprovechará si alguno dice que tiene fe, y no tiene obras? ¿Podrá la fe salvarle? Y si un hermano o una hermana están desnudos, y tienen necesidad del mantenimiento de cada día, y alguno de vosotros les dice: Id en paz, calentaos y saciaos, pero no les dais las cosas que son necesarias para el cuerpo, ¿de qué aprovecha?
SANTIAGO 2.14-16

quienes nos encontramos al pasar, en el trabajo o en el ocio, por ser nosotros cristianos? Santiago podría decir que beneficiar al mundo con nuestra fe es la razón principal por la cual aún estamos aquí después de haber nacido a la vida eterna con Cristo. Esta línea de pensamiento nos lleva al primer punto destacado del texto de hoy: *La fe tiene que hacer algún bien.*

Lea Santiago 2.18 para descubrir el segundo punto y encierre las palabras que se repiten. (Evite las palabras comunes como "tú" o "yo").

Si mis instrucciones fueron claras, usted ha captado las repeticiones de las palabras "fe", "obras" y las diferentes formas del verbo "mostrar". Estas palabras repetidas forman el segundo punto: La fe muestra obras. Recuerde que estamos tratando de atravesar la lección de hoy sin choques, así que antes que comencemos a dar vueltas, dejemos algo en claro: no somos salvos por obras.

Según el apóstol Pablo en Efesios 2.8-10, ¿cuál es la relación entre fe y obras?

Santiago 2.14-18 arroja la sospecha acerca de la salvación de una persona si su fe no se muestra.

Lea las siguientes traducciones de la pregunta de Santiago en 2.14b y encierre la palabra o frase que califica la "fe" en cada caso:

RVR'60: ¿Podrá la fe salvarle?
NVI: ¿Acaso podrá salvarlo esa fe?
NTV: ¿Puede esa clase de fe salvar a alguien?

En resumen, para Santiago la verdadera fe es demostrativa. Tarde o temprano el Espíritu se muestra. En Romanos 10.10, Pablo dice que creemos en Jesús con nuestro corazón. Al igual que el corazón bombea sangre a cada órgano y sin ella cada miembro está muerto, nuestra fe se envía a nuestras acciones y las extremidades que no la tienen están muertas.

Antes de que alguien empiece a gritar que somos libres en Cristo, digamos que es posible que Santiago haya tomado esta parte de su teología de su hermano mayor en los Evangelios. Por ejemplo, el árbol se conoce por sus frutos (vea Mateo 12.33). Usted y yo somos libres de la ley. Pero si somos "libres" para vivir continua y completamente desprovistos de toda señal del Espíritu de Cristo en nosotros, algo anda muy mal.

Según *Word Biblical Commentary*, las formas verbales del pasaje, en griego, podrían traducirse de esta manera: "Si una persona *siempre está diciendo* que tiene fe, pero *se mantiene* sin tener obras"[1] (énfasis añadido) entonces, es posible que esa persona no sea salva. Eso es lo que está en juego aquí, si yo decido resumir este pasaje.

Alguien que está perdido, pero cree ser salvo, puede seguir viviendo en su engaño hasta el decepcionante final. Una buena aplicación de este pasaje sería la diferencia entre la vida y la muerte. El Espíritu Santo hace Su tarea. Él convence de pecado e impulsa. Si podemos seguir viviendo siempre sin ninguna intervención, interferencia o poder de Su parte, quizá Él no esté presente en nosotros.

No deseo que las siguientes palabras suenen rutinarias ni trilladas: Si usted cree que está en esa situación, alabe a Dios porque la misma convicción que siente es una clara, clarísima obra de Su Santo Espíritu. Pida a Jesús que venga a su corazón en este mismo instante y lo salve hasta el fondo, y que produzca mucho fruto en el transcurso de su vida. Él lo ama y desea que esté totalmente seguro en Él.

Si pudiera, me quedaría aquí con usted durante un rato largo porque es muy importante para mí. Por favor, si hoy se ha dado cuenta de esto, coméntelo con alguien y cuéntele que le ha pedido a Jesús que lo salve y se muestre a través de su vida. Si usted se lo pidió, Él lo hizo. Está garantizado.

Después de sumergirnos en Santiago 2.19, ¿cómo esta revelación lo afecta personalmente?

> Pero alguno dirá: Tú tienes fe, y yo tengo obras. Muéstrame tu fe sin tus obras, y yo te mostraré mi fe por mis obras.
> **SANTIAGO 2.18**

Al embarcarnos en este estudio de la vida y la epístola de Santiago, uno de los elementos más profundos y vitales para mí ha sido despertar al profundo río de judaísmo que corría por sus venas. Él escribió cada palabra de esta epístola como un judío cristiano, marcado por la visión salvadora del Mesías resucitado. El judaísmo de Santiago nunca es más patente que aquí, en el v. 19. Todo lector verdaderamente judío habría reconocido sus palabras tomadas de Deuteronomio 6.4, un versículo con vitalidad incomparable para ellos.

Lea el contexto en Deuteronomio 6.4-9 y luego escriba el v. 4.

El pasaje que usted acaba de leer es la combinación de Deuteronomio 11.13-21 y Números 15.37-41 que formaba la llamada Shemá. Esta palabra puede traducirse como: "Oye". Vemos su prominencia en el versículo que escribió en el espacio en blanco. Encierre en un círculo la palabra en español para mayor énfasis. La Shemá tenía tal importancia para los judíos que se convirtió en su credo formal, una liturgia que reflejaba su misma esencia y que los judíos fieles recitaban dos veces al día. Era tan querida para ellos como Juan 3.16 lo es para nosotros.

> Porque con el corazón se cree para justicia, pero con la boca se confiesa para salvación.
> **ROMANOS 10.10**

Con este breve trasfondo, vuelva a leer Santiago 1.19. Santiago, sin renunciar a su inspiración y casi con seguridad, les asigna a estas palabras el poder de conmocionar. Aprendí en mi investigación que "los judíos piadosos todavía adjudicaban mérito a la forma en que se recitaba la Shemá".[2] Un escrito rabínico sugiere que "quien prolongue la pronunciación de la palabra 'uno' prolongará sus días y sus años".[3] Y entonces, Santiago dice: "Tú crees que Dios es uno; bien haces. También los demonios creen, y tiemblan".

La fe demostrada por las obras no era un concepto extraño para los antiguos, pero si se dormían durante la lectura de los últimos párrafos, aquí sin duda se despertaban de un salto, como alguien que sueña que cae con sus extremidades flameando en la caída. Ahora, usted y yo conocemos a Santiago lo suficientemente bien como para no pensar que estaba despreciando el credo oral de Deuteronomio 6.4. No podemos saber cuántas veces lo repitió él mismo en el mes anterior. Simplemente, estaba asegurándose de que supieran que eso solo no bastaba.

Esto nos lleva al tercer y último punto de hoy: La fe va más allá de asentir junto con los demonios. Reconocer que compartimos parte de nuestro sistema de creencias con los demonios del infierno nos hace sentir, al mismo tiempo, humildes y atemorizados. No se equivoque. Los demonios son monoteístas. Han visto la gloria del Señor Dios. Saben que no hay nadie como Jehová. También saben que Jesús es Su Hijo.

- Marcos 3.11 dice: "Y los espíritus inmundos, al verle, se postraban delante de él, y daban voces, diciendo: Tú eres el Hijo de Dios".
- En Marcos 5.7, un hombre poseído por demonios dijo: "¿Qué tienes conmigo, Jesús, Hijo del Dios Altísimo? Te conjuro por Dios que no me atormentes".

Oh, ellos creen, hermano querido, creen. Cada tentación satánica de restarle importancia a la supremacía de Dios proviene de un demonio que realmente sabe cómo son las cosas. Muchas personas nos llevan a engaño porque ellas mismas están engañadas. El padre de la mentira no es una de ellas. Él sabe la verdad y tiene toda la intención de mentir.

Podemos decir que es cruel, pero nunca le demos el crédito por no temer. El temor y la ira (vea Apocalipsis 12.12) han viajado juntos desde hace mucho tiempo. Satanás los lleva sobre su espalda como los pelos erizados en el lomo de un perro rabioso. Sí, creemos que Dios es uno, pero ponemos nuestra fe entera en algo más.

- Creemos que Dios "ha dado a su Hijo unigénito, para que todo aquel que en él cree, no se pierda, mas tenga vida eterna" (Juan 3.16).
- Creemos que Él cargó todos nuestros pecados para que nosotros pudiéramos ser Su justicia.
- Creemos que somos quienes Él dice que somos y no la confusa suma de acusaciones que lanza Satanás.
- Creemos que, para encontrarnos, debemos perdernos en todo lo que es gloria y gracia.
- Creemos que somos amados y no despreciados, abrazados y no abandonados, apreciados y no rechazados, disfrutados y no solo soportados.
- Creemos que llegará el momento en que "en el nombre de Jesús se doble toda rodilla de los que están en los cielos, y en la tierra, y debajo de la tierra; y toda lengua confiese que Jesucristo es el Señor, para gloria de Dios Padre" (Filipenses 2.10-11).

Y que tiemblen los demonios.

Día dos
LA FE PERFECCIONADA

UN VISTAZO AL TEMA:

"¿No ves que la fe actuó juntamente con sus obras, y que la fe se perfeccionó por las obras?" Santiago 2.22

Santiago estaba asegurándose de que supieran que solo un credo oral no bastaba.

Vengo de un lugar donde uno cuida sus modales. Si tiene algo feo que decir, lo dice de buena manera. Y si no le gusta cómo alguien hace algo, se lo dice a otro. Usar palabras dulces como insultos puede llegar a ser un arte.

Aunque estos finos modales sureños pueden ser encantadores o ridículos, ayudan a ilustrar cómo podemos pasar por alto lo importante por objetar el tono. Tener el privilegio de comunicarme con personas de diferentes regiones me ha hecho ver que con frecuencia decimos las mismas cosas, solo que de maneras muy diferentes. A veces necesito una persona que me lo diga con la suavidad de un pétalo de rosa, mientras que esa persona necesita que yo escupa sin más lo que tengo que decir. Y en algún lugar, en el medio, queda una flor escupida.

Santiago venía de un mundo lleno de diatribas. Esta era una forma de comunicación que se entendía bien en su círculo y muy común entre maestros y alumnos. Toda esta explicación tiene como fin prepararlo a usted para la forma directa de hablar que utiliza Santiago en el versículo de hoy. Después de todo, mamá decía que decir malas palabras era algo muy feo. Sin embargo, bajo la inspiración, Santiago simplemente estaba declarando los hechos para aquellos por quienes doblan las campanas. Por favor, lea Santiago 2.20-26. Tenemos mucho que escribir hoy al final del libro, pero si se toma el tiempo para hacerlo, la cosecha será mucho más abundante. Me encanta la forma en que expresa el primer versículo: "¿Mas quieres saber, hombre vano, que la fe sin obras es muerta?" Lea con atención las cinco primeras palabras de este versículo.

Complete el texto del versículo a continuación: "¿Mas quieres saber, ...?"

En este contexto, cualquiera que no esté deseoso de saber es un tonto cabeza hueca. Nuestra tendencia humana es definir rápidamente qué creemos y luego, a partir de ese momento, limitarnos a los materiales que confirman el sistema de creencias que ya sostenemos. Cuando por fin lleguemos a la adolescencia espiritual, ya hemos armado nuestros propios manuales de teología sistemática en el cerebro.

Usted tiene en sus manos una gran Biblia, con 66 libros enhebrados como perlas en un cordón escarlata. La única forma de elegir, guardar o desechar, es cortar el cordón y dejar que las perlas caigan y se dispersen por todas partes. Nunca nos neguemos a aprender, hermano querido. No tema que la Biblia se vaya a desarmar por la costura si una parte no parece encajar. Dios mantiene unida Su Palabra.

> Complete el resto del v. 20: "¿Mas quieres saber, hombre vano, que…"

Este extracto de un comentario nos da un atisbo más allá de la superficie. "Santiago expresa el concepto con un poco de ironía y humor: la fe sin obras (*ergon*) no obra (*arge= a + ergos*)".[4] ¿No le encanta la mera posibilidad de que aquí Santiago haya hecho uso del sentido del humor?

Así que, reflexionemos en esta pregunta. ¿Estamos dispuestos a aprender que la fe sin obras no funciona? ¿Sí? Entonces, veamos las evidencias que nuestro protagonista coloca sobre la mesa.

A.

> Escriba en el margen las dos figuras del Antiguo Testamento que Santiago presenta como pruebas A. y B.

Debajo de A y B dejé a propósito un espacio para que usted pudiera buscar cualquier dato biográfico que se ofrezca acerca de cada uno, solamente en Santiago 2.21-25. Por favor, hágalo ahora.

B.

En Abraham, Santiago cita a la persona más fundamental de la historia judía antigua. El nacimiento de los judíos, como pueblo de Dios, provino del llamado específico que Dios hizo, lo cual explica por qué "padre" es, seguramente, el primer dato biográfico que usted ha anotado debajo de su nombre.

Una de las mayores controversias de los eruditos a través de los siglos es la que se centra en las formas tan diferentes en que Santiago y Pablo aplican Génesis 15.6: "Y [Abraham] creyó a Jehová, y le fue contado por justicia". En Romanos 4, el apóstol Pablo lo considera dentro de su contexto original de Génesis 15. Dios prometió que Abraham iba a tener un heredero de su propio cuerpo y, a partir de él, innumerables descendientes. Allí, la fe justificadora tuvo lugar cuando Abraham creyó a Dios. En palabras de Pablo:

> Él creyó en esperanza contra esperanza […]. Y no se debilitó en la fe al considerar su cuerpo, que estaba ya como muerto (siendo de casi cien años), o la esterilidad de la matriz de Sara. Tampoco dudó, por incredulidad, de la promesa de Dios, sino que se fortaleció en fe, dando gloria a Dios, plenamente convencido de que era también poderoso para hacer todo lo que había prometido; por lo cual también su fe le fue contada por justicia (Romanos 4.18-22)

Santiago aplica el mismo pasaje a una escena 30 años después, cuando Abraham ofreció a su amado hijo Isaac en el altar. En este impactante acto de obediencia que era una predicación adelantada del evangelio de Cristo, Dios interrumpió el sacrificio del amado hijo de Abraham y lo sustituyó por un carnero que había quedado atrapado por los cuernos en una zarza (vea Génesis 22). La gloriosa ironía de esto es que en el verdadero cumplimiento, miles de años después, la ofrenda sustitutoria iba a ser el unigénito Hijo del Padre. Isaac, que escapa a la muerte, es la representación de nosotros; y Jesús es el perfecto Cordero de Dios, muerto por los pecados del mundo.

Entonces, ¿cómo puede Santiago tomar las palabras de Génesis 15.6 y aplicarlas a Génesis 22? Lo explica en 2.24.

Escriba todo lo que las obras hacen según Santiago 2.24.

Ya hemos aprendido que para Santiago, la fe sin una brizna de obras es inexistente. No prefiere las obras a la fe, o la fe a las obras; las ve trabajando unidas. La parte de Santiago 2.22 que quiero que estudie especialmente es donde Santiago dice que la fe de Abraham "se perfeccionó" por las obras. Es un concepto clave en esta epístola que constituye la base sobre la cual Santiago puede usar Génesis 15.6 en referencia a un acto de Génesis 22 que ocurrió muchos años después. Piense en él como el versículo clave de la vida de Abraham. La fe que Abraham ejerció cuando creyó a Dios en Génesis 15 llegó a su madurez y a su meta final en Génesis 22, cuando ofreció a Isaac en el altar, prefigura del evangelio.

En el margen, observe con atención esta porción de 1 Juan 4.11-12. ¿Cómo se ve un concepto similar en este pasaje?

Amados, si Dios nos ha amado así, debemos también nosotros amarnos unos a otros. [...]. Si nos amamos unos a otros, [...] su amor se ha perfeccionado en nosotros.
1 JUAN 4.11-12

No es muy probable que logremos desatar los gruesos nudos teológicos que se han atado a lo largo de los siglos alrededor de Pablo y Santiago, pero cada uno tenía un objetivo diferente. "Santiago estaba combatiendo una fe superficial que no tenía ningún efecto positivo en la vida del que profesaba ser creyente. Pablo, por otro lado, estaba combatiendo el legalismo, la creencia de que alguien puede ganar mérito salvador ante Dios por medio de sus buenas obras".[5]

Usted, en su propia vida, ¿debe luchar más contra la fe superficial o contra el legalismo? ¿Por qué?

Para algunos de nosotros esto será suficiente como para satisfacer nuestro raciocinio y poder pasar al segundo ejemplo que nos da Santiago acerca de la fe que funciona. Para otros, será el punto de partida para investigar mucho más sobre la justificación en otros materiales fuera de este estudio. Encontrará mucho al respecto. Una de las cosas que más me gusta de cualquier estudio es que me hace desear estudiar luego de terminar.

Ahora, echemos un vistazo a Rahab. El hecho de que yo esté siempre tentada a escribir su nombre "Rehab" [rehabilitación en forma abreviada en inglés] quizá indique algo sobre la historia de mi familia. Que ella aparezca entre los fieles de las Escrituras y que alguien como yo aparezca entre los que estudian las Escrituras es un testamento de la inagotable gracia de Dios escrita a ambos lados de una misma página.

La aparición de Rahab en Santiago 2 podría motivarnos a postrarnos. Santiago solo menciona dos modelos de la fe que se demuestra por obras. Uno es un hombre. El otro es una mujer. Uno de ellos es el padre de Israel y la otra es una prostituta de Canaán. [*El Día dos continúa en la p. 100*].

Un artículo más avanzado con Melissa

LA DANZA DE LA UNIDAD Y LA DIVERSIDAD

Santiago me atrae especialmente por la singularidad de su voz. Para mí, su singularidad teológica lo hace pertinente e interesante. Pero al estudiar y comentar con otras personas acerca de esta epístola, he llegado a preguntarme si esa característica constituye una amenaza para algunos.

Sin lugar a dudas, el gran reformador Martín Lutero consideraba que Santiago era un problema. Después de determinar que Santiago no encajaba bien en su estricta antítesis ley/evangelio, Lutero sometió a Santiago a un estatus canónico inferior, quitándolo del orden habitual y colocándolo (junto con Hebreos, Judas y Apocalipsis) al final de su edición del Nuevo Testamento en alemán.[1]

Lutero opinaba que Santiago no predica lo suficiente a Cristo porque no menciona Su muerte ni Su resurrección.[2] Pero, si realmente creemos que la Biblia es divinamente inspirada y por tanto nuestra autoridad máxima, ¿quién nos dio el derecho de establecer parámetros de cómo debe hacer teología un escritor bíblico? Como dice Fran Thielman:

> Los creyentes tienen buenos motivos para catalogar con mucho cuidado las presuposiciones que no cuestionan la verdad básica de que el Nuevo Testamento es Palabra de Dios; están motivados por el deseo de escuchar, no un eco de sus propios prejuicios al leer el Nuevo Testamento sino la voz del texto mismo. Solo haciendo esto escucharán la Palabra de Dios. […] El creyente que es estudiante de la teología del Nuevo Testamento debe honrar la diversidad teológica que hay en él.[3]

Aunque desde hace mucho tiempo los cristianos sostienen que la Biblia es una unidad, debemos cuidarnos de no simplificar el asunto. La Biblia es más que un solo libro grande. Es una enorme biblioteca compuesta por numerosos géneros literarios y autores. Aunque suelo referirme a la Palabra escrita de Dios como "la Biblia", también me gusta llamarla "las Escrituras" porque, después de todo, es una colección de escritos.

> ## La Biblia es más que solo un libro grande. Es una enorme biblioteca compuesta por numerosos géneros literarios y autores.

Es de esperar que en una biblioteca de escritos de numerosos autores humanos haya un alto grado de diversidad. Sospecho que tememos que algunos de nosotros interpretemos erróneamente diversidad como contradicción, pero ni siquiera este temor debe motivarnos a forzar nuestra propia síntesis en la Palabra de Dios. Las palabras de Thielman vuelven a ser útiles:

> Si tratamos de minimizar [una aparente divergencia], reduciendo el canon a un tamaño que se ajuste a nuestra teología o impulsando armonizaciones poco plausibles, empobrecemos nuestra comprensión de Dios. La diversidad teológica del Nuevo Testamento nos muestra que Dios está cerca de nosotros y, al mismo tiempo, más allá de nuestra comprensión.[4]

Quizá no nos agrade la tensión que provoca tal diversidad, pero, ¿y si a Dios sí le agrada? El hecho de habernos dado cuatro escritores de evangelios, y no solo uno, debiera darnos alguna pista sobre la creatividad de Dios. Aunque los cuatro escribieron sobre el significado y la importancia de la vida y la muerte de Jesús, cada uno tiene su estilo distintivo y sus temas destacados.

Es interesante que aun en el siglo II los creyentes trataron de sintetizar el material del evangelio. La iglesia primitiva se resistió a las presiones para armonizar el material dado que creían que los cuatro escritores tenían un mensaje en común y que los diversos testimonios del mismo mensaje apostólico tenían su mérito.

La iglesia primitiva se resistió a las presiones para armonizar el material porque creían que **los cuatro escritores tenían un mensaje en común** y que los diversos testimonios del mismo mensaje apostólico tenían su mérito.

Algunos argumentan que las diferentes ramas de la iglesia o del mundo académico ponen excesivo énfasis en la diversidad del Nuevo Testamento a expensas de su unidad. Creo que es justo decir tal cosa, pero también es justo reconocer que otros enfatizan en exceso la unidad del Nuevo Testamento a expensas de su diversidad. La difícil tarea de la interpretación, para el estudiante de la Biblia, es ser tanto tenaz en cuanto a la unidad del texto bíblico como al mismo tiempo sincero y abierto a su diversidad teológica que también fue intención divina.

Por ejemplo, cuando llegamos a un texto complicado como Santiago 2.14-26, un texto que desde hace mucho tiempo se considera una contradicción directa a lo que dice el apóstol Pablo, veámoslo de otra manera. En lugar de comparar a Santiago con Pablo, o contraponerlo agresivamente, primero escuchemos a Santiago. Debemos permitir que el hombre hable antes de tratarlo con hostilidad. ¿Qué dice Santiago en realidad?

Nuestro deber, como cristianos, es tratar de entender cómo Santiago concibe la fe y las obras antes de comenzar a aclarar cómo quiere decir exactamente lo mismo que dice Pablo en Gálatas. Quizá Santiago quiere decir lo mismo que Pablo, o quizá quiere decir algo ligeramente diferente; complementario, no contradictorio.

Sea cual fuere el caso, primero debemos dejar que Santiago hable. Podríamos hablar todo el día de estos temas, pero no tenemos ni el tiempo ni el espacio.

Para terminar, quisiera una vez más recurrir a Thielman, porque es realmente muy útil en asuntos como este. Él nos advierte:

Por tanto, quienes estudian el Nuevo Testamento deben resistir la tentación de allanar la diversidad teológica del Nuevo Testamento convirtiéndola en una serie de declaraciones lógicas tan ajustadas que no haya lugar en ella para el misterio de la grandeza de Dios.[5]

No sé usted, pero yo quiero que mi hermenéutica (mi método para interpretar las Escrituras) tenga en cuenta que tal vez Dios sabe algo que yo no entiendo demasiado bien.

Cuando Él, que era, que es y que está por venir, nos ve a cada uno de nosotros, ve quiénes éramos, quiénes somos y quiénes llegaremos a ser.

Después de todo, tal vez Abraham y Rahab no sean la Prueba A y la Prueba B. Quizá sean la prueba A y la prueba Z. Quizá, entre ambos, cualquiera pueda entrar. El fracasado de ayer puede convertirse en el héroe de la fe del mañana.

La palabra griega que se traduce como "ramera" en 2.25 es *porne*. Quizá ella fuera la estrella porno de Jericó, y aun así, Dios la llamó a la fe. Cuando Él, que era, que es y que está por venir, nos ve a cada uno de nosotros, ve quiénes éramos, quiénes somos y quiénes llegaremos a ser. ¡Lo quiero tanto por eso! Que Santiago se centrara específicamente en lo que Rahab hizo, me conmueve hasta lo más profundo. ¿Se da cuenta usted de hasta qué punto la vida adulta de esta mujer se caracterizó por lo que hacía?

Esto puede ser demasiado básico para algunos, pero no puedo resistirme a decirlo: Dios puede cambiar lo que una persona hace. Puede cambiar patrones de comportamiento que han estado funcionando durante décadas. Puede cambiar lo que hacemos para lidiar, para encontrar consuelo, para sobrevivir a los conflictos, para tener importancia. Como yo, Rahab había estado haciendo lo mismo durante años, hasta que hizo algo nuevo. Creyó a Dios y actuó, basándose en eso. Esa acción definitiva le valió una mención en la galería de la fama de la fe en Hebreos 11. Más importante aún, Dios le hizo ganar un lugar de honor en Mateo 1.5.

Según Mateo 1.1, ¿qué enumeran los vv. 2-16 de ese mismo capítulo?

En esta genealogía de nuestro Señor Jesucristo aparecen cuatro mujeres y cada una de ellas podría haber estado relacionada con algo vergonzoso si solo hablaran los seres humanos. En cambio, gotas de la sangre de esas mujeres corrieron por las venas de Emanuel.

Escriba Mateo 1.5 en el margen.

Si usted sabe algo acerca de la historia de Booz, quizá su compasión por Rut y su disposición para verla como algo más que una extranjera tengan mucho sentido. Después de todo, él era hijo de su madre. El hijo de Rahab creció y se convirtió en pariente redentor de Rut, tomándola como esposa. ¡Fascinante!

Hoy, al terminar nuestro agudo comentario acerca de la fe y las obras, nos resulta difícil encontrar el resumen final perfecto. Un comentarista señala la ironía, realmente maravillosa, de que "nadie ha captado el mensaje básico de [Santiago] 2.14-26 de manera más convincente que [Martín] Lutero"[6] en su prefacio al libro de Romanos. Así que, con el debido y sincero respeto, permitiremos que él sea quien pronuncie las palabras finales:

> Oh, esta fe es algo vivo, atareado, activo y poderoso. Es imposible para ella no estar haciendo cosas buenas incesantemente. No pregunta si se deben hacer buenas obras sino que antes de plantear la pregunta, ya las ha hecho y las está haciendo constantemente. Sin embargo, quien no hace tales obras es un incrédulo. Anda tanteando en busca de la fe y las buenas obras, pero no sabe ni lo que es la fe ni lo que son las buenas obras.[7]

Día tres
UN LLAMADO A TODOS LOS MAESTROS

UN VISTAZO AL TEMA:

"Hermanos míos, no os hagáis maestros muchos de vosotros, sabiendo que recibiremos mayor condenación". Santiago 3.1

A los treinta yo apenas daba mis primeros pasitos como maestra. Solo habían pasado unos años desde que me embarcara en mi primer viaje como la peor maestra de Escuela Dominical del puerto seguro que era mi iglesia. No quiere decir que la clase no fuera divertida. Simplemente, no era buena. Sin un ápice de capacitación, me pasaba la semana pensando de qué quería hablar y luego pasaba la noche del sábado hojeando frenéticamente la Biblia, tratando de encontrar un pasaje adecuado para el tema.

Dios sabe cuánto mejor habría sido la clase si hubiera utilizado la revista trimestral para maestros, pero si he de ser sincera, yo odiaba la palabra "trimestral". Eso debe darle una idea de mi nivel de madurez. La clase y yo sobrevivimos a duras penas, y ambos contábamos las semanas para que se terminara el plazo de un año al que me había comprometido. Desesperada, me inscribí en una clase de doctrina bíblica los domingos por la noche y me enamoré.

Aquí, sentada ante la computadora, miro a mi derecha y veo la Biblia abierta y por la gracia y la paciencia de Dios, sigo enamorada. Jesús me hizo volar con las cálidas brisas de las páginas sagradas al pasarlas. Una mente quebrantada por la hipocresía, el abuso, el pecado y la culpa aplastante gradualmente se salvó al perderse locamente en un mundo de profetas, sacerdotes y reyes.

A los 30, yo apenas había comenzado ese proceso y los lunes seguía dirigiendo una enérgica clase de aerobics en el gimnasio de la iglesia. Apenas terminaba la clase lanzaba las calzas, me ponía una saya y corría a la clase bíblica que era el mejor secreto guardado en Houston, Texas. Me reunía en un pequeño salón atestado con otras cien mujeres que de inmediato clavaban sus ojos en cualquiera "nueva" que entrara. Después de preguntarme: "¿Cómo es posible que nadie sepa que esta clase es aquí?" Me di cuenta que este maravilloso grupo de mujeres se esforzaba por no aumentar en número a pesar de la inmensa popularidad de su maestra de la Biblia.

Uno de esos lunes nuestra fabulosa maestra, Jeannette Clift George, levantó sus ojos después de la oración inicial y dijo: "Buenas tardes, amigas. Busquen Santiago 3.1 conmigo". Y lo hicimos. Ahora yo quisiera pedirle a usted que haga lo mismo. Por favor, lea Santiago 3.1-5 y escriba los cinco versículos en la página 207.

¿Por qué un maestro novato se sentiría conmocionado al leer Santiago 3.1?

Ese día nuestra maestra era el epítome de la gracia. Mi problema no era ella, mi problema era Santiago. En mi Biblia marrón con páginas de canto dorado, vi que este era el destino que esperaba a los maestros: "recibiremos mayor condenación". ¡Justo lo que yo necesitaba! Después de terminada la clase salí corriendo hasta el auto y a voz en cuello le dije al Señor que jamás volvería a enseñar.

Los momentos en que uno cree que ha escuchado a Dios son difíciles de describir, pero ese día dos pensamientos me golpearon con la fuerza de un huracán. Primero, iba a enseñar. Segundo, nunca volvería a enseñar sin arrodillarme delante del grupo para recibir oración. Aunque no escuché ninguna palabra audible, las instrucciones fueron suficientemente claras como para hundir mis pies en cemento desde hace 24 años, y los que vendrán.

Hoy, abusando de su paciencia, entrelazaré hebras de mi experiencia personal entre los pasajes que buscaremos. Fuera del Rabí Jesús, ningún maestro domina la tarea de enseñar, y yo menos que nadie. Como maestros de la Biblia lidiamos con un texto que no se somete a nosotros ni se reduce para acomodarse a nuestros puntos de vista. De acuerdo al espíritu de Hechos 3.6 no tengo demasiada sabiduría, pero "lo que tengo, le doy". Algunos de ustedes son maestros y algunos lo serán, pero todos los que actuamos dentro de la estructura bíblica de la iglesia, tenemos maestros. A continuación descubrirán un montón de "minas" de las que está sembrado este campo.

La tentación de enseñar más de lo que sabemos. 1 Timoteo 1.7 lo expresa: "queriendo ser doctores de la ley, sin entender ni lo que hablan ni lo que afirman". Miro atrás, recuerdo algunas cosas que he enseñado y pienso: "¡Mujer, no sabías de qué estabas hablando!" Resista la tentación de enseñar más de lo que usted sabe, particularmente frente a algún desastre natural u otra situación de sufrimiento humano.

La capacidad de inducir a un error. Cualquier líder tiene el potencial de inducir a un error. Puede estar seguro de esto.

De acuerdo a 2 Pedro 2.1-2, ¿qué nos sucederá de seguro?

Lea con atención 1 Timoteo 6.3-5. Escriba un perfil descriptivo de una persona que no se conforma a la sana doctrina.

La capacidad de ser inducido a un error. Los maestros no son los únicos que pueden hacerlo.

De acuerdo a 2 Timoteo 4.3-4, ¿cómo puede un grupo inducir a un maestro débil a cometer un error?

Complete 2 Timoteo 4.5: "Pero tú...

La tentación de utilizar la plataforma para promover planes u opiniones personales. Oh, si las líneas siempre estuvieran tan claramente marcadas. A veces creemos que hemos caminado con Dios durante tanto tiempo que todo pensamiento "religioso" que tenemos proviene de Él. No es cierto.

El mejor consejo que puedo dar es que busquemos fervientemente la plenitud del Espíritu Santo, de manera que cuando crucemos la línea, sintamos Su convicción de pecado. En ese momento cambiamos de dirección o pedimos disculpas al grupo. Hace varios años memoricé estas palabras de Cristo que me resultan tremendamente útiles para no desviarme: "Mi doctrina no es mía, sino de aquel que me envió. El que quiera hacer la voluntad de Dios, conocerá si la doctrina es de Dios, o si yo hablo por mi propia cuenta. El que habla por su propia cuenta, su propia gloria busca; pero el que busca la gloria del que le envió, éste es verdadero, y no hay en él injusticia" (Juan 7.16-18). También tengo pegado en el interior de la tapa de mi Biblia el texto de Jeremías 45.5: "¿Y tú buscas para ti grandezas?" La respuesta a esto debe ser un firme: "¡No!" En última instancia, en la economía de Dios todo vuelve y Su gloria termina siendo lo absolutamente mejor para nosotros.

Ya que estamos en esto quisiera ahorrarle un enorme dolor: haga lo que haga, absténgase de usar la plataforma pública como una forma disimulada de criticar a alguien del grupo. Lógico, no decimos el nombre de la persona, pero todos sabemos a quién le estamos hablando. Hacer tal cosa es jugar a ser Dios y no constituye un acto de soberbia sino de cobardía. Si realmente es necesario confrontar a la persona, la Biblia enseña la forma adecuada de hacerlo.

Suelo recordar mi peor infracción en este sentido, una que me llevó al período de más profunda disciplina y humillación de mi vida. De solo pensarlo me hace temblar. Controle su motivación, aténgase a lo que dice la Biblia y pida a Dios que le dé la capacidad sobrenatural de amar a quienes lo escuchan más de lo que ama su propia piel.

Antes de continuar, demos un giro. Utilice el margen para escribir otras tentaciones importantes que tienen los maestros, ya sea que las conozca por experiencia, observación o por ser parte de la naturaleza humana.

La exigencia de la autodisciplina. Un maestro decente tiene que estudiar mucho. Una de las señales de que alguien tiene el don de la enseñanza son las ansias inexplicables de aprender, seguidas por la dificultad de guardarse para sí mismo lo que ha aprendido. Un maestro que no quiere estudiar es un charlatán. No mezcle ambas cosas. La mayor autodisciplina es luchar ferozmente para no descuidar su relación íntima con Jesús. Dios nunca lo llamará a sacrificar su intimidad con Él en el altar del ministerio. Tenemos que guardar celosamente nuestra vida de oración y nuestra vida de amor para enseñar de la abundancia de lo que Cristo nos enseña a nosotros. De lo contrario, vagaremos penosamente y a ciegas por el cementerio donde van a morir los maestros.

La soberbia y la humillación. Enseñar hoy puede ser motivo de soberbia tanto como lo fue en el primer siglo. El crédito (sinónimo de gloria) que se da al maestro

> Dios nunca lo llamará a sacrificar su intimidad con Él en el altar del ministerio.

rebosa de ironía ya que de ninguna manera podemos ganar lo que el Espíritu Santo reparte. Los dones del Espíritu son gracias inmerecidas.

Lo que tiene menos prensa es la humillación que puede acompañar a la tarea de enseñar. A veces estoy en medio de una lección y no tengo idea de adónde se ha ido Dios o de qué estoy hablando. O de repente mis ojos se abren en medio de la noche y tengo ganas de gritar: "¿Qué fue lo que dijiste?"

Escriba Proverbios 10.19a en este espacio.

En resumen: ¿Quiere enseñar? Esté preparado para disculparse a cada rato.

A menudo Dios suele enseñarle la lección más importante al maestro. Sí, a usted le enseñarán muchas lecciones antes que pueda enseñárselas provechosamente a otro. Éxodo 4.12 no dice: "Te diré lo que has de decir"; dice: "te *enseñaré* lo que hayas de hablar" (énfasis añadido).

El juicio humano. No sé qué es peor: la crítica o la adulación de los demás. La primera sabe a veneno, pero un goteo constante de la última puede enfermarnos mucho más. Dejemos de tratar de tomarle el pulso a la gente, a ver cuánto nos aman. "Pues, ¿busco ahora el favor de los hombres, o el de Dios? ¿O trato de agradar a los hombres? Pues si todavía agradara a los hombres, no sería siervo de Cristo" (Gálatas 1.10). Si logramos complacer a la gente, es mucho más difícil mantenerla complacida. Aférrese a Aquel que no cambia.

Un juicio divino aun más estricto. ¿Por qué? Porque "al que mucho se le haya confiado, más se le pedirá" (Lucas 12.48b). El juicio del que habla Santiago 3.1 se refiere a la calidad de nuestras obras y a la pérdida o ganancia de recompensa, no al destino eterno de nuestras almas (vea 1 Corintios 3.12-15).

Otros tropiezan con nosotros. Como dice Santiago 3.2, todos tropezamos muchas veces, pero cuando un maestro tropieza, puede arrastrar consigo a todo un grupo. Ningún don se debe recibir con mayor sobriedad que la influencia.

Pero, espere un momento. ¿Y si tenemos el llamado a enseñar? Si Dios llama a una persona a enseñar, como dice Romanos 12.7, ¡que enseñe! Retroceder es desobedecer. Preste atención a una palabra clave que se encuentra en la traducción NVI: "Hermanos míos, no *pretendan* muchos de ustedes ser maestros" (Santiago 3.1, énfasis añadido). Tener tal pretensión es exponerse a un severo escrutinio sobre nuestra vida. Pero, amado hermano, si Jesús lo ha llamado, ¡usted debe ir!

En medio de todos los desafíos que he mencionado, además de los problemas de la vista por leer tantas notas al pie de los textos, problemas digestivos causados por la ansiedad, más otras tantas enfermedades "profesionales" que no mencionaré, yo no cambiaría por nada del mundo ni un instante de esta loca aventura. A veces he tenido que mecanografiar con una sola mano para poder levantar la otra mano en alabanza al Señor. He descubierto la verdadera adoración con Moisés. Encontré la libertad con Pablo. Dancé delante del trono de Dios con David. Y encontré a Jesús a través de todos ellos.

¡Enseñe, maestro! Pero póstrese sobre su rostro antes que la tarea lo derribe.

Cuando un maestro tropieza, puede arrastrar consigo a todo un grupo.

Día cuatro
FUEGO Y AGUA

UN VISTAZO AL TEMA

"De una misma boca proceden bendición y maldición.
Hermanos míos, esto no debe ser así".   Santiago 3.10

Entre la lección de ayer y la de hoy, hemos iniciado brillantemente la segunda mitad de nuestro recorrido. Usted ya ha superado las predicciones más conservadoras y, por lo que he visto, probablemente continúe hasta el final. Este estudio nos une, ¿verdad? Hace meses que vengo pensando en usted todos los días y he estado orando para que encuentre palabras de Dios que "son espíritu y son vida" (Juan 6.63).

No piense que aquí usted no es importante. Yo estaría sola si no fuera por usted, escuchándome hablar a mí misma y, a estas alturas, preferiría abrazar un cactus. ¿Tiene un buen bolígrafo a mano? Tómelo y escriba Santiago 3.6-12 en la parte de atrás de su libro.

¿Terminó? Ahora vuelva a leer con cuidado Santiago 3.1-3, 9 y encierre en un círculo (en su Biblia o en su versión escrita a mano) cada referencia a "nosotros" que aparezca en forma de pronombre o verbo.

¿Cuántas referencias encontró en estos cuatro versículos?

Antes de esta sección de la epístola, Santiago se refirió a la primera persona del plural solo una vez (Santiago 1.18). Todas las demás referencias han sido a "vosotros", "hermanos míos" o "amados hermanos míos". De repente, en el capítulo 3, caen de su pluma las referencias a nosotros, nosotros, nosotros. ¿Por qué? ¿Y por qué vuelve Santiago al tema de la lengua y, en esta ocasión, con la delicadeza de un pelotón de fusilamiento?

No sé usted, pero los temas que más me apasionan son aquellos que me tocan de una manera más personal. ¿Será que de todas las reprimendas y correcciones que contiene esta carta, esta es la que más de cerca tocaba a quien la escribió?

Observe cómo Santiago se incluye en 3.2 junto con nosotros: "Porque todos ofendemos muchas veces". Entonces, bajo la guía de Dios, ¿será posible que Santiago haya comenzado a exponer un aspecto específico en que él mismo se sentía más propenso a ofender?

Leamos nuevamente el pasaje. Sin apartarse ni una milésima de la inspiración sino gozando de su maravilla, ¿advierte algún ligero dejo de frustración en la voz de Santiago al hablar de la lengua? Una cosa sé, hermano amado, nadie en este mundo puede irritarme tanto como yo misma me irrito. Por lo general, cuando me apasiono por un tema en mi enseñanza, se debe a que es un problema para mí o que eso me ha herido personalmente. Observe de nuevo la forma directa en que Santiago se incluye en el grupo de maestros en 3.1: "Hermanos míos, no os hagáis maestros muchos de vosotros, sabiendo que recibiremos mayor condenación".

Vuelva a encerrar en un círculo el verbo que se refiere a "nosotros".

Como maestro, tal vez hasta Santiago se encontró a veces ante el desafío de contener su lengua, como la mayoría de las personas que usan muchas palabras. Imagine cuántas veces las lenguas insensatas de otros lo habrán herido.

Veamos dos metáforas que Santiago usó en esta sección. (1) la lengua como fuego y (2) la lengua como fuente. Primero, la lengua como fuego.

Mire con cuidado el v. 6 y complete la frase: "contamina todo el cuerpo, e...

La lengua puede prenderle fuego a toda nuestra vida. Tendríamos que vivir bajo una piedra para no saberlo. Ninguna relación humana ni dimensión de la vida humana está a salvo de las lenguas llameantes.

¿Cuándo fue la última vez que usted tuvo conciencia de la capacidad de la lengua para herir y ampollar?

La lengua "inflama la rueda de la creación". Imagine cuántas guerras se han librado por palabras, cuántos prejuicios se han transmitido a lo largo de generaciones, cuánto odio se ha sembrado en linajes familiares y cuántas calumnias han plantado los viejos en los jóvenes.

Eugene Peterson traduce Santiago 3.6 de esta manera: "Con nuestro hablar podemos arruinar el mundo, convertir la armonía en caos, enlodar una reputación, hacer humo el mundo entero y hacernos humo con él, humo que proviene del mismo abismo del infierno" (The Message, traducción libre).

Vuelva a leer Santiago 3.6 en su Biblia. ¿Dónde se origina el fuego de la lengua?

el infierno   los suegros   el abismo   la depravación humana

Antes que se sienta tentado a arrancarse la lengua, pase a Hechos 2 y lea los vv. 1-4. Irónicamente, esas lenguas también eran de fuego.

¿De dónde provenía el fuego de Hechos 2?

Recuerde, Santiago y los demás medio hermanos de Jesús ya habían comenzado a unirse con los discípulos en Hechos 1.14. Es casi seguro que Santiago estuvo entre aquellos sobre quienes esas "lenguas […], como de fuego" (2.3) descansaron. De repente, comenzaron a hablar en los idiomas de aquellos que habían llegado a Jerusalén provenientes de muchas naciones, y "cada uno les oía hablar en su propia lengua" (vv. 5-6).

    ¿Ve usted? Es que la lengua humana se puede encender por cualquiera de las dos fuentes: por el cielo o por el infierno. Dios puede atraer a las personas al evangelio, permitiéndonos hablar de maneras que entiendan, o nuestra lengua puede hacer que salgan volando como si se les chamuscaran los talones. Puede dar consuelo y esperanza o producir destrucción y sordera. Tenemos la capacidad de decidir qué fuego encenderá nuestra lengua. Solo tenga en cuenta que, por defecto, tendemos ir hacia abajo.

    ¿Está listo para pasar a la siguiente metáfora? Segundo, la Biblia compara a la lengua con una fuente. Vuelva a leer Santiago 3.9-12.

> Resuma en una oración lo que a su entender Santiago quiere decir en estos cuatro versículos.

> Las palabras que usa Santiago en el v. 11 son fascinantes. ¿Qué dos clases de agua menciona?

El versículo dice: "¿Acaso alguna fuente echa por una misma abertura agua dulce y amarga?" Encierre en un círculo los dos adjetivos. La transliteración de "dulce" es *glykos*.[8] ¿Reconoce la similitud con la palabra *glucosa*?

    La palabra griega que se traduce *amarga* es *pikros*. ¿Por qué toda esta disputa sobre lo dulce y lo amargo? Porque es posible que Santiago, que ya ha demostrado ser devoto judío y criado en el amor a los libros de Moisés, haya estado pensando en Éxodo 15.22-25. Deléitese en este pasaje:

> E hizo Moisés que partiese Israel del Mar Rojo, y salieron al desierto de Shur; y anduvieron tres días por el desierto sin hallar agua. Y llegaron a Mara, y no pudieron beber las aguas de Mara, porque eran amargas; por eso le pusieron el nombre de Mara. Entonces el pueblo murmuró contra Moisés, y dijo: ¿Qué hemos de beber? Y Moisés clamó a Jehová, y Jehová le mostró un árbol; y lo echó en las aguas, y las aguas se endulzaron.

> Ahora encierre en un círculo las palabras que en este pasaje hagan referencia a "amargo" y "dulce".

La lengua puede dar consuelo y esperanza o producir destrucción y sordera. Tenemos la capacidad de decidir.

107

En hebreo, Mara significa *amarga*, por lo que cada mención de este nombre renueva el énfasis en que esa agua no era adecuada. Ahora, también puede hacer un círculo alrededor de ese nombre.

¿Qué hizo el Señor cuando Moisés clamó a Él?

¿No le encanta el hecho de que el Señor se lo mostrara? Si es así, también le encantará este extracto de un comentario: "El verbo 'mostró' proviene de la raíz que en voz causativa significa enseñar o instruir, y es la misma raíz de la que derivamos la palabra 'Torá' (instrucción, ley)".[9] Así que Dios no le estaba mostrando algo a Moisés; le estaba enseñando, lo estaba instruyendo. Siga prestando atención porque esta es la parte del comentario que realmente quiero que vea.

> "Algunos jeques árabes le dijeron a Ferdinand de Lessups, constructor del Canal de Suez, que ellos ponían un arbusto espinoso en algunas clases de aguas para hacerlas agradables al gusto. Otros han sugerido que se utilizaban ciertas plantas aromáticas para disimular el mal gusto del agua, pero el texto indica claramente que Dios le dio a Moisés instrucciones especiales en respuesta a la desesperación del pueblo. Quizá el árbol no tuviera mucho que ver con la sanidad temporaria de las aguas, como la sal que utilizó Eliseo para sanar la fuente de Jericó en 2 Reyes 2.19-22. En ambos casos es posible que lo que se ve solo sea el poder de Dios y una prueba de obediencia".[10]

El texto de 1 Pedro 2.24 sigue girando en mi mente: "quien llevó él mismo nuestros pecados en su cuerpo sobre el madero, para que nosotros, estando muertos a los pecados, vivamos a la justicia; y por cuya herida fuisteis sanados". No estoy sugiriendo, ni siquiera remotamente, que Santiago tuviera esto en mente o afirmara que el arbusto que endulzó las aguas en Éxodo 15 fueran una prefigura de la madera que sostuvo a nuestro Salvador. También me abstendré de adjudicarle algún significado especial a los arbustos espinosos que usaban los jefes árabes para hacer bebible el agua.

Pero no me privaré de decir que en otros momentos de mi vida fui una mujer amarga, pero ya no lo soy. Esa es la dulzura de la redención y, sin lugar a dudas, un milagro de Dios. ¿Alguien más quiere dar testimonio de aguas amargas que por la profunda obra de Cristo fueron endulzadas en su vida?

Vamos, hágalo. Cuente su experiencia y prepárese para relatarla en su grupo, si lo desea.

Dios no le estaba mostrando algo a Moisés; le estaba enseñando, lo estaba instruyendo.

La sección de Éxodo 15 que hemos estudiado hoy se derrama como un torrente para formar una de las más profundas presentaciones que Dios hace de sí mismo: "yo soy Jehová tu sanador" (Éxodo 15.26). Amado hermano, todo lo que Dios ha sido, lo es aún. Él es eterno. Es inmutable. Y es Sanador.

Es posible que Dios lo rescatara de su Egipto y que aún usted esté lleno de amargura hasta el borde. Fue lo que me sucedió a mí. Las investigaciones arrojan razones plausibles, como el contenido de minerales, para explicar por qué esas aguas de Éxodo 15 eran salobres e imposibles de consumir. De la misma manera hay razones plausibles por las que personas como nosotros se amargan. A todos nos han herido y ofendido, engañado y usado. ¿Quién podría culparnos? Podemos encontrar muchísimas personas que nos darán permiso para mantener ese remolino de amargura girando en nuestro interior, pero solo hay Uno que puede lanzarse en esas aguas y endulzarlas. Solo Él puede satisfacernos con el nuevo vino de Su Espíritu y purificar toda suciedad hasta que nuestras aguas queden transparentes como un mar de cristal.

Si usted es como yo, a veces ni siquiera notará que tiene en su interior esa vieja amargura, hasta que algo desagradable surja como una fuente de su boca. Jesús señaló el origen en Mateo 12.34: "de la abundancia del corazón habla la boca".

Tal vez sea la hora de una nueva obra de Jesús allí mismo, en la fuente de nuestro corazón. Allí donde se clavó la ofensa. Allí donde se clavó la pérdida. Allí donde se clavó la traición. Allí donde nos golpeó el abuso. Allí mismo, hermano. Él es el Señor, nuestro Sanador.

LUTERO, LA LEY Y EL EVANGELIO

Esta digresión tiene como fin estudiar el tema de la ley y el evangelio en la teología del gran reformador Martín Lutero. En los últimos dos párrafos ofreceré algunos conceptos que me son propios, pero mi principal intención es explorar la doctrina de Lutero, no afirmar mis propias ideas.

La distinción que hace Lutero entre la ley y el evangelio es el corazón de su teología. Tomemos prestada la fraseología de Carter Lindberg y diremos que Lutero consideraba que la Biblia estaba compuesta por dos "clases de discurso" fundamentalmente diferentes: ley y evangelio.[1]

> ## Lutero consideraba que la Biblia estaba compuesta por dos "clases de discurso" fundamentalmente diferentes: ley y evangelio.

Para Lutero, la ley comunica exigencias y condiciones en el idioma del pacto.[2] Comprende las afirmaciones de la Biblia que exponen nuestro pecado y nos condenan. Por el contrario, el discurso del evangelio comunica promesa en el idioma del testamento.[3] El evangelio aparece en los pasajes que hablan de la promesa, la gracia y la redención incondicionales de Dios.

Básicamente, para Lutero, la diferencia entre ley y evangelio está entre las exigencias que hace Dios y los dones que Dios nos da. En la categoría de la ley, el ser humano imita a Dios activamente; mientras, en la categoría del evangelio, el ser humano recibe, pasivamente, de parte de Dios.

Lutero consideraba que la ley y el evangelio funcionaban juntos, aunque fuera antitéticamente, "para producir en el hombre pecador la dinámica lucha dual de la propia justicia contra la justicia de Dios".[4] Para Lutero, la trayectoria espiritual y emocional de esta experiencia reflejaba su propia historia personal y la historia teológica. Él consideraba que la ley llevaba a la máxima desesperación por el estado trágicamente pecaminoso del ser humano, hasta que el evangelio, triunfalmente, lleva a la fe total y la confianza final en Jesucristo para todas las cosas, sobre todo, las relacionadas con la salvación. Por eso, aunque ley y evangelio están directamente opuestos en la teología de Lutero, la ley continúa teniendo importancia, ya que expone la naturaleza pecaminosa de la humanidad.[5]

Desde luego, el Antiguo Testamento contiene más ley, y el Nuevo Testamento más evangelio, pero, para Lutero, no se puede dar por descontado que el Antiguo es ley y el Nuevo es evangelio. Más bien, los dos testamentos contienen ambas "clases de discurso". Lutero podía señalar pasajes del Antiguo Testamento que predican evangelio y pasajes del Nuevo Testamento que predican ley. Para Lutero, la sofisticación teológica significa desarrollar la capacidad de distinguir cuidadosamente entre estas dos clases opuestas de discurso en la Palabra de Dios.

Aunque no todos los versículos de la Biblia se pueden clasificar prolijamente como "ley" o "evangelio", estas dos categorías, en la concepción de Lutero, debían distinguirse y no mezclarse.

En su comentario acerca de Gálatas vemos a Lutero luchar con las dificultades que esto entraña cuando dijo:

> Parece una cuestión insignificante mezclar la Ley y el Evangelio, fe y obras, pero crea más mal del que puede concebir el cerebro humano. Mezclar la Ley y el Evangelio no solo

oscurece el conocimiento de la gracia sino que además deja a Cristo directamente fuera.[6] Espero que este comentario bastante tedioso ayude a aclarar las razones del choque de las personalidades entre Lutero y Santiago. La antítesis ley-evangelio que plantea Lutero no era muy compatible con el énfasis teológico de Santiago.

También me pregunto si ahora usted ve dónde están arraigadas algunas de nuestras tendencias teológicas y por qué, también a nosotros, Santiago puede hacernos sentir algo incómodos. Lo sepamos o no, como protestantes, nuestro impulso teológico de mantener la ley y el evangelio como dos categorías binarias opuestas es un atributo que heredamos de la Reforma alemana del siglo XVI.

> ## Como protestantes, nuestro impulso teológico de mantener la ley y el evangelio como dos categorías binarias opuestas es un atributo que heredamos de la Reforma alemana del siglo XVI.

Santiago nos desconcierta cuando iguala la ley con la libertad o une la fe y las obras porque mezcla categorías que nosotros, como herederos de la línea teológica de Martín Lutero, preferimos mantener separadas.

Para concluir, necesito expresar un par de pensamientos finales para enmarcar esta conversación. Primero, el contexto manda. Tenemos que poner a Lutero en su contexto histórico antes de poder comprender algunos de sus escritos.

Martín Lutero vivió durante un papado tan corrupto que, para obtener fondos para construir la Basílica de San Pedro en Roma, vendía la promesa de que los seres amados muertos iban a tener alivio del castigo en el purgatorio. La gente, literalmente, podía comprar su destino eterno. Después de ser testigo de tan despreciable abuso pastoral, no es de extrañarse que Lutero fuera inflexible en el rol pasivo de los seres humanos en cuanto a la salvación, aunque lamentablemente, esto significara degradar a Santiago.

Aunque por muchísimas razones le debemos mucho a Martín Lutero, en el espíritu del mismo eslogan de la Reforma, "*Sola Scriptura*", debemos estar seguros de que los mismos textos bíblicos juzguen el método de estudio ley-evangelio que hemos heredado, y no al revés. En otras palabras, si realmente creemos que solo la Biblia tiene autoridad, entonces, ni siquiera la hermenéutica ley-evangelio tiene autoridad para juzgar el valor teológico de Santiago; más bien, Santiago mismo, en conversación con todas las demás voces de las Escrituras, debe moldear nuestra comprensión de ley y evangelio.

Día cinco
SABIDURÍA DE ABAJO, SABIDURÍA DE ARRIBA

UN VISTAZO AL TEMA:

"Pero la sabiduría que es de lo alto es primeramente pura, después pacífica, amable, benigna, llena de misericordia y de buenos frutos, sin incertidumbre ni hipocresía". Santiago 3.17

Yo crecí en una familia numerosa: padres, cinco hijos, una abuela. La mamá de mi mamá vino a vivir con mis padres inmediatamente después que regresaran de su inesperada luna de miel. Un buen observador se hubiera preguntado si su formidable presencia era el castigo para ellos, por haberse fugado. Si la motivación de mi abuela era la venganza, se tomó su tiempo para ponerla en práctica, ya que no se movió de mi casa hasta que se fue al cielo con Jesús, a los 87 años.

Mi abuela era una delicia, pero al mismo tiempo bastante difícil. Una de sus manías era unir todo lo que fuera remotamente parecido. Por ejemplo, si había tres cajas de cereal y cada una de ellas estaba en las 2/3 partes de su capacidad, ella los unía todos en una sola caja. La expresión en el rostro de mi hermano al servirse el cereal en el plato y ver la mezcla heterogénea de cuadraditos de maíz, hebras de trigo y arroz inflado que había en su cuchara era para sacarle una foto. Una persona que tratara de descubrir su verdadera identidad no iba a recibir demasiada ayuda de Minnie Ola Rountree.

Esta es una de esas ocasiones en que me gustaría tanto poder sentarme junto a usted en su grupo y escucharle hablar de su familia. ¿Qué manías divertidas o irritantes recuerda de los miembros de su familia cuando usted era pequeño? Puede hacer los cuentos en su grupo, si lo desea.

Hoy tenemos un plato lleno, hermano, con muchos conceptos para engullir en un mismo día. Para que no se quede mirando extrañado su propia cuchara, pasaremos este último día de la semana 4 en los próximos versículos de Santiago, pero luego volveremos a verlos en la semana 5. Vengo de una larga tradición de gente que hace mezclas raras, así que es posible que vuele algún copito de arroz, pero cuando terminemos, sabremos que tuvimos una comida nutritiva. Por favor, lea Santiago 3.13-18 y luego escriba el pasaje en la parte de atrás del libro.

Esta parte de la Biblia es como un artículo que necesita una columna, así que démosle su columna. Santiago presenta maravillosamente el contraste entre la "sabiduría de lo alto" y la "sabiduría" de abajo. Sea meticuloso al recorrer los seis versículos y busque cada descripción de cada una de estas clases de sabiduría que encuentre.

Escríbalas debajo de la columna que corresponda. Comience por el v. 13.

"Sabiduría de lo alto":   "Sabiduría" de abajo:

Ahora veremos algunas cosas muy importantes, otras las dejaremos para la quinta semana. ¿Le parece bien si nos dedicamos primero a lo más difícil? Lea el v. 14.

¿Dónde se encuentran la envidia (o los celos) amargos y la ambición egoísta?

☐ En la boca   ☐ En la vida   ☐ En el corazón   ☐ En nuestros sueños

Recuerde, Santiago escribió esta carta a creyentes. Las personas que no son salvas quizá no tengan tanto problema en demostrar abiertamente celos o ambiciones egoístas, pero los cristianos veteranos son especialistas en disfrazarlos. A veces disfrazamos los celos y los llamamos "discernimiento" y otras veces ponemos una máscara sobre la ambición egoísta y la rotulamos "un llamado".

Santiago no tenía demasiada paciencia para las falsedades y nos advierte que cuidemos nuestro corazón, donde las espinas de la carne se hincan cada vez más profundo, hasta que infectan nuestro carácter. Con su afición por el significado hebreo de paz, Santiago enciende la luz en nuestro armario y nos dice: "Dejemos los juegos y hagamos las cosas bien". No puedo seguir adelante en esta lección sin decirle cuánto odio la emoción de los celos. Nunca me tolero menos a mí misma que cuando los celos y la envidia levantan su horrible cabeza en mi vida. ¿A alguien más le sucede esto?

De ser así, trate de expresar por qué es tan horrible.

Los celos se arraigan en el terreno de la inseguridad. No dudemos en pedirle a Dios que quite cualquier brizna de celos y envidia de nuestro corazón mientras nos quedamos quietos en Sus manos; pero esos huecos no deben quedar vacíos. Pidámosle que plante en nosotros un sentimiento sano y creciente de seguridad en Él. Nunca olvide que Dios es dador (vea Santiago 1.17). Cada vez que le pidamos que quite algo de nuestras vidas, seamos suficientemente osados para pedir que lo remplace por algo de Sus divinas riquezas. Isaías 33.6 dice que Él es "abundancia" y "tesoro".

Volvamos a Santiago 3.14. ¿Qué nos dice que "no" hagamos, si tenemos celos amargos y contención en nuestro corazón?

> ...no os jactéis, ni mintáis contra la verdad.
> **SANTIAGO 3.14**

Tendremos que acostumbrarnos a la forma tan directa en que Santiago habla, pero será mejor que no tratemos de suavizar algo que debe pegarnos de lleno para dejar una impresión duradera. Un resumen del v. 14 en el estilo de Santiago sería: "Los que se jactan, mienten". Punto. Las personas que más tienden a jactarse o vanagloriarse son aquellas que están llenas de celos y contiendas. ¡Uf! La Biblia sí se mete con nosotros, ¿verdad? ¿Pero cuántas personas en nuestras superficiales redes sociales están dispuestas a confrontar esa clase de fallas en nosotros? Yo prefiero que quien me diga las verdades difíciles de tragar sea mi Dios de gracia, que realmente me ama. Una vez más, pensemos en estas palabras: "no os jactéis, ni mintáis contra la verdad" (v. 14).

Escriba una forma en que jactarse es negar la verdad.

Lo hermoso del nuevo comienzo en Cristo es que solo una confesión nos separa de poder decir: "Ese era el viejo yo". Hoy puede ser el día para alguien nuevo. Veamos ahora la segunda columna, la de "sabiduría de lo alto" (v. 17). Veamos primero los pares de conceptos que Santiago presenta intencionalmente en Santiago 3.13.

Complete los espacios en blanco.
"¿Quién es _____ y _____ entre vosotros?"

Estas dos palabras ocupan un lugar prominente en la ley de Moisés, especialmente en Deuteronomio 1.13. Moisés explica la delegación de autoridad que Dios le había ordenado con los siguientes requisitos: "Dadme de entre vosotros, de vuestras tribus, varones sabios y entendidos y expertos, para que yo los ponga por vuestros jefes". Subraye las dos palabras que hay en común entre este pasaje y Santiago 3.13. No puedo permitir que se pierda Deuteronomio 4.5-8, donde estos dos requisitos se aplican desde los líderes hasta toda la nación. Vale la pena visitar el pasaje, así que búsquelo ahora y lea los cuatro versículos.

> La sabiduría suele saber qué hacer, qué es lo correcto y qué está mal. La comprensión por lo general sabe por qué.

El impacto específico de la sabiduría y el entendimiento es profundo y tremendamente potente. ¿Cuál es?

Entonces, ¿cuál es la diferencia entre sabiduría y comprensión? A riesgo de simplificarlo demasiado, piénselo primero de este modo: sabiduría es el *qué*. Entendimiento es el *por qué*. La sabiduría suele saber qué hacer, qué es lo correcto y qué está mal. El entendimiento generalmente sabe por qué. Por ejemplo, la sabiduría sabe que la soberbia es un pecado grave y se debe evitar. El entendimiento sabe que la soberbia es el camino más seguro hacia una profunda y dolorosa caída.

En cualquier aspecto de su andar de fe en el que usted aprendiera cabalmente un "por qué" (aunque el proceso no fuera agradable), usted logró lo que la Biblia llama entendimiento. La sabiduría y el entendimiento en el creyente son tan prácticos como bellos. Yo usé el ejemplo de la soberbia.

Ahora, dé usted su propio ejemplo de "qué" (sabiduría) y el correspondiente "por qué" (entendimiento).

Qué

Por qué

Me encanta el final de la segunda parte de Santiago 3.13: "Muestre por la buena conducta sus obras en sabia mansedumbre". ¿No son extraordinarias estas últimas dos palabras? Sabia mansedumbre.

Escriba los nombres de dos personas a las que usted conoce personalmente y que describiría como sabias y entendidas. ¿Por qué?

Ahora, permítame preguntarle algo. ¿Alguna de ellas es áspera?

¿Por qué cree que es así?

La verdadera sabiduría va acompañada de mansedumbre, ¿verdad? Las personas ásperas nunca son sabias. Pueden ser inteligentes. Pueden tener razón. Pero no son lo que la Biblia llama sabias. La mayor parte de las cosas que usted escribió debajo de la columna "Sabiduría de lo alto" probablemente proviene de Santiago 3.17. Léalo una vez más: "Pero la sabiduría que es de lo alto es primeramente pura, después pacífica, amable, benigna, llena de misericordia y de buenos frutos, sin incertidumbre ni hipocresía".

Encierre en un círculo las primeras tres características, y en un cuadrado las siguientes.

Santiago, de una manera astuta y brillante, escribió estas palabras para que al leerlas en voz alta su gloriosa asonancia resaltara para hacer énfasis como una campanilla de oro. Las palabras que usted encerró en un círculo comienzan con "e" en griego. Las que encerró en un cuadrado comienzan con "a". Si las escucháramos pronunciar por una voz clara, una tras otra, en su forma original, podríamos acusar al obispo Santiago de buscar un ritmo puro y preciso.

Creo que usted ha trabajado bastante hoy. Voy a dejarle salir de clase un poco antes y en la quinta semana continuaremos donde nos quedamos aquí. Antes de terminar quiero que sepa cuánto valoro su compañía. Suelo mirar atrás, a los últimos veinte años de mi recorrido con Cristo Jesús, y me imagino cuán diferente hubiera sido

Un artículo más avanzado con Melissa
MANSEDUMBRE Y SABIDURÍA

Santiago 3.13-18 es uno de mis pasajes favoritos en esta epístola, quizá por ser toda esa sección tan completamente contraria a mi naturaleza y mi personalidad. No puedo evitar tomarlo como un desafío. Hay un par de cosas que me hablan muy profundamente: la primera es la sorprendente relación que Santiago dibuja entre la sabiduría y la mansedumbre, y la segunda es la relación entre la pacificación y la justicia.

En la lección de hoy, mamá aludió a la relación entre la sabiduría y la mansedumbre en Santiago 3.13. La palabra griega que se traduce "mansedumbre" (en la RVR'60, o "humildad" en la NVI) es πραΰτης; y hace referencia a "la cualidad de no sentirse demasiado impresionado por el sentido de la propia importancia".[1] Douglas Moo señala que "los griegos, en general, no valoraban la cualidad a la que esta palabra (πραΰτης) hace referencia" porque "ellos pensaban que indicaba un servilismo indigno de una persona fuerte y segura de sí misma".[2]

Bastante similar a lo que sucede en nuestra sociedad, ¿verdad? Aun dentro de la comunidad de la iglesia las personas sabias por lo general son las que hablan mucho y ganan debates de teología. Son los apologistas que pueden devastar a todos sus oponentes teológicos. Tal vez respeten a los mansos y a los humildes como personas buenas y realistas que tienen corazones de siervos, pero rara vez los consideramos sabios.

¿Qué tiene el hecho de no dejarse impresionar demasiado por el sentido de la propia importancia que hace sabia a una persona? Si yo fuera lo suficientemente valiente como para admitir que no soy tan importante como creo ser, entonces, no siempre necesitaría tener la última palabra.

Me engaño con mis heridas en la carne, pensando que la dureza y la severidad valen la pena para que la otra persona tenga la buena fortuna de beneficiarse con mi punto de vista superior.

¡Error!

La mansedumbre que está relacionada con la sabiduría en este contexto significa vivir sabiendo que no soy la prioridad. Cuando combino esta inquietante aunque liberadora verdad acerca de mí, con la conciencia de que cada persona que mi vida de estudio sin mis compañeros de viaje que me estimulan, me alientan y hacen que me esfuerce por seguir avanzando.

Yo deseaba con desesperación conocerlo a Él a través de las profundidades de Su Palabra, pero temo que si hubiera estado sola en esta búsqueda, la tiranía de la vida diaria y el acoso del enemigo me hubieran hecho perder ánimo y contentarme con menos. Con usted junto a mí en el camino, tengo alguien ante quien rendir cuentas. No puedo darme el lujo de torcerme el tobillo y sentarme en la acera a llorar de dolor durante un mes. Tengo que levantarme y seguir caminando. Es algo realmente hermoso, ¿verdad? Y así lo quiso Dios. Él no quiso que hiciéramos esto solos. Quiso que nos sentáramos uno al lado del otro, aunque estemos a cientos de millas de distancia, señalando un pasaje de Su Palabra y diciendo: "¿Has visto esto?"

"si andamos en luz, como él está en luz, tenemos comunión unos con otros, y la sangre de Jesucristo su Hijo nos limpia de todo pecado" (1 Juan 1.7).

encuentro vale mucho más de lo que yo jamás podría imaginar, voy camino a exudar esa sabiduría de lo alto.

El pasaje termina en el v. 18 con la afirmación de que "el fruto de justicia se siembra en paz para aquellos que hacen la paz". Así que ahora no solo estamos hablando de sabiduría, también estamos hablando de la relación entre justicia y pacificación.

¿No es maravilloso Santiago? No nos permite simplemente hablar de la paz sin hacerla.

Nos encanta hablar de la paz, ¿verdad? Hablamos mucho de la paz. Pero, ¿somos realmente pacificadores? ¿Realmente sembramos en paz? ¿Promovemos la paz y eliminamos las divisiones en nuestra comunidad, o secretamente nos encanta atizarlas? Muchas veces disertamos de la paz como un concepto distante, como la paz en Oriente Medio, pero en casa ni siquiera podemos resolver los conflictos con personas específicas como nuestro cónyuge, nuestros padres, nuestros vecinos.

Muchas veces tenemos la tendencia de defender alguna noción abstracta de paz para las masas, mientras que por otra parte no hacemos las paces con las personas específicas que están en nuestra vida diariamente. Además, causar "falta de armonía en la comunidad" para provecho propio es sabiduría terrenal, no celestial.[3]

Muchas veces consideramos la mansedumbre y la pacificación como virtudes y atributos buenos para "los demás", por ejemplo, un consejero cristiano o una joven y tierna ama de casa. Pero aquí, Santiago predica que estos atributos son básicos para todos los cristianos, hombres o mujeres, que desean personificar la "sabiduría de lo alto" (v. 17) o recoger "el fruto de justicia" (v. 18). La potente combinación de estas dos conexiones poco usuales provoca un cambio de paradigma renovador e inspirador, especialmente para la persona irascible (y aquí me señalo a mí misma) que aparta de un plumazo la mansedumbre y la pacificación como atributos idealistas que sencillamente no son parte de la personalidad que Dios le ha dado.

ACERQUÉMONOS

Día uno
EL ORIGEN

UN VISTAZO AL TEMA:

*"¿De dónde vienen las guerras y los pleitos
entre vosotros?" Santiago 4.1*

Hoy es uno de esos días en que desearía hacer este estudio cara a cara con usted. En realidad, lo que me gustaría no es tener una conversación sino una entrevista. El pasaje que vamos a comentar me estimula a imaginarme sentada frente a usted con papel y lápiz, haciéndole una serie de preguntas y desafiándolo a contestar rápidamente. Después, para ser justos, cambiaríamos los roles. Sin embargo, para ser injusta, ya yo tendría una idea de su tendencia.

Creo que les ayudaría saber que he estado de ese lado de la mesa en varias ocasiones. Algunas terminé lamentándolas, pero en su mayoría, si sabía que el entrevistador estaba sinceramente interesado y deseoso de entender, ni siquiera las preguntas indiscretas me molestaban mucho, siempre que tuviera la libertad de declinarlas. Las mejores entrevistas son las que me han hecho hacer una pausa, rascarme la cabeza y decir: "¡Oigame, no había pensado en esto antes!"

Entonces, ¿qué le parece? ¿Estaría de acuerdo en responder hoy a una breve entrevista para labrar la tierra de manera que nuestra lección pueda sembrar su semilla con más profundidad? ¿Y si supiera que con toda sinceridad me interesa y que genuinamente lo que busco es comprensión y que usted puede negarse a responder por escrito? ¿O que puede contestar en código, de modo que usted sepa lo que quiere decir pero otra persona que hojeara este libro no entendiera ni una palabra? Lo mejor es esto: ¿y si la pregunta lo motivara a reflexionar profundamente, pero sin darle armas a su entrevistador para explotarlo? ¡Esa es la mejor entrevista posible! Entonces, ¿probamos?

Voy a hacerle nueve preguntas. Le pido que las responda dentro de los términos que hemos comentado arriba, y luego continuaremos.

1. ¿Cuál es la batalla más importante que está librando en su interior en estos momentos?

2. ¿Cuánto tiempo hace que la está librando?

3. El concepto de "batalla" implica que hay varias aristas de la situación (por ejemplo, opciones, sentimientos, conflictos) que se oponen en su interior. Si usted es el incómodo escenario de tal lucha interna, trate de describir las facciones opuestas.

4. Cada uno de nosotros tiene conflictos internos, silenciosos, con diferentes personas, pero la mayoría de nosotros tenemos algunas personas en nuestra vida con las que tenemos conflictos externos, peleas. ¿Cuáles son esas personas en su vida?

5. Ahora, cambiemos de tema por un momento. Mencione algo que hace mucho tiempo desea y no tiene.

6. ¿Conoce a alguien que tiene ese algo, esa situación o esa relación que usted anhela? ¿Quién es? Recuerde que nombrar a la persona no significa que automáticamente la envidia. Lo que estamos aclarando ahora es si su profundo anhelo es una realidad sostenible en esta Tierra. Es decir, ¿quién es la persona que tiene eso que usted tanto ansía?

7. ¿Le ha pedido a Dios constante y sinceramente este algo, situación o relación? De ser así, mencione un par de motivos por los cuales cree que aún no lo ha recibido.

8. ¿Puede identificar alguna relación entre la persona o las personas con quien es más posible que tenga un altercado y algo que usted desea, pero no tiene? De ser así, ¿cuál es?

9. ¿A usted o a otros le ha sucedido algo bueno o beneficioso como consecuencia de su falta? De ser así, mencione cada una de esas cosas que pueda identificar o discernir, por remota que sea.

¿Sigue siendo mi amigo? No le voy a dar espacio para responder esta última pregunta, por si acaso la entrevista no fue una experiencia agradable para usted. De todos modos, el tema no fue idea mía sino de Santiago. Véalo usted mismo. Lea Santiago 4.1-3, y luego escriba el pasaje en la p. 209.

Conozco la agonía de una batalla interior. De hecho, en este mismo instante el piso de mi alma es el escenario de una. En cuanto a si se relaciona con algo que deseo, pero no tengo, imagine el dolor de cuello que tengo de tanto asentir.

Pongamos las cartas sobre la mesa desde el mismo principio: por mucho que tengamos, todos deseamos algo que no tenemos. Algo que parece razonable. Algo que otros a nuestro alrededor parecen tener. No conozco millones de personas que tengan lo que yo deseo, pero conozco las suficientes como para seguir pensando que es posible. Después de cinco décadas de vida, sé algo: nadie tiene todo lo que desea.

Parte de eso proviene de nuestra insaciable naturaleza carnal y nuestro pecaminoso descontento. Otra parte brotó de la tierra en las manos trabajadoras de Dios cuando nos formó a Su imagen y puso "eternidad en el corazón" de los seres humanos (Eclesiastés 3.11). Nuestras almas eternas fueron creadas deliberadamente para algo más de lo que este mundo puede darnos. Anhelamos un lugar "mejor, esto es, celestial" (Hebreos 11.16). De hecho, todo el concepto de la fe se basa en algo que deseamos y que aún no hemos visto (vea Hebreos 11.1). En ese sentido, todo viajero con destino a Sion llevará en su mochila un deseo insatisfecho. No piense que con esto lo libero. Esta mañana confesé mi abyecta pecaminosidad ante Dios por un maligno resentimiento que me provocó un anhelo insatisfecho en mi corazón.

Hermano, quiero decirle algo. Toda esta noción del deseo humano tiene enormes implicaciones. Tocamos el tema en la semana 2 y hablamos de los deseos deformados. Agreguemos otra palabra más. En Santiago 4.1, la palabra que se traduce "pasiones" es *hedone*, de la que proviene la palabra "hedonismo". "Esta palabra hace referencia a los sentimientos puramente físicos relacionados con los apetitos corporales. El sentido no es que el deseo sea inherentemente malo sino el conflicto de deseos que no se pueden satisfacer simultáneamente o sin que uno anule al otro".[1]

¿Qué parte de esta explicación de la palabra hedone le toca más de cerca? ¿Por qué?

"Sin que uno anule al otro" esto es lo que más me impacta y me hace sentir como si estuviera cubierta de hormigas bravas. Una de las cosas que más anhelo desde hace

Todos, por mucho que tengamos, deseamos algo que no tenemos.

años no es pecado. Cuando me siento bien y en vista del llamado que tengo, sé que la falta de eso es mucho mejor para mí que lo que sería tenerlo. Cuando estoy mal, no me importa. Lo único que sé es que lo deseo. Entonces pasa de un deseo sano a un deseo pecaminoso, aunque lo único que yo haga sea amargarme.

Vuelva a echar un vistazo a los versículos de hoy. "¿De dónde vienen las guerras y los pleitos entre vosotros?" Nuestra meta es responder esa pregunta. "¿No es de vuestras pasiones, las cuales combaten en vuestros miembros?" En mi caso… ¡sí, absolutamente! Versículo 2: "Codiciáis, y no tenéis". Exacto. "matáis y ardéis de envidia, y no podéis alcanzar". Ah… negativo en lo que a matar concierne. A menos que Santiago utilice el término como Jesús en el Sermón del Monte o como el apóstol Juan en su primera carta.

Mateo 5.21-22

Busque los pasajes que se indican al margen y explique qué variantes agregan al concepto de matar.

1 Juan 3.15

Es posible que en esta carta Santiago utilice el término en sentido metafórico. Si usted ya lleva bastante tiempo sobre este planeta Tierra, es probable que haya tenido sentimientos que podrían calificarse de odio o ira asesina. A mí me ha sucedido. Esos sentimientos pueden ser letales. Si no se llevan enseguida delante de Dios para que Él los resuelva, estrangulan las relaciones hasta matarlas. Y puede ser una muerte muy lenta y dolorosa.

Así que esa es una forma en que podemos aplicar Santiago 4.2. En este versículo también debemos dejar lugar para una aplicación literal de la palabra "matáis". Si supiéramos exactamente cuándo la escribió, tendríamos una idea mejor de qué acepción quería darle. Si Santiago escribió esta carta a principios de su ministerio, el uso de "matar" es probablemente metafórico, usado como figura de ira, opresión o falta de cuidado en general. Por ejemplo, si las personas pudientes no se ocupaban de los pobres, entonces de alguna manera eran responsables de que ellos murieran en su pobreza. Por otra parte, si Santiago escribió esta carta luego de pasar muchos años en el ministerio, es posible que haya tenido intención de referirse a un asesinato literal. En Jerusalén se produjeron sublevaciones de todo tipo antes que cayera la ciudad y destruyeran el templo en el año 70. Asesinaban a muchas personas y con frecuencia sus muertes eran objeto de celebración. No crea que los judíos o los nuevos convertidos a Cristo del judaísmo eran siempre víctimas y nunca victimarios.

Le llamaban "zelotes" a los terroristas judíos de la época de Santiago "que perseguían una campaña de violencia contra los romanos con el fin de restaurar la pureza de la teocracia en Israel".[2] Un comentarista sugiere que "es probable que la carta de Santiago se escribiera durante un período en que el asesinato se aceptaba como una forma 'religiosa' de resolver los desacuerdos".[3]

Es obvio que Santiago no estaba de acuerdo con tal idea. Un asesinato era algo malo, se ejecutara con el corazón o con la mano.

Pasemos a la parte siguiente del v. 2: "pero no tenéis lo que deseáis, porque no pedís". ¡Qué desperdicio, permitir que una falta voluntaria sea la única causa de que nuestros deseos no se cumplan! Por favor, pidámosle a Él lo que necesitamos. Si sentimos que no podemos, preguntémonos por qué.

Una forma de saber desde el principio que mi deseo no agrada a Dios es la renuencia de pedírselo a Él directamente. Si no puedo pedírselo a Dios, es que Él no está allí. ¿Recuerda cuando aprendimos en Santiago 1.17 que si es un don bueno, Dios nos lo dio? Lo contrario también es cierto: si no puede venir de Dios, no es bueno.

Piense que existe un enorme abismo entre sentirse incómodo al pedirle algo a Dios y sentirse incómodo al hablar con Dios. Quizá sintamos que no podemos pedirle algo, pero podemos contarle cualquier cosa. Véalo de esta forma: Él ya lo sabe y será mejor que hablemos con Él al respecto. Cuando nos debatimos por un deseo insatisfecho, Salmos 38.9 es nuestro mejor amigo.

Escriba el versículo aquí abajo.

Usted no es un objeto inanimado, como un libro abierto delante de Dios. Es un corazón abierto, tibio, palpitante. Todos sus anhelos, sus faltas, sus decepciones, sus demoras siempre están delante de Él. Él ve. Él sabe. Él nunca es sordo a sus suspiros.

Nos queda un pasaje más para leer. Según Santiago 4.3, ¿por qué otra razón los deseos que abrigamos no se cumplen?

Si usted está tratando de determinar si entra en esta categoría, estamos hablando de la autogratificación: el acto de pedirle algo a Dios simplemente para satisfacer un deseo propio o pedir con un supuesto motivo cuando en realidad el motivo es otro. Según el Dr. Dan McCartney, "Santiago lo utiliza [el término griego *hedone*] en un sentido amplio que no solo incluye el deseo de placeres físicos sino también el vino más embriagador del poder y la honra".[4]

¿Ve la parte de esa frase que comienza con "sino también"? ¿Necesita un ejemplo del deseo de ese "vino más embriagador del poder y la honra"? ¿Y si pensamos en pedirle más unción a Dios para que nos admiren y busquen? Otro ejemplo de este vino embriagador es pedir que nuestros hijos sean exitosos para poder vivir vicariamente nuestras vidas a través de ellos. Pero seamos justos. Para muchos de nosotros, como seguidores de Cristo, la distinción no es tan clara. Con frecuencia, nuestros motivos no son totalmente puros ni totalmente impuros. Son una mezcla tal de ambos que no sabemos dónde termina uno y dónde comienza el otro.

Dios sí lo sabe y me alegra mucho que lo sepa. Nada tiene la capacidad de mantenernos libres de problemas como la certeza de que la penetrante mirada de Dios atraviesa todas nuestras falsedades hasta llegar al fondo de nuestros deseos. Solo Él puede ver claramente en la confusión de nuestros motivos. Tengamos el valor de pedirle lo que tenemos en nuestro corazón y cuando Él lo revele, morir a la autogratificación y vivir para la gloria mayor. Entonces, la puerta del salón del trono se abrirá de par en par y las respuestas a nuestras oraciones caerán como tesoros envueltos.

Día dos
EL MEJOR AMIGO DEL MUNDO

UN VISTAZO AL TEMA:

"Cualquiera, pues, que quiera ser amigo del mundo, se
constituye enemigo de Dios". Santiago 4.4

Hoy vamos a hablar de la amistad. El mero hecho de mirar esta palabra de siete letras hace brotar una cálida corriente en mi alma. En mi mente aparecen toda clase de rostros. Mientras escribo desde el tercer piso del edificio de nuestro ministerio, me imagino a mis colaboradores en Cristo trabajando esforzadamente en el piso de abajo para servir a personas como usted. Mi vida social sería nula y vacía si no tuviera varios encuentros con ellos alrededor de la mesa donde almorzamos cada semana. Ellos son mis mejores amigos. La palabra "amistad" también evoca recuerdos de la sección del templo al que asisto desde hace años para adorar a Dios. Desde esa octava o novena fila desde el frente, a siete asientos (o algo así) desde el pasillo, he visto crecer a diferentes niños y he visto envejecer a otros hermanos. Varias personas, de 6 a 75 años, me abrazan con cariño todos los domingos. Son verdaderos amigos.

Pero, ¿qué podemos considerar como una verdadera amistad? Después de todo, ¿qué otro concepto se ha alterado tan drásticamente durante las últimas décadas? Al igual que usted, a través de las redes sociales yo he desarrollado algunas amistades fieles, de larga data. Pero algo raro sucede cuando permito que la vida virtual remplace la vida real. Un profundo sentimiento de soledad comienza a trepar por mi alma como una hiedra venenosa. Por lo general, no lo reconozco hasta que comienzo a sentirme inquieta porque algo me está faltando.

Santiago tiene su propio concepto de amistad. Para captarlo, debemos volver atrás el reloj, a una perspectiva antigua que demostrará ser atemporal. Primero, lea Santiago 4.4-6 y escríbalo en la parte final del libro.

En esta epístola, sucinta y directa, encontramos dos oportunidades de amistad diametralmente opuestas. Me reservé hasta ahora la última frase de Santiago 2.23 para poder pintar una imagen llena de contrastes. Compare Santiago 2.23 con 4.4.

Escriba las dos clases de amistad que se mencionan en
estos pasajes, en los puntos opuestos de este segmento.

●━━━━━━━━━━━━━━━━━━━━━━━━━━━━━━━━●

Espere un minuto. ¿Acaso Dios no amó tanto al mundo que dio a Su Hijo unigénito? Hermano, puede estar seguro de que es así. La palabra "mundo" significa diferentes cosas según el contexto bíblico en que se encuentre. Tomemos Juan 3.17, por ejemplo: "Porque no envió Dios a su Hijo al mundo para condenar al mundo, sino para que el mundo sea salvo por él". Aquí, y en otros lugares similares, el "mundo" es el campo de cosecha mundial que Dios creó de corazones humanos necesitados del evangelio.

Por otra parte, "Santiago usa la palabra *kosmos* ("mundo") […] para referirse al sistema del mal que controla Satanás. Incluye todo lo que es malo y opuesto a Dios en esta tierra. Santiago está pensando especialmente en los placeres que atraen a los corazones de los hombres y los apartan de Dios. Por su propia naturaleza, entonces, 'la amistad hacia el mundo es odio hacia Dios'. Tener una actitud cálida y amistosa hacia este mundo malvado es estar en buenos términos con el enemigo de Dios".[5]

¿Qué sensación le causa a usted esta última frase? La idea de estar "en buenos términos con el enemigo de Dios" es suficiente para hacer que se nos erice la piel, ¿no es cierto? Por otra parte, intente captar la posibilidad de que seres mortales puedan tener amistad con "el bienaventurado y solo Soberano, Rey de reyes, y Señor de señores, el único que tiene inmortalidad, que habita en luz inaccesible; a quien ninguno de los hombres ha visto ni puede ver" (1 Timoteo 6.15-16).

Sí, eso es exactamente lo que hizo Abraham. La Biblia testifica este hecho sobrenatural en tres ocasiones diferentes (vea 2 Crónicas 20.7; Isaías 41.8; Santiago 2.23). Y no es el único.

Eche un vistazo a Éxodo 33.11 y escriba cuáles son las partes y la naturaleza de la amistad que menciona.

Tenemos la tendencia natural de darle vuelta el versículo e imaginar a Moisés hablando con Dios como un amigo. El significado más importante es lo inverso: "Y hablaba el Señor con Moisés cara a cara, como quien habla con un amigo" (NVI). Antes de lanzar un suspiro, lamentando que esta clase de amistad divina solo se limitara a estos personajes del Antiguo Testamento, disfrutemos por un momento del nuevo vino de Juan 15.13-16.

Sinceramente, ¿hay algo mejor que esto en la Biblia? Jesús no solo elige discípulos, también elige amigos. La amistad con Jesús permanece y también su fruto. Los pasajes de los que hemos hablado hasta ahora presentan lo que bien puede ser la máxima relación que un humano puede practicar con Dios.

La palabra clave es "practicar", así que enciérrela en un círculo.

Sí, los cristianos forman la Esposa de Cristo y en la eternidad no hay mayor honor. Sin embargo, esa gloriosa identidad, en este ámbito terrenal, viene con nuestra salvación y no necesariamente con nuestra práctica. Dado que recibí a Cristo como mi Salvador, soy parte de Su Esposa, ya sea que actúe de manera coherente con esa verdad o no. Por otra parte, la amistad con Dios solo surge cuando practicamos los elementos de esa hermosa y casi increíble relación.

Nadie tiene mayor amor que este, que uno ponga su vida por sus amigos. Vosotros sois mis amigos, si hacéis lo que yo os mando. Ya no os llamaré siervos, porque el siervo no sabe lo que hace su señor; pero os he llamado amigos, porque todas las cosas que oí de mi Padre, os las he dado a conocer. No me elegisteis vosotros a mí, sino que yo os elegí a vosotros, y os he puesto para que vayáis y llevéis fruto, y vuestro fruto permanezca; para que todo lo que pidiereis al Padre en mi nombre, él os lo dé.
JUAN 15.13-16

Echemos un vistazo a cómo se presenta este concepto en la Biblia y qué podemos aprender acerca de la amistad desde ambos extremos del espectro: con Dios y con el mundo. Veamos algunos elementos clave. Primero, la fidelidad. Vuelva a leer Santiago 2.20-23.

¿Qué tuvo que ver la fidelidad de Abraham hacia Dios con el hecho de que fuera llamado "amigo de Dios"?

Fidelidad significa todo lo que creemos que significa: lealtad, confiabilidad, atención. Fiel, también significa fiel hasta el final. El mensaje permanente de Santiago es que la fe auténtica no puede menos que actuar; por lo tanto, Abraham creyó en Dios y lo demostró con su obediencia. Lea nuevamente Juan 15.13-16.

¿Cómo podemos imitar la fidelidad de Abraham a medida que seguimos a Cristo?

Ahora, haga un contraste con la amistad con el mundo. Seguramente no pasó por alto que Santiago comienza la parte de la carta que estudiamos hoy con las palabras: "¡Oh almas adúlteras!"

Santiago, fiel a su forma judía, quiso usar la palabra que en el Antiguo Testamento se utilizaba para las esposas infieles. Desde un punto de vista espiritual la idolatría es adulterio. Lea Santiago 4.5. Le costará mucho trabajo encontrar un versículo de este libro que tenga una mayor variedad de interpretaciones que este, ya que aquí Santiago cita más un tema bíblico que un pasaje literal del canon. ¿Qué quiere decir él?

La pregunta principal es si el "espíritu" que Dios hizo que viviera en nosotros es el espíritu humano o el Espíritu Santo. Si es el Espíritu Santo, este pasaje se hace eco de las referencias al Señor, como un Dios celoso, que se hacen en el Antiguo Testamento. En un sentido bíblico, Él es así (vea Éxodo 20.5; 34.14).

Por otra parte, si el "espíritu" del que habla Santiago 4.5 es el espíritu humano (vea Génesis 2.7), transmite la idea de que fuimos creados con la capacidad de tener deseos y envidias tremendamente poderosos. Si hablamos en un sentido bíblico, esto también es cierto. En la plenitud de su intención original, nuestro corazón debe abrigar la pasión por Dios, Su compañía, Sus propósitos. Cuando su intención se desvirtúa, nuestros clamorosos deseos pueden llevarnos a una cantidad ilimitada de dioses falsos y apetitos mundanos. Esta es una de las hermosas ocasiones en que cualquiera de las principales interpretaciones sirve. No obstante, mire lo que dice el versículo que le sigue de inmediato: "Pero él da mayor gracia".

Piense en usted mismo. ¿Qué interpretación de "espíritu" en el v. 5 se ajusta mejor a lo que sigue en el v. 6? ¿Por qué?

Amistad significa cercanía. Una de las palabras hebreas más comúnmente traducidas como *amigo* es *rea*. Conlleva todos los elementos que imaginamos en una amistad, pero también puede significar *vecino* o *prójimo*. De hecho, cuando Jesús ilustró el amor al prójimo con la historia del buen samaritano, recurrió a Levítico 19.18, donde *rea* se traduce como "prójimo".

Aquí encontramos una gran razón por la que nuestras amistades por Internet y teléfono no pueden ofrecer la misma satisfacción que las menos convenientes, cara a cara. La esencia de la amistad estrecha es la cercanía. Es una razón por la que el uso de *Skype* suplió una necesidad que hablar por celular o correo electrónico no podían suplir.

¿Qué tiene que ver todo esto con ser amigos de un Dios invisible? Recuerde Éxodo 33.11: "Y hablaba el Señor con Moisés cara a cara, como quien habla con un amigo" (NVI). Moisés nunca vio literalmente esa cara (vea Éxodo 33.23), pero llegó a estar "presencia a presencia" con Él hasta que su propio rostro comenzó a brillar. Usted y yo también estamos invitados a estar "cara a cara" o "presencia a presencia" con Cristo, pero esa clase de intimidad solo se logra si se busca deliberadamente.

La amistad con el mundo es mucho más conveniente porque vivimos en medio de su atareado centro. Está tan cerca como el cartel publicitario más próximo, y nos llama a gritos desde el puesto del cajero en el supermercado. Nos estrecha la mano en las películas y come con nosotros frente a la TV. Promete placeres y suele cumplir. Así que nadie que viva en este mundo es amigo de Dios por casualidad. Debemos tomar una decisión en cuanto a dónde queremos estar más presentes. Una decisión difícil.

Amistad significa "conocer de adentro". Vuelva a leer el pasaje de Juan 15.

> Según Juan 15.15, ¿cuál es la marca distintiva de la amistad entre Cristo y Sus discípulos?

> "Cara a cara" o "presencia a presencia" con Cristo, pero esa clase de intimidad solo se logra si se busca deliberadamente.

Los amigos íntimos saben cosas el uno del otro que los demás no saben. Una de las señales de la amistad profunda es que nos contamos secretos. Cosas que no ponemos en nuestra actualización de estado. Cosas que no enviamos a toda nuestra lista de conocidos. Cristo también les cuenta secretos a Sus amigos íntimos: "Porque a vosotros os es dado saber los misterios del reino de los cielos; mas a ellos no les es dado" (Mateo 13.11). Y a continuación dice que quienes reciben la revelación que Él da acabarán recibiendo más, y quienes no lo hagan, perderán la poca que tienen.

La Biblia está abierta de par en par para que la lea cualquiera, pero la mente natural, por sí sola, no puede discernirla (vea 1 Corintios 2.12-14). El Espíritu Santo revela "Cosas que ojo no vio, ni oído oyó, Ni han subido en corazón de hombre, [...] *para los que le aman*" (1 Corintios 2.9, énfasis añadido).

¿Sabe qué es lo irónico en todo esto? El privilegio, incomparablemente alto, de ser amiga de Dios hace que la persona sea humilde. Mientras que la amistad con el mundo vuelve soberbias a las personas. A los humildes, Él les da gracia; a los soberbios se opone. ¿Se le ocurre algo más horripilante en este mundo que estar en contra de Dios? A mí tampoco.

Un artículo más avanzado con Melissa

LA PERFECCIÓN
(PRIMERA PARTE)

Una vez tuve una conversación que no olvidaré. En este memorable intercambio, mi amigo me dijo cuál era su versículo "menos preferido" de la Biblia, un versículo que le molestaba y que no le permitía dormir.

¿Adivine de qué versículo se trataba? Mateo 5.48. ¿Conoce ese breve versículo? "Sed, pues, vosotros perfectos, como vuestro Padre que está en los cielos es perfecto". Ya sé, ya sé, usted estaba tratando de olvidar ese versículo, ¿verdad? Yo también.

Ahora bien, no es mi intención promover la práctica de elegir versículos más o menos favoritos, pero sí creo que podemos aprender mucho sobre nosotros mismos si somos sinceros en cuanto a los versículos bíblicos que nos hacen sentir incómodos. Ya sabe, esos versículos que no encajan prolijamente en nuestro sistema teológico por más que lo intentemos, esos versículos inquietantes que nos recuerdan la legendaria cita de Mark Twain: "Las partes de la Biblia que no entiendo no son las que me inquietan, sino las partes que sí entiendo".[1]

Entonces, usted se preguntará qué tiene que ver ese extraño encuentro con Santiago, ¿verdad? Bien, si lee el Sermón del Monte (capítulos 5 al 7 del Evangelio de Mateo) en una Biblia con referencias cruzadas y si al llegar a Mateo 5.48 se atreve a mirar la nota al pie de la página, adivine qué encontrará. ¡Santiago! Santiago 1.4, para ser precisos. Sucede que el atributo que ordena Mateo 5.48, el adjetivo τέλειος que se traduce como "perfecto" en el Evangelio y como "completa" en Santiago, es uno de sus favoritos.

En la segunda semana mamá mencionó los diversos significados de la palabra τέλειος (teleios) pero aquí vale la pena volverlos a mencionar un poco más detalladamente. La palabra τέλειος en su concepto más básico significa "llegar a un fin o propósito" o "completo", sin embargo, puede dividirse en dos categorías muy amplias con diferentes matices de significado.

Primero, τέλειος puede referirse a una persona adulta, madura, completa o a un experto. Segundo, en un sentido moral puede significar "perfecto" o "completamente desarrollado". En general, en la Septuaginta, en el Antiguo Testamento griego y en diversos escritos judíos, τέλειος tendía a caer en la primera categoría, haciendo referencia a algo completo, mientras que en la literatura griega solía tomar el sentido moral de perfección.

Si usted ha estudiado la diferencia entre el pensamiento griego y el hebreo, aquí verá un profundo ejemplo. El pensamiento hebreo tendía a ser muy concreto y práctico, por lo que la palabra τέλειος en la Septuaginta significa maduro o completo para el lector judío. El pensamiento griego, como el nuestro hoy, tiende a ser mucho más idealista y filosófico. Por lo tanto, los griegos, o los que pensaban como ellos, pensaban en un grado ideal de perfección.

Algunos eruditos consideran que estos significados son radicalmente diferentes, mientras que otros piensan que la diferencia es mínima. Por ejemplo, algunos cuestionan que haya una diferencia significativa entre un cristiano que ha logrado la "plenitud" o "terminación" y uno que ha logrado la "perfección", mientras otros argumentan con fervor que la diferencia es realmente muy profunda.

Los traductores de la Biblia enfrentan esta clase de sutilezas todos los días. ¿No le alegra no tener esa responsabilidad? A mí también.

Aquí está Santiago 1.4 en diferentes versiones. Las palabras en cursivas son traducciones de la palabra griega en cuestión: τέλειος. También se ve la repetición en el texto en griego.

RVR '60	Mas tenga la paciencia su obra completa, para que seáis *perfectos* y cabales, sin que os falte cosa alguna.
NVI	Y la constancia debe llevar a feliz término la obra, para que sean *perfectos e íntegros*, sin que les falte nada.
BLH	y que la paciencia tenga su perfecto resultado, para que sean *perfectos y completos*, sin que nada les falte.
PDT	Ahora bien, la paciencia debe alcanzar la meta de hacerlos completamente *maduros* y mantenerlos sin defecto.
Griego	ἡ δὲ ὑπομονὴ ἔργον τέλειον ἐχέτω, ἵνα ἦτε τέλειοι καὶ ὁλόκληροι ἐν μηδενὶ λειπόμενοι

Las versiones en español varían porque τέλειος tiene un amplio rango de significados. Aunque todas estas versiones constituyen traducciones legítimas, la BLH (Biblia en Lenguaje de Hoy) muestra la repetición de la palabra τέλειος. Aunque una palabra puede significar dos cosas diferentes en la misma frase, creo que aquí Santiago utiliza este término dos veces para mayor énfasis. Es útil resaltar el juego de palabras en nuestro idioma.

La forma en que se traduce τέλειος depende del contexto. Los traductores no se ponen de acuerdo exactamente sobre cómo hacerlo en un texto u otro. El texto que mencioné antes, Mateo 5.48, nos inquieta tanto porque el adjetivo no solo es una exigencia para los seguidores de Jesús sino que se utiliza para describir a Dios mismo. Por eso, rara vez (si alguna) encontraremos una versión de Mateo 5.48 que no traduzca la palabra como "perfecto".

Resulta que Santiago, en realidad, usa el grupo de palabras τέλειος siete veces (dos en 1.4; 1.17, 25; 2.8, 22; 3.2). Es posible que el uso de este grupo siete veces no sea accidental, ya que el número siete es el número de la perfección y la plenitud.[2] Algunos afirman —y tal vez tengan razón— que el uso que hace Santiago de este importante grupo semántico es una de las claves para comprender su propósito general, que es motivar a sus lectores a la meta de la perfección. Pero, realmente, ¿qué significa perfección para Santiago? Esta es la pregunta sobre la cual espero que usted reflexione durante el próximo segmento en el que trataré de desarrollar la importancia de este comentario.

Ah, y si acaso se pregunta por qué elegí tratar este tema en la quinta semana y no en la primera o la segunda, es que se necesita una comprensión práctica del meollo de todo el libro para poder trabajarlo. No solo se trata de los siete usos de la palabra τέλειος (teleios) sino de todo el concepto de perfección en el libro de Santiago. No podemos tratar con seguridad el propósito de un autor sin antes haber comprendido cabalmente el contenido del libro.

Día tres

UNA VIDA QUE DIOS GOBIERNA

UN VISTAZO AL TEMA:

"Someteos, pues, a Dios". Santiago 4.7

Pero él da mayor gracia. Por esto dice: Dios resiste a los soberbios, y da gracia a los humildes.

SANTIAGO 4.6

"Pero Él da mayor gracia". No pase de largo estas cinco palabras. Deje que lo empapen como la lluvia a la tierra reseca. Sumérjase en ellas como una jarra inclinada que llega hasta el fondo de la fuente y se rinde al peso de las aguas.

Durante los próximos minutos usted no tiene que ser la jarra de la que tantas personas en su esfera de influencia quieren llenarse. Simplemente reciba. Diga esas cinco palabras en voz alta, como si se hubieran escrito solo para usted.

Piense en todo lo que pesa sobre usted: los remordimientos del ayer, las exigencias de hoy, los planes de mañana. Deje que la jarra se convierta en un vaso y no se contente con quedar lleno. Sumérjase en esas cinco palabras hasta que todos sus temores al fracaso, a la insuficiencia y a la falta de perdón se ahoguen en ellas. No vuelva a salir para respirar hasta que esos temores estén inertes y fríos en el fondo del mar. Permita que Jesús alivie su carga hasta que pueda flotar en la superficie, con una juventud renovada y un corazón restaurado. Él es suficiente. Voy a repetirlo: Él es suficiente. Cuando usted necesite más, tendrá más. Cuando el lamento es grande, la gracia de Él es mayor. Cuando los pecados de usted son vastos, la misericordia de Él es más profunda. Nunca podremos excederlo. No podemos superarlo.

Esas cinco palabras de Santiago 4.6 son vida para nosotros. Sin ellas, nos destruiríamos a nosotros mismos y destruiríamos a otros. La corona de espinas terrenales atravesó el tierno rostro de la gracia, y por Sus llagas fuimos nosotros curados. Pero, creyente, ¿por qué, teniendo tanta gracia, vivimos con tanta falta?

Detesto la simulación. Si algo no va bien, digámoslo. No me gustan las filosofías y las teologías que son dulces al paladar, pero no sirven para la vida. No me importa lo sagradas que parezcan. Si mayor gracia no significa mayor victoria, profundidades más profundas, gozo más alegre, alturas más elevadas con Jesús aquí, en esta tierra de arbustos espinosos, entonces, citando la pregunta típica de Santiago: "¿De qué sirve?"

Entonces, si Dios tiene mayor gracia y nosotros tenemos mayor necesidad, ¿cuál es el obstáculo? ¿Cómo fluye su generosa gracia a través de nuestro canal?

Santiago no nos deja andar como ciegos tanteando en busca de respuestas. Nos toma de la mano con firmeza, se arrodilla y nos sacude el brazo para invitarnos a unirnos a Él. Allí, en esa posición, lo práctico supera lo místico y encontramos un mandato que podemos comprender perfectamente. Santiago 4.7 comienza diciendo: "Someteos, pues, a Dios".

Espero demostrarle hoy, por el poder de Jesús y la autoridad de Su Palabra, que en esta tierra no hay nada mejor que prefiramos hacer.

Por favor, lea Santiago 4.7-10 y escríbalo en la página correspondiente.

Siga adelante y permita que Santiago 4.9 perturbe el baño de su alma, pero no se pierda la clase que sigue. Esta parte es suficientemente turbulenta como para necesitar de un tiempo de estudio en grupo. Aunque usted escribió a mano los cuatro versículos, la lección de hoy nos mantendrá ocupados con los vv. 7 y 8, así que comencemos.

1. Someteos a Dios.

Escriba en el margen los cinco mandatos que se encuentran en estos dos versículos. Yo le daré el primero y el último. Usted anotará los otros tres.

Elija deliberadamente qué resistirá y a qué se acercará.

2.

Santiago estableció deliberadamente los dos mandatos: "resistid al diablo" y "acercaos a Dios", uno a continuación del otro para mostrar los planes activos y opuestos que los dos tienen para nosotros. La Biblia nunca presenta a Dios y a Satanás como oponentes iguales. Uno es el Creador, el otro es la criatura. Dios podría hacer desaparecer a Satanás con un soplido, destrozándolo como millones de fragmentos de vidrio. El Padre permite que Satanás exista y ejerza poder e influencia hasta que los propósitos del Reino se cumplan. Satanás es inteligente, despiadado y astuto, pero, espiritualmente hablando, también tiene un collar alrededor del cuello y una correa sobre el lomo que Dios sujeta con mano firme, recta y soberana. Ilustremos con un dibujo lo que Santiago ilustra con palabras.

3.

4.

Dibuje a continuación un diagrama con las palabras "El diablo" en el extremo izquierdo y "Dios" en el extremo derecho. Ponga su nombre en el medio. Deje mucho lugar entre su nombre y los de ellos. Ahora, dibuje una larga flecha a cada lado de su nombre, apuntando a cada uno de los extremos.

5. Purificad vuestros corazones.

Quizá Santiago haya querido hacer un juego de palabras en 4.6-7 usando sinónimos en griego. Es fácil ver la repetición del verbo: "Dios resiste a los soberbios, y da gracia a los humildes. [...] resistid al diablo, y huirá de vosotros".

Observe las palabras repetidas. Esta lección es acerca de aprender a elegir deliberadamente qué debemos resistir y a qué debemos acercarnos. Vuelva a mirar su diagrama. Por más que quisiéramos mantenernos en el medio, no podemos. La vida es dinámica, llena de empujones y tirones. No podemos tener un pie en el lado de Dios y otro en el de Satanás sin terminar rasgados como una cremallera abierta al medio. Por eso es que Santiago dice: "...vosotros los de doble ánimo, purificad vuestros corazones". En otras palabras: "Definan sus convicciones y sus motivaciones y fijen su corazón en donde quieren que esté. ¡No se puede tener las dos cosas al mismo tiempo!"

Elija deliberadamente qué resistirá y a qué se acercará.

Recuerde esto y vuelva al diagrama. Trace un signo de interrogación sobre cada flecha para recordar que debe preguntarse en qué dirección quiere ir.

Satanás no tiene que convencernos de que saquemos cuernos y una cola puntiaguda para atraernos en su dirección. Lo único que debe hacer es alimentar nuestra soberbia. De esa forma no tiene que enfrentar el problema de oponerse abiertamente a nosotros. Tiene mucho más para ganar si es Dios el que opone a nosotros. Si nos preguntamos cómo es posible que Dios se oponga a uno de Sus amados hijos, imaginemos una situación durante un momento. Digamos que cada uno de nosotros es un padre o una madre realmente sabio, de un niño rebelde y altivo. Piense que quisiéramos decir algo como: "No voy a ayudarte a destruirte a ti mismo. Si lo que tengo que hacer para ayudarte es oponerme a ti, lo haré". Desde luego, nosotros no podemos ver lo que sucede en el ámbito espiritual y rara vez reconocemos que la repentina resistencia de Dios ante nuestro ego inflado y herido es, después de todo, un acto de amor.

Satanás tiene la esperanza de que, en lugar de arrepentirnos, nos pongamos a la defensiva con Dios cuando Él se levante para oponerse a nuestro orgullo. Espera que nos volvamos tercos y que endurezcamos nuestro corazón al pensar que repentinamente Dios se ha puesto en nuestra contra.

Lo peor de todo es que cuando nos resistimos a Dios, nos acercamos a Satanás. Ahora bien, no me malentienda. Si estamos en Cristo, el diablo no puede tener nuestras almas. Para mantener esa verdad siempre a la vista, vuelva al diagrama y trace una cruz sobre su nombre. La eternidad está sellada para nosotros. Pero Satanás puede causar destrucción en nuestra vida terrenal, tan indefinida y soberbia, y zarandearnos como al trigo.

"Someteos, pues, a Dios" (Santiago 4.7). La palabra *hypotasso* significa "poner en orden debajo de".[6] No sé usted, pero yo, por naturaleza, no soy demasiado ordenada. La mayor parte del tiempo trabajo dentro de lo que una colaboradora llama un "caos creativo". Mi escritorio se ve como si una granada hubiera estallado en mi oficina y en mi casa hay tres gavetas que me hacen detestarme a mí misma cuando las abro (si es que logro abrirlas). Y mejor no hablar del garaje, ni de mi cartera. Así que me encanta esta afirmación general que podemos hacer, basándonos en la definición que se encuentra al principio de este párrafo:

Si nuestra vida está bajo el gobierno de Dios, está en orden.

No digo que no tengamos necesidad de doblar el pijama para que entre en esa gaveta demasiado llena, pero para abrir las puertas para la gracia que ha sido derramada solo necesitamos una clase de orden. Ponga todo su ser bajo el gobierno de Dios, por completo. Que no queden brazos ni piernas colgando a los costados. Con las rodillas en el suelo, con los ojos mirando al cielo, con las manos abiertas de par en par, dé muerte al orgullo. Allí es donde encontramos la razón por la cual el diablo huye.

Él no huye de nosotros, sino que huye de Dios, que está parado justo encima de nosotros cada vez que nos sometemos. Quítese los zapatos, porque está es tierra santa.

Vuelva a mirar el diagrama durante un momento. Dejemos de lado las filosofías y

Si estamos en Cristo, el diablo no puede tener nuestras almas. [...] La eternidad está sellada para nosotros.

hablemos de cosas prácticas. Imagínese allí, en medio de ese dibujo, en las situaciones que se ciernen sobre usted en estos momentos.

Vamos, escriba en el diagrama, sobre su nombre, unas palabras clave que representen algunas de las dificultades que enfrenta actualmente.

Tanto Dios como su adversario Satanás tienen voluntades muy diferentes con respecto a lo que usted debe hacer en estas situaciones y dónde debe colocarse. (Vea 2 Timoteo 2.26 para tener una referencia sobre cuál es la voluntad del diablo). Usted y yo podemos movernos en una de dos direcciones. ¿La pregunta? ¿Nos someteremos a Dios y nos acercaremos a Él porque Dios no es un tirano? ¿Pero por qué no podemos ser independientes?

¿Qué luz arroja Mateo 16.23 acerca de las artimañas de Satanás para frustrar nuestro andar con Cristo?

Satanás no tiene que convencernos de que hagamos *su* voluntad para nuestra vida. Solo necesita tentarnos a exigir hacer la nuestra. Para cada uno de nosotros Dios tiene algo mayor de lo que puede abarcar nuestra mente humana. Algo eterno. Algo que seguirá siendo importante cuando nuestros huesos se hayan convertido en polvo.

- Dios lo sabe todo en cuanto a usted y a cada asunto que le concierne. Nada está oculto a Sus ojos. Sométase, pues, a Dios.
- Él siempre está buscando el bien máximo para usted y toma personalmente cada herida que sufra. Sométase, pues, a Dios.
- Él es santo y digno, incapaz de abusar de Su divina autoridad sobre usted. Sométase, pues, a Dios.
- Él sabe cuándo usted tenía buenas intenciones, pero lo arruinó todo al abrir la boca. Sométase, pues, a Dios.
- Él sabe exactamente cómo hacer que salga algo bueno de lo terrible. Sométase, pues, a Dios.
- Él lo ama completa e incondicionalmente y nunca lo soltará. Sométase, pues, a Dios.
- Él conoce el plan bien elaborado para su vida y el lugar que cada cosa debe ocupar para que usted cumpla su destino. Sométase, pues, a Dios.
- Él nunca avergonzará a quienes confían en Él. Sométase, pues, a Dios.

El diablo está tratando de robarle y destruirlo y que al final parezca que todo fue idea de usted. *Así que, mi amigo, sométase a Dios.*

¿Cuál de los "Sométase, pues, a Dios" le alentó más? ¿Por qué? Me encantaría escucharles hablar en detalle acerca de esto.

Día cuatro
SOLO UN JUEZ

UN VISTAZO AL TEMA:

"Uno solo es el dador de la ley, que puede salvar y perder; pero tú, ¿quién eres para que juzgues a otro?" Santiago 4.12

Cuando el hombre está demasiado consciente de su propia importancia, puede ocurrir un extraño fenómeno. Es una deformación que se produjo por primera vez en el huerto. Adán y Eva fueron creados a la imagen de Dios y sin duda alguna ellos sabían que en el huerto no había otra creatura igual. Seguramente valoraban la estima divina, y así debía ser. Dios desea que lo hagamos. Después de todo, hizo gastar suficiente tinta en los antiguos rollos de ambos testamentos como para que no queden dudas de que "Y creó Dios al hombre a su imagen, a imagen de Dios lo creó; varón y hembra los creó" (Génesis 1.27).

En este extraño fenómeno, quien se maravilla ante su propia importancia puede sentirse humilde o tan superior que pasar de "Imago Dei a Dei" solo le parezca un pequeño salto. Podemos pasar de sentirnos bendecidos por ser creados a la imagen de Dios, a jugar a ser Dios sin ni siquiera darnos cuenta.

> **Pasar de Imago Dei a Dei solo puede parecer un pequeño salto.**

Nada acalla tanto la convicción de pecado como la sensación de que merecemos algo. La progresión del concepto sería: Soy creado a imagen de Dios ➤ Represento a Dios ➤ Soy un dios pequeño ➤ Soy dios.

El camino se vuelve una pendiente resbaladiza desde el momento en que seguimos la primera flecha.

Apenas nos sintamos impulsados a representar a Dios debemos investigar nuestro corazón y Su palabra. Con la segunda flecha ("Soy un Dios pequeño") ya dimos el salto al vacío, pero que ¡Dios nos ayude!, ni siquiera sabemos que estamos cayendo. El único remedio con el tercer cambio es golpear el suelo tan fuerte que quedemos hechos pedazos, para que el verdadero Dios aparezca y nos vuelva a armar.

Por el bien de todos los que están en nuestra esfera de influencia, mientras más breve sea el período entre jugar a ser Dios y el rompernos en pedazos, mejor. Lo repito: estos cambios de mentalidad no necesariamente son conscientes. A veces solo nos damos cuenta cuando nos descubrimos a nosotros mismos en un acto, un pensamiento o una palabra que solo le corresponden a Dios.

Antes de pasar a Santiago quisiera mostrarle algo en el Salmo 139. Busque ese salmo mientras yo hago una aclaración extremadamente importante. No es mi intención, en lo más mínimo, sugerir que el salmista David, el hombre conforme al corazón de Dios, cayó en la progresión que he mencionado anteriormente. Él estaba bajo la inspiración del Espíritu Santo. Lo que sí quisiera mostrarle es una situación similar desde el punto de vista de alguien que está actuando en la carne en lugar de hacerlo en el Espíritu.

Soy creado a imagen de Dios ➤ Represento a Dios ➤ Soy un pequeño dios ➤ Soy dios.

Eche un vistazo a los primeros 18 versículos del Salmo 139.
¿Qué motivó la maravilla del salmista?

¿Hay algún salmo más hermoso que este? ¿Hay alguna verdad del Antiguo Testamento más inspiradora? Cualquiera que tome estas palabras como algo personal y se las diga a su Creador con genuina humildad estará realmente maravillado.

Ahora, a continuación de los versículos que acaba de leer, lea Salmos 139.19-22. ¿Qué desea David que Dios haga?

Aquí, en el Salmo 139, vemos a un hombre bajo la inspiración del Espíritu Santo planteando un deseo con un corazón puro. Pero si fuera yo, obrando en mi carne, podría haber cambiado las palabras para plantearlo así: "Dios, ¿por qué no te ocupas de esta gente horrible? ¿Acaso no odio a los que te odian? Entonces, ¿por qué no los odias tú también?" Mi traducción carnal en otras palabras: "Señor, dado que Tú lo sabes todo, sabes cuán terrible es esa gente. ¡Especialmente tus enemigos! ¿Por qué no te ocupas de ellos? ¡Debías odiarlos como los odio yo!"

Ahora estamos listos para Santiago 4.11-12. Lea el pasaje y escríbalo donde corresponde. ¿Está dispuesto a admitir, como yo, que entre los títulos de Dios el de juez es el que tendemos a sentir que mejor nos queda? Gracias a Dios que no siempre cedemos a la tentación, pero a veces puede ser difícil dejar que el Juez sea quien juzgue, ¿verdad? En ocasiones parece que Dios se tarda en llegar al estrado.

Observe que el contexto de Santiago 4.11-12 es el juicio entre creyentes. Nuestro protagonista trata el tema varias veces en su carta y cada vez lo hace desde una sensación de asombro. Las murmuraciones entre hermanos en Cristo no deben ser algo cotidiano sino algo deplorable y escandaloso.

Bien, si me lo pide, voy a revelar algo sobre mí. A veces me pregunto cómo una persona en Cristo puede salirse con la suya a pesar de lo que está haciendo. La hipocresía es espantosa y es particularmente repugnante cuando proviene de mí misma. Les aseguro, de todo corazón, que me resulta difícil encontrar muchos cristianos que se hayan hundido tanto en el pecado y las ataduras como me he hundido yo. Pero es más probable que me meta en problemas por mis pensamientos de juicio contra otros creyentes que por esos viejos pecados míos. En los Evangelios, nada hacía hervir más la sangre de Jesús que el fariseísmo. (¡Vea Lucas 18.9-14!)

Ahora es su turno. ¿En qué casos tiene usted más tendencia a juzgar?

> Las murmuraciones entre hermanos en Cristo no deben ser algo cotidiano sino algo deplorable y escandaloso.

Así que tal vez a todos nos venga bien la lección de hoy, aunque solo tengamos pensamientos gozosos sobre nuestros hermanos. Mañana será otro día y tendremos una nueva oportunidad de tomar el mazo del juez y tratar de darle a alguien por la cabeza con ese mazo. Tomémosle el pulso nuevamente a Santiago, porque late de vida en toda su epístola.

> ¿Qué es, exactamente, la "ley real" de la que habla Santiago 2.8?

Hace algunas semanas, cuando estudiamos la frase, vimos su origen en Levítico 19.18. Espere a ver cuán profundamente conocía Santiago todo el pasaje que la rodea.

> Lea Levítico 19.15-18. ¿Le suena conocido? ¿Qué parte de esto coincide con los versículos que estamos estudiando en Santiago 4.11-12?

Tratar de leer la carta de Santiago sin el Antiguo Testamento es como tratar de sacarle blancura a la harina refinada.

Santiago era un hombre que conocía las Escrituras. Tratar de leer su carta sin el Antiguo Testamento es como tratar de sacarle blancura a la harina refinada. En la próxima reunión de su grupo hablarán más sobre las murmuraciones, especialmente hacia un hermano en Cristo. Por ahora, adelantemos que la palabra griega que se traduce como "murmurar" también puede traducirse como "criticar" o "hablar en contra de". La palabra original no nos deja lugar para excusarnos, aunque lo que murmuremos sea la verdad. Para Santiago, si se dice con intención de crítica o en contra de otra persona, es pecado. Y un pecado peligroso. Ampliemos la mirada de las murmuraciones para abarcar todo el espectro del juicio. Mateo 7.1-2, ¿le hace erizar la piel como a mí?

> Lea las palabras de Cristo y anote por qué es mucho más seguro que nos tratemos unos a otros con misericordia.

Santiago sabía de qué estaba hablando. "La misericordia triunfa sobre el juicio". Otro pasaje que habla maravillosamente claro sobre el juicio humano es Romanos 2.1-2: "Por lo cual eres inexcusable, oh hombre, quienquiera que seas tú que juzgas; pues en lo que juzgas a otro, te condenas a ti mismo; porque tú que juzgas haces lo mismo. Mas sabemos que el juicio de Dios contra los que practican tales cosas es según verdad".

> Para asegurarnos de entender realmente bien lo que dice Romanos 2.2, ¿qué "sabemos" acerca del "juicio de Dios"?

Pasar años trabajando en el ministerio nos da acceso a más información personal de la que jamás hubiéramos querido conocer acerca de diferentes personas. En ocasiones nos enojamos tanto que quisiéramos darle con algo por la cabeza a algún esposo, pero cuando conocemos el otro lado de la historia, nos quedamos helados y con la boca abierta. De repente la situación no es tan clara y definida como parecía.

Dios basa Su juicio en la verdad. Acabo de detenerme para decir estas palabras en voz alta. Desearía que usted también lo hiciera. *Dios basa Su juicio en la verdad.* ¡Gracias a Dios! Él hasta sabe la verdad acerca de la motivación más profunda por la cual una persona actúa como lo hace.

Solo Dios conoce el origen de nuestras confusas emociones y nuestros actos incoherentes. Solo Él sabe cuándo somos sinceros y cuándo nos merecemos un Óscar®. Él sabe cuando una mujer está alterada por un cambio hormonal. Él sabe si alguien tiene que aprender a controlarse o si necesita acudir a un profesional para buscar medicamentos. Solo Él sabe si la adicción de un esposo a la pornografía merece un período de separación. Solo Él sabe sin lugar a dudas si una disculpa fue sincera.

Nosotros tenemos que ponernos de rodillas, levantar la mirada al cielo y decir: "Señor, solo Tú lo sabes, así que, por favor, solo Tú guíame".

Humanamente hablando, la línea que separa el discernimiento sabio del juicio pecaminoso es muy fina y serpenteante. Necesitamos, desesperadamente, discernimiento y también necesitamos saber cuándo distanciarnos de personas que espiritualmente son peligrosas. (Siempre debemos separarnos de las personas que son físicamente peligrosas).

Según el Dr. Douglas Moo: "Por lo tanto, en vista del argumento de estos versículos, debemos señalar que Santiago no está prohibiendo la adecuada y necesaria discriminación que todo cristiano debe ejercitar. Tampoco prohíbe el derecho de la comunidad a excluir de su comunión a quienes considera en flagrante desobediencia a las pautas de la fe, o a discernir lo bueno de lo malo entre sus miembros (1 Corintios 5 y 6)".[7]

Entonces, ¿dónde está la línea de separación? La respuesta más difícil, pero más correcta bíblicamente, es tratar de andar en el Espíritu. El verdadero discernimiento fomenta la sabiduría. El juicio que es pecado fomenta un espíritu de condenación. Tarde o temprano, cada vez que he juzgado a alguien, me he sentido muy mal.

1 de Corintios 2.15 puede ayudarnos a aclarar un poco las cosas: "el espiritual juzga todas las cosas; pero él no es juzgado de nadie". Quienes andan en el Espíritu juzgan "cosas", no personas.

"Uno solo es el dador de la ley, que puede salvar y perder; pero tú, ¿quién eres para que juzgues a otro?" (Santiago 4.12). Te escuchamos, Señor. Por favor, ayúdanos. Desde aquí abajo todo se ve muy gris.

> Humanamente hablando, la línea que separa el sabio discernimiento del juicio pecaminoso es muy fina y serpenteante.

Un artículo más avanzado con Melissa
LA PERFECCIÓN (SEGUNDA PARTE)

Esta mañana me encontré con las siguientes palabras de un popular autor: "El perfeccionismo es la voz del opresor, el enemigo del pueblo".[1] Nada me sorprendió de esta cita. De hecho, podría haberla escrito yo misma, aunque quizá no lo haría con tan bellas palabras. Menciono la cita para demostrar que sé que la perfección es impopular y casi herética en algunos ámbitos. Tampoco a mí me agrada demasiado hablar de esta, pero sin duda, nuestra incomodidad actual ante la perfección influye en la forma en que vemos textos como Mateo 5.48 y Santiago 1.4.

Patrick Hartin dice que el problema es que sin discernimiento transponemos a documentos antiguos a los conceptos y las ideas modernas acerca de la perfección. Y nos recuerda que primero debemos descubrir el concepto bíblico de perfección antes de descartar la idea por ser inaceptable.[2] Debido a esta barrera conceptual debemos definir los términos.

Hartin, que escribió casi 200 páginas dedicadas únicamente al concepto de perfección en Santiago, afirma que la mejor palabra para expresar tal concepto es *integridad*.[3] Algunos eruditos han sugerido las palabras *autenticidad, plenitud, coherencia* y *constancia*. Mi favorita es *plenitud* porque creo que es la que mejor capta el triple propósito por el cual, afirma Santiago, debemos soportar las pruebas en 1.4: "que seáis perfectos y cabales, sin que os falte cosa alguna". Observemos que Santiago utiliza tres sinónimos para dar mayor énfasis.

¿Cree realmente Santiago, en lo más profundo de su corazón, que podemos ser perfectos, cabales, sin que nos falte nada? Por un lado, él es bastante sincero acerca de la lucha humana. En 3.2 confiesa: "Porque todos ofendemos muchas veces". Aunque Santiago deja abierta una posibilidad hipotética de perfección ("Si alguno no ofende en palabra, éste es varón perfecto, capaz también de refrenar todo el cuerpo"), es dudoso que realmente crea que alguien puede lograrlo, ya que en 3.8 dice: "ningún hombre puede domar la lengua, que es un mal que no puede ser refrenado, llena de veneno mortal".

Aunque Santiago es realista en cuanto a nuestra incapacidad para domar la lengua, esto no le impide predicar acerca de la necesidad de hacerlo. Como señala Moo, Santiago presenta la perfección o plenitud como meta final. Aunque no afirme que los creyentes alcanzarán esa meta, "no debemos 'nivelar hacia abajo' en las expectativas que Santiago fija para nosotros".[4] Su llamado a la perfección no tiene que ver con alcanzar un estado abstracto de perfección moral sino con vivir una vida íntegra delante de Dios.

Santiago resume el tema de la perfección en sus cinco capítulos, pero aquí solo tenemos lugar para presentar las tres formas en que él lo integra. El más obvio es el concepto que tiene de la fe. Santiago tiene mala reputación por su concepto de la fe, pero para él la fe es necesaria. Solo las personas que piden sabiduría *con fe* pueden esperar recibir algo de Dios (vea 1.5-6). Solo los pedidos ofrecidos *con fe* restaurarán al enfermo (vea 5.15). Sin embargo, no importa cuán vital y necesaria es la fe, sin obras está incompleta. Las obras perfeccionan la fe y para Santiago, solo la fe perfeccionada es verdadera fe.

Mi ejemplo preferido acerca de la preocupación de Santiago por la plenitud es el pasaje en que exclama: "Tú crees que Dios es uno; bien haces. También los demonios creen, y tiemblan. ¿Mas quieres saber, hombre vano, que la fe sin obras es muerta?" (2.19-20). Los demonios reafirman la primera parte del gran mandamiento, creen que Dios es uno y temen a Dios. Pero afirmar solo la primera parte de la Shemá no basta. Validar la declaración del credo sin amar a Dios con todo el ser (vea Deuteronomio 6.5) es guardar la mitad de la Shemá. Santiago nos llama a obedecerla toda: "Oye, Israel: Jehová nuestro Dios, Jehová uno es. Y amarás a Jehová tu Dios de todo tu corazón, y de toda tu alma, y con todas tus fuerzas" (Deuteronomio 6.4-5).

La falta de seguimiento en este punto marca la diferencia entre vida y muerte, luz y tinieblas. Otro excelente ejemplo del tema de la plenitud es la palabra δίψυχος, "de doble ánimo", que Santiago usa dos veces. Mamá mencionó que es posible que él haya creado esa palabra.

Una persona de doble ánimo está a la mitad del camino en su compromiso con Dios; su lealtad está dividida, lo cual la hace inestable, incompleta y vulnerable a debilidades. Como señala Bauckham, el de doble ánimo, al tratar de complacer tanto a Dios como al mundo, "intenta un 'este y el otro' que no puede ser una verdadera unidad sino solo una transigencia imposible".[5] Cierta vez el profeta Elías le preguntó al pueblo de Israel reunido en el Monte Carmelo: "¿Hasta cuándo claudicaréis vosotros entre dos pensamientos? Si Jehová es Dios, seguidle; y si Baal, id en pos de él" (1 Reyes 18.21). La lealtad que Santiago exige es un eco del "todo o nada" que demandaba Elías.

Según Santiago, el concepto de la plenitud cristiana está, además, firmemente arraigado al único Dios. Vivir una vida de perfección no significa siempre obtener solo la calificación más alta o no faltar nunca a la iglesia; más bien, es vivir una vida fiel a nuestra identidad como hijos de un Dios absolutamente imposible de tentar, que nunca cambia, no hace acepción de personas y no tiene ningunas tinieblas en Él.

Vivir una vida de perfección no significa siempre obtener solo la

calificación más alta o no faltar nunca a la iglesia; más bien, es vivir una vida fiel a nuestra identidad.

Tal vez Santiago esté repitiendo el mandato de Jesús de imitar a Dios en Mateo 5.48 ("Sed, pues, vosotros perfectos, como vuestro Padre que está en los cielos es perfecto"), pero "solo en una forma coherente con la distinción y la diferencia entre la criatura y Dios".[6] Esta última parte es crucial en esta conversación.

El énfasis que hace Santiago en la plenitud es un desafío contracultural para nuestra sociedad posmodernista, donde las personas que son "interesantes" están llenas de contradicciones.

La plenitud no se halla simplemente aceptando cualquier cosa que uno sea en su desordenada y distraída existencia. Es una meta hacia la que solo se puede avanzar en relación con un centro que ya está completo y del cual se puede obtener plenitud. Esto significa ir en una dirección y abandonar otra. Significa rechazar valores y comportamientos que son incompatibles con esa meta. [...] La búsqueda de la plenitud es importante hoy porque responde a otra tendencia cultural, que acepta y aun celebra la fragmentación de la vida en nombre de la apertura y la diversidad.[7]

Santiago cuestiona mis deseos y motivos alternativos, al mismo tiempo que me desafía a abandonar las cosmovisiones alternativas que intento, sin éxito, combinar con mi cristianismo.

Día cinco
¿QUÉ ES NUESTRA VIDA?

UN VISTAZO AL TEMA:

"En lugar de lo cual deberíais decir: Si el Señor quiere, viviremos y haremos esto o aquello".

Santiago 4.15

Esta es una de las veces en que me avergüenza un poco pedirle que escriba el pasaje de hoy a mano. Es un poquito largo. No, no piense que podrá saltarlo; si de algo sirven las buenas intenciones, yo, si pudiera, realmente lo escribiría por usted. Pero no puedo. Así que vamos, lea Santiago 4.13-17 y luego escríbalo.

¿Por qué la actitud de que controlamos nuestro destino y podemos hacer que se cumplan todos nuestros planes es un poco absurda?

¿Cree usted que Santiago quería decir que hacer planes de cualquier clase o anotar algo en el calendario mensual está mal? Si no es así, ¿qué cree que quiere decir? O, si es así, ¿en qué se fundamenta él para decir tal cosa?

Cuando yo estaba terminando la preparatoria, no veía la hora de comenzar a fumar cigarrillos. Uno de mis progenitores fumaba, y también varios de mis hermanos mayores. Parecía un rito de iniciación para quedarse un rato más de sobremesa hablando como si uno realmente tuviera algo importante que decir. Vengo de una familia inteligente y nunca parecían más inteligentes que cuando se pasaban los cigarros. Me encantaba cómo una de ellas podía equilibrar un cigarrillo entre dos dedos y sostener la taza de café con la misma mano. Fumar era solo cuestión de tiempo para mí. Lo practiqué varias veces con mi hermana mayor para poder inhalar como una profesional cuando me tocara hacerlo en público.

Una vez, cuando Gay y yo le robamos el viejo Buick Skylark a mamá, encendimos un par de cigarrillos y salimos a dar una vuelta por la calle principal de nuestro pueblo. Fue una iniciativa muy audaz ya que papá (que era Comandante del Ejército retirado) trabajaba en esa calle. Él había sido fumador, pero para este entonces tosía y regurgitaba violentamente con solo sentir el olor del cigarrillo. De más está decir que reducía su sobremesa al mínimo indispensable. Desde luego, en aquel fatídico paseo por la calle principal, vimos al Comandante. Cuando mi hermana gritó: "¡Agáchate!", no recordó sugerirme que me sacara el cigarrillo de la boca antes de hacerlo, y yo no pensé ni un segundo. Me agaché de inmediato y mi cigarrillo encendido hizo un enorme agujero en el dobladillo de mi saya azul marino a cuadros. ¡Esa sí que fue una sensación ardiente! Papá hubiera vomitado con toda su fuerza. Después de eso solo volví a fumar una o dos veces más. Tenía intención de volver a hacerlo, pero nunca lo logré.

Santiago 4.14 dice: "Porque ¿qué es vuestra vida? Ciertamente es neblina que se aparece por un poco de tiempo, y luego se desvanece". La palabra que Santiago utiliza aquí significa vapor, niebla o neblina. Otra traducción válida sería "humo", pero debemos admitir que el humo de un cigarrillo no es el mejor símil. Sin embargo, al recordar este versículo, más de una vez me ha venido a la mente la imagen de la mesa familiar. Algo de ese humo se ha quedado en mi memoria. Bueno, somos personas reales y no tan perfectas como quisiéramos. Gracias a Dios porque Su Palabra sigue siendo válida.

Los versículos que estudiamos hoy pueden tener un profundo efecto en la forma en que vemos la existencia humana, si estamos dispuestos a ajustar nuestros lentes. Primero, ubiquémonos como parte del público original al que Santiago hablaba. Para hacerlo más aplicable, quitemos a Santiago 4.13 de su antiguo contexto y coloquémoslo directamente en medio de nuestra cultura.

> Describa en el margen cómo son estas clases de personas en nuestro mundo, aunque nosotros mismos seamos algunas de ellas.

Ya sabemos que Santiago es un hombre amante del texto sagrado. En este punto de su carta es posible que ya hubiera tomado muchas enseñanzas que se encuentran en el Antiguo Testamento o de la boca de su medio hermano.

> Lea Salmos 39.4-8 en el margen y subraye cualquier similitud que vea entre este pasaje del Antiguo Testamento y Santiago 4.13-17.

Por otra parte, quizá Santiago tuviera en mente Proverbios 27.1: "No te jactes del día de mañana; Porque no sabes qué dará de sí el día". ¿Cuándo fue la última vez que algo o alguien le recordó que no sabemos lo que el día puede traer? Tenga en cuenta que estos sorprendentes recordatorios pueden llegarnos tanto en momentos positivos como en momentos negativos.

> La enseñanza de Jesús se oye por encima del ruido de nuestro consumismo. En sus propias palabras, ¿qué dice Cristo en Lucas 12.15?

Consideremos algunas cosas que podemos llevarnos de Santiago aunque ya hayamos estado cuidando nuestro corazón de caer en la búsqueda de la prosperidad más que de la presencia de Dios.

La vida se va rápidamente. Un vapor. Una niebla. Imagine a alguien que exhala un aliento cálido en un ambiente extremadamente frío. Ahí está, pero pronto desaparece.

Hazme saber, Jehová, mi fin, y cuánta sea la medida de mis días; sepa yo cuán frágil soy. He aquí, diste a mis días término corto, y mi edad es como nada delante de ti; ciertamente es completa vanidad todo hombre que vive. Selah Ciertamente como una sombra es el hombre; ciertamente en vano se afana; amontona riquezas, y no sabe quién las recogerá. Y ahora, Señor, ¿qué esperaré? Mi esperanza está en ti. Líbrame de todas mis transgresiones; no me pongas por escarnio del insensato.
SALMOS 39.4-8

El comentario del Dr. Dan McCartney sobre Santiago 4.14 me hace arquear las cejas y pensar. Él señala que, en respuesta a la pregunta: "¿Qué es vuestra vida?", podríamos "esperar la respuesta: 'Un vapor'. Pero Santiago no dice: '[Vuestra vida] es un vapor'; dice: 'Vosotros sois un vapor'".[8]

Cuidado: Esta metáfora no se refiere a nuestro valor. No olvidemos que somos tan importantes para Dios que entregó a Su único Hijo por nosotros. La metáfora se refiere a la duración de nuestro tiempo aquí. Cuando las circunstancias son realmente difíciles, podemos hallar consuelo y fortaleza en los versículos que hablan de la brevedad de la vida. Podemos pensar: "En el esquema eterno de las cosas, Él solo me pide que haga esto que es tan difícil durante unos minutos. Puedo ser fiel. ¡No tardará tanto!"

Cada nuevo día es voluntad de Dios. Fije sus ojos en la parte de Santiago 4.15 que dice: "Si el Señor quiere, viviremos…" No vaya más allá hasta haber absorbido las implicaciones de esas cinco palabras. Quizá esto parezca simplista, pero me arriesgaré a decirlo para ayudarnos a captar algo muy profundo de manera práctica. Esta mañana sus ojos se abrieron a la vida terrenal porque Dios aún quiere que usted esté aquí. Los míos también se abrieron por esa misma razón. Si el Señor no hubiera querido que estuviéramos vivos en estas tiendas de carne mortal, ya estaríamos viendo Su rostro. Vivimos porque el Señor quiere.

¿Sabe? Estos versículos no son solamente polémicos. Son extrañamente bellos. Efesios 1.5 agrega otra capa más a la compleja voluntad de Dios. Dice que hemos sido adoptados "como hijos suyos a través de Jesucristo. Eso era lo que él tenía planeado y le dio gusto hacerlo" (PDT). Dios no solo quiso que abriéramos los ojos a la vida terrenal hoy, sino que le agradó hacerlo.

Dios es el que tiene el verdadero plan. "no sabéis lo que será mañana" (Santiago 4.14), pero Él sí. Nosotros tenemos toda clase de planes anotados en nuestros calendarios para el año próximo, pero en su mayor parte, son teoría. El único calendario que está basado en certezas es el de Él. Esa es una razón por la cual pasar un tiempo por la mañana con Dios en Su Palabra es tan fundamental. Él quiere prepararnos para la realidad de ese día, no nuestra teoría. A continuación le doy algunos versículos que nos dan algo de información sobre Su lado del plan. Escriba en el margen la primera reacción que usted tenga ante cada uno, aunque sea problemática.

Reacción

Salmos 139.16: "Mi embrión vieron tus ojos, y en tu libro estaban escritas todas aquellas cosas que fueron luego formadas, sin faltar una de ellas".

Reacción

Hechos 17.26-28: "Y de una sangre ha hecho todo el linaje de los hombres, para que habiten sobre toda la faz de la tierra; y les ha prefijado el orden de los tiempos, y los límites de su habitación; para que busquen a Dios, si en alguna manera, palpando, puedan hallarle, aunque ciertamente no está lejos de cada uno de nosotros. Porque en él vivimos, y nos movemos, y somos; como algunos de vuestros propios poetas también han dicho: Porque linaje suyo somos".

Efesios 2.10: "Porque somos hechura suya, creados en Cristo Jesús para buenas obras, las cuales Dios preparó de antemano para que anduviésemos en ellas".

Reacción

Salmos 33.10-12: "Jehová hace nulo el consejo de las naciones, y frustra las maquinaciones de los pueblos. El consejo de Jehová permanecerá para siempre; los pensamientos de su corazón por todas las generaciones. Bienaventurada la nación cuyo Dios es Jehová, el pueblo que él escogió como heredad para sí".

Reacción

Me gusta este comentario. Vea qué le dice a usted: "Esta vida no se puede entender correctamente si no se considera el ámbito espiritual, un ámbito que afecta y en última instancia determina el ámbito material en que vivimos día tras día".[9] Quizá sea algo que hemos escuchado tantas veces que se nos agrandaron los orificios de los oídos, pero Dios es el único que ve cada una de las capas y cada una de las implicaciones. Él también ve la situación en el contexto de lo que es, lo que era y lo que será. Sus deliberaciones no solo toman en cuenta el impacto inmediato. Él ve nuestro lugar y nuestra posición en medio de generación tras generación.

¿Qué diferencia, si la hubiera, marcarían estas ideas en la situación difícil que usted está viviendo ahora?

Quizá hemos dejado lo mejor para el final. ¿Recuerda el grupo de gente al que Santiago señala directamente en 4.13-17? Sus palabras eran una severa represión para quienes planifican con arrogancia su prosperidad personal y se enorgullecen de sus éxitos a expensas de su alma. El cielo queda atónito ante tal audacia humana, pero observe esta ironía: "Porque yo sé muy bien los planes que tengo para ustedes —afirma el Señor—, planes de bienestar y no de calamidad, a fin de darles un futuro y una esperanza" (Jeremías 29.11, NVI). Podemos encerrar la palabra "bienestar".

¿Alguna vez se sintió usted tentado a pensar que todo este asunto de la humanidad está armado? ¿Qué Dios nos formó con almas que buscan el bienestar, pero nos rechaza cuando hacemos lo que nos resulta natural? ¿Qué sucedería si entendiéramos hasta la médula de los huesos que el suyo es el único plan que realmente acaba dándonos bienestar? ¿Qué sucedería si realmente creyéramos a Jesús cuando dijo que quienes se esfuerzan por hallar su vida la pierden, y quienes la pierden por Él la hallarán? (Mateo 16.25) ¿Qué sucedería si realmente creyéramos que si buscamos el Reino de Dios y Su justicia, todo lo demás que tiene verdadero valor también nos será dado (Mateo 6.33)? ¿Qué sucedería si realmente creyéramos que "El que no escatimó ni a su propio Hijo, sino que lo entregó por todos nosotros, ¿cómo no nos dará también con él todas las cosas?" (Romanos 8.32) ¿Qué sucedería si realmente creyéramos que "la piedad para todo aprovecha, pues tiene promesa de esta vida presente, y de la venidera?" (1 Timoteo 4.8).

¿Qué sucedería si creyéramos que Dios no solo es grande, sino que también es bueno?

¿Qué sí?

EFECTOS POTENTES

Día uno
DAR Y RECIBIR

Día dos
EL SEÑOR TENÍA RAZÓN

Día tres
UN "SÍ" QUE SEA "SÍ"

Día cuatro
ALGO QUE PODEMOS HACER

Día cinco
ORAR UNOS POR OTROS

Día uno
DAR Y RECIBIR

UN VISTAZO AL TEMA:

"He aquí, clama el jornal de los obreros que han cosechado
vuestras tierras, el cual por engaño no les ha sido pagado
por vosotros; y los clamores de los que habían segado han
entrado en los oídos del Señor de los ejércitos". Santiago 5.4

Respire profundo, hermano. Hoy tenemos otra palabra fuerte del libro de Santiago. Usted se ha mantenido firme como un campeón y su compañía me ha hecho sentir mejor. Aunque hoy nos espera una confrontación, creo que le intrigará y querrá meterse con los pies descalzos en el matorral de la convicción.

Hoy, también, es el último de los segmentos de seis versículos que le pediré que escriba a mano en la parte de atrás del libro. El Día tres solo le pediré un versículo, así que si desea dejar para ese día parte de lo que debe escribir hoy, no hay problema. Solo que no se atrase al final. Y, a propósito, usted me interesa y ruego a Dios que a través de este estudio Él encienda en su alma un fuego nuevo. Si lo que aprendemos nos hace retorcernos, significa que estamos prestando atención.

Lea Santiago 5.1-6 y escríbalo en la p. 211.

Busque dos antropomorfismos, es decir, casos en que Santiago adjudica atributos humanos a objetos inanimados. Escríbalos aquí.

Aquí hay otras ocasiones en que la Biblia hace algo similar. Busque cada pasaje y escriba el antropomorfismo.

Génesis 4.10

Job 31.38-40 (vea el v. 38)

Marcos 4.39-41 (vea el v. 41)

Fascinante, ¿verdad? Puede llamarlo "metáfora" si lo prefiere, pero tenemos un Dios ante quien "los montes y los collados levantarán canción delante de vosotros, y todos los árboles del campo darán palmadas de aplauso" (Isaías 55.12). Un Dios que ordenó a Ezequiel: "Profetiza sobre estos huesos, y diles: Huesos secos, oíd palabra de Jehová" (Ezequiel 37.4). En esa visión profética los huesos crujieron y traquetearon hasta que se unieron, luego crecieron los tendones y la carne y tomaron aliento de los cuatro vientos.

Para que no piense que las imágenes creativas se terminaron con el Antiguo Testamento, no olvide que estamos frente a un Dios que puede abrir las bocas de las piedras para que aclamen a Su Hijo si los hombres permanecieran en silencio. Si la humanidad abandona la compasión y permite que prospere la opresión, la tierra misma temblará y la sangre de los inocentes clamará. Dios escucha y actuará a Su tiempo. También pedirá cuentas a quienes miraron para el otro lado.

Vuelva a leer el texto de hoy en el libro de Santiago. Si las instrucciones fueron claras, habrá notado antes que el primero de los antropomorfismos de Santiago 5.1-6 es el moho del oro o la plata. Kurt A. Richardson explica: "El moho está personificado. Los ricos se habían negado deliberadamente a escuchar la voz de la justicia que pedía salarios justos; ahora, el moho tiene voz y declara su culpa. Por eso, en lugar de ser usados para pagar salarios, el oro y la plata iban a ser entregados al moho. La riqueza acumulada iba a ayudar a pagar el juicio contra ellos. Una vez más, había esperanza de arrepentimiento porque el juicio aún no había llegado; no obstante, para usar una metáfora tomada del testimonio de Juan el Bautista, 'el hacha está puesta a la raíz de los árboles' (Lucas 3.9)".[1]

La idea de que la riqueza acumulada sirva para pagar un juicio contra el que la acumuló es una vuelta inesperada, ¿verdad? El segundo antropomorfismo es el pago retenido a los trabajadores que lo ganaron. Peter H. Davis lo llama "el clamor del pago injustamente encarcelado".[2] Imagínese, cuando retenemos el dinero que se ganó otra persona, nuestra billetera se convierte en una celda para el salario que golpea los barrotes queriendo salir. ¿Recuerda ese pasaje de Levítico 19 al que Santiago siempre recurre? ¡Aquí va de nuevo!

¿Qué dice Levítico 19.13?

Vuelva a echar un vistazo a Santiago 5 y durante un momento concéntrese en los detalles de los versículos 3 y 4. Técnicamente, ambos lanzan dos represiones diferentes contra los ricos injustos. Mientras las analizamos, quiero que sepa algo. Al estudiar parte de esta lección, no pude evitar que me rodaran unas lágrimas.

Me aterra la idea de ser contada entre quienes acumulan tesoros en los últimos días. El mandato de no retener el pago de un trabajador es bien claro. Pagarles a las personas por su trabajo debe ser algo que ni siquiera se deba recordar y, con frecuencia, es un privilegio y un gozo. Si yo no le pudiera pagar los salarios a mis colaboradores, les entregaría los miembros de mi cuerpo. Lo que me revuelve el estómago de este pasaje de Santiago es la parte de la acumulación. ¿Cuál es la línea divisoria entre ahorrar y acaparar?

La idea de que la riqueza acumulada sirva para pagar un juicio contra el que la acumuló es una vuelta inesperada.

Tengo la bendición de estar casada con un hombre que cree en el concepto bíblico del ahorro, pero ¿cuánto es suficiente? Según Santiago, podemos llegar al punto en que hayamos "engordado nuestros corazones" con riquezas o bienes "como en día de matanza".[3] ¿Cuándo, exactamente, llegamos a ese punto? Otra pregunta: ¿cuánto puede gastar una persona según sus medios, por amor a su familia, sin desagradar a Dios? ¿Dónde está la línea divisoria? Mientras me examinaba a mí misma incliné mi cabeza y le pregunté a Dios si Él estaba descontento con la relación de nuestra familia con las finanzas o las posesiones.

¿Dónde está la línea divisoria?

> No quiero forzar la convicción de pecado si no corresponde, pero si usted también se siente inquieto, ¿quisiera preguntarse algo similar con respecto a sus bienes?

Al avanzar penosamente en lo que me quedaba de la investigación, sonándome la nariz y tratando de mantener mi corazón abierto, finalmente le respondí a Dios de estas tres formas:

1. Me arrepentí de pecado.
2. Volví a hacer una confesión en alta voz, declarando que todo lo que poseemos es solo Suyo y que Él tiene libertad de hacer con ello lo que desee. Le rogué una vez más que nos hiciera dadores generosos y también le pedí (con un quejido) que nos quitara cualquier cosa que fuera deshonrosa o desagradable a Él.
3. Me quedé atónita ante la extraña sensación de que mis lágrimas eran adecuadas, aunque no me hubiera rebelado de manera extrema en estos asuntos.

Las dos primeras respuestas se produjeron con nuevas fuerzas, aunque no eran prácticas nuevas para mí. Vamos a elaborar un poco más la tercera respuesta porque puede ser la más sorprendente.

Siga esta línea de pensamiento conmigo: A veces nos sentimos mal y lloramos porque el diablo nos acosa. Llámelo "guerra espiritual". A veces nos sentimos mal y lloramos porque nos condenamos a nosotros mismos. Yo podría tener un doctorado honorario en esa habilidad enfermiza. Ni el acoso del diablo ni la autocondenación se originan en Dios ni lo honran. Pero sigamos un poco más adelante.

A veces nos sentimos mal y lloramos porque sentimos convicción de pecado. Ese es un don de Dios que tiene como fin llevarnos al arrepentimiento, el alivio y, en última instancia, al gozo y la bendición. Si eso es lo que recibimos de esta lección, ¡así sea! Si nos hemos equivocado, asumamos el error. Otras veces tal vez lleguemos a llorar por puro temor de pecar contra Dios. Llamemos a estas "lágrimas de miedo", teniendo en cuenta nuestra lección de hoy.

Es posible que a veces esas lágrimas sean un regalo. Después de unas horas luchando con los ojos húmedos, llegué a la conclusión de que quizá Dios deseaba que la mera idea de caer en pecado me estremeciera. La mayoría de nosotros que vivimos en el próspero mundo occidental temblamos solo ante la mención de 1 Timoteo 6.10: "porque raíz de todos los males es el amor al dinero, el cual codiciando algunos, se extraviaron de la fe, y fueron traspasados de muchos dolores" (sigue en la pp 150).

UN TEMA QUE INCOMODA

Al leer Santiago 5.1-6, una pregunta cruza mi mente: *"¿Quiénes son estos ricos que Santiago reprende con tanta dureza?"* Hay tres posibles respuestas: (1) *cualquier* rico que usa mal su riqueza, (2) *cristianos* ricos que usan mal su riqueza y viven en la autoindulgencia y (3) *no cristianos* ricos que usan mal su riqueza y oprimen a la comunidad cristiana.

Mamá aplicó el texto con la primera opción en mente. En este segmento quisiera presentar una lectura alternativa, argumentando que Santiago está reprendiendo a los no cristianos ricos que oprimen a la comunidad cristiana (opción 3). Varios aspectos del texto apoyan esta interpretación.

Primero, la forma del pasaje semeja un oráculo profético, especialmente uno que pronuncia juicio sobre las naciones paganas que son culpables de oprimir a Israel (vea Isaías 34.1-4). La similitud en la forma apoya la idea de que este pasaje está escrito para los ricos que están fuera de la comunidad cristiana. Como dice Douglas Moo, Santiago "ataca sin tregua a estas personas, sin atisbo de exhortación".[1]

Segundo, en el v. 7, con un clarísimo cambio de tono, Santiago dice: "Por tanto, hermanos, tened paciencia hasta la venida del Señor. […] Tened también vosotros paciencia, y afirmad vuestros corazones; porque la venida del Señor se acerca" (Santiago 5.7-8). El obvio cambio de tono y de público (de "vosotros, ricos" a "hermanos") apoya el argumento de que los lectores de Santiago no estaban entre los "ricos" del v. 1.

Tercero, juntos, los vv. 1-6 y 7-11 siguen un patrón común en la literatura bíblica. Moo da el ejemplo del Salmo 37, en que el salmista anima a los justos oprimidos que se describen como mansos, pobres y menesterosos (vea vv. 11, 14) a dejar de lado su ira, ya que los malos pronto desaparecerán y los justos disfrutarán de abundante prosperidad (vea el v. 11).[2] El flujo del pensamiento en nuestro texto es similar; Santiago anima a los creyentes oprimidos a ser pacientes hasta la llegada del Señor, cuando Él vindicará a los justos.

Todos estos datos me llevan a creer que los ricos de Santiago 5.1-6 no son cristianos sino no cristianos. Los terratenientes adinerados que sin ningún tipo de ética utilizan su riqueza y se aprovechan de sus trabajadores necesitados son el epítome de estos ricos no creyentes. Naturalmente, mi meta es comentar las ramificaciones de tal postura. Así que comencé a escribir un artículo sobre una lectura alternativa de Santiago 5.1-6 que de alguna forma "exonerará" a los cristianos de tener que absorber personalmente este texto.

Después de horas luchando con este pasaje, estoy pasmada: por más que quiera no puedo estar segura de si Santiago puede siquiera concebir la idea de que exista un *cristiano rico*. ¿Ve la ironía de que quienes somos cristianos profesos y estamos entre los más ricos del mundo nos encontremos frente a un texto en que el autor llega casi al punto de equiparar cristiano con pobre? Este es el "tema incómodo" para los cristianos occidentales que se enfrentan con el texto de Santiago. Mientras más leo Santiago 5.1-6, más me recuerda a Mateo 6.19-24:

No os hagáis tesoros en la tierra, donde la polilla y el orín corrompen, y donde ladrones minan y hurtan […]. Porque donde esté vuestro tesoro, allí estará también vuestro corazón. […] Ninguno puede servir a dos señores; porque o aborrecerá al uno y amará al otro, o estimará al uno y menospreciará al otro. No podéis servir a Dios y a las riquezas.

La vívida imagen de las ropas comidas por las polillas y el moho del oro y la plata en la palabra de Santiago me llevan a preguntarme: *"¿Está usando*

Santiago el contenido del pasaje de Mateo?" El oro y la plata no se enmohecen, ¿verdad? Al parecer, en la economía de Dios, se corrompe hasta la versión terrenal de lo imperecedero y lo incorruptible.

El texto de Mateo es clave aquí porque argumenta que cuando acumulamos tesoros en la tierra, en realidad estamos demostrando lealtad al mundo y no a Dios. No hay forma de combinar estas dos formas de vida: son realidades alternativas y opuestas.

Entonces, ¿qué significa el texto de Santiago para quienes somos ricos dentro de la economía global y, al mismo tiempo, cristianos profesos? En este punto hasta mi lectura alternativa me provoca la misma pregunta que hizo mamá: "¿Este texto me habla *a* mí, o habla acerca *de* mí?" ¿No era esta la pregunta que tenía por objetivo evitar mi humilde lectura alternativa? ¡Oh, oh!

Al trabajar este texto, me pregunté: "*¿Qué tienen en común los cristianos occidentales contemporáneos con los ricos y poco éticos terratenientes del siglo primero?*" No recibí una visión divina, y tal vez esté equivocada por completo, pero creo que la respuesta es "avaricia".

El otro día un profesor que respeto mucho comentó que no recordaba cuándo fue la última vez que oyó a alguien dar una charla sobre los peligros de la avaricia. Si acaso se está preguntando de qué se trata esto, le aclaro que "avaricia" es el deseo desmedido de riquezas. Este profesor mencionó que toda nuestra sociedad está basada en ese atributo; querer más es completamente aceptable, si no deseable.

No volví a pensar en esto hasta un poco más tarde, ese mismo día, cuando me sumé a una comunidad de Internet muy popular y divertida en que uno cataloga diferentes cosas que le encantan. Básicamente, el perfil del usuario es una cartelera donde uno va reuniendo diferentes imágenes de cosas hermosas e inspiradoras: comidas, personas, productos, lugares, interiores, incluso palabras.

Este sitio web no tiene nada de malo, pero la codicia insaciable de mi propio corazón corrompió la experiencia que de otro modo habría sido sana. Después de varios días pegando compulsivamente imágenes preciosas en mi cartelera virtual, tuve que desactivar mi cuenta. No podía dejar de pensar en las cosas que no tengo o en las extravagantes vacaciones que nunca había disfrutado y estaba soñando despierta con lo próximo que me compraría.

Mi experiencia en este sitio web, junto con el comentario del profesor, me recordó que debo protegerme de la avaricia. Como el pecado de la lujuria, cuando sabemos que algo provoca una profunda codicia en nuestro corazón, debemos cortarlo de raíz, sea o no pecaminoso su origen. Aunque yo pague todas las cuentas como corresponde y les pague a mis empleados, ¿acaso el hecho de que haga gastos superfluos para mí misma cuando otros necesitan lo básico para sobrevivir, no contradice el mandato de amar a mi prójimo como a mí mismo?

El deseo *excesivo* de poseer cosas rara vez es inocente y si no lo controlamos, produce una cosecha de mal. Todos conocemos las estadísticas sobre la pobreza mundial. Simplemente, no podemos ser discípulos obedientes del Señor Jesús y continuar viviendo deliberadamente en autoindulgencia sin prestar atención a las necesidades desesperantes de otros. Debemos tomar muy en serio el hecho de guardar nuestro corazón de este horrible pecado.

No es necesario tener algo para desearlo. Alfileteros humanos. En eso nos convertiremos si no nos protegemos. Juramos lealtad a la esperanza de la prosperidad mucho más que a la de la seguridad. También deseamos más cosas. Mi investigación me hizo descubrir una extraña frase en latín que usaban los antiguos moralistas: "*amor sceleratus habendi*". Significa "el maldito amor a obtener".[4]

Piense un momento. ¿Cómo puede este amor ser "maldito"?
Prepárese para comentarlo con su grupo.

Sí. Algunas cosas son de temer. Cuando hablé con Melissa acerca de la idea de "lágrimas de miedo", ella relacionó el concepto con algo que sucedió hace poco entre un círculo de amigos. Una mujer se enredó en un amorío y abandonó a su esposo. Melissa me contó que una amiga en común no podía superar la noticia. "Mamá, no solo lloré porque se rompiera el matrimonio de nuestra amiga. Lloré al pensar que todos nosotros tenemos la capacidad potencial de hacer algo igualmente destructivo. Estaba muerta de miedo". Si ese miedo se convierte en una barrera líquida contra una oleada de tentación, ¿será algo bueno?

No todos los miedos son enfermizos. Algunos se pueden calificar de reverencia. Quizá el apóstol Pablo sentía esta clase de temor cuando dijo en 2 Corintios 11.3: "Pero temo que como la serpiente con su astucia engañó a Eva, vuestros sentidos sean de alguna manera extraviados de la sincera fidelidad a Cristo". Tenga en cuenta este ejemplo: Por las noches cerramos con llave las puertas para que no entren ladrones. El miedo puede ser sabio.

> No todos los miedos son enfermizos. Algunos se pueden calificar de reverencia.

Quiso Dios que yo escribiera la conclusión de esta lección al día siguiente de mi cumpleaños. Ayer, mis compañeros de trabajo hicieron una celebración en la oficina y me dieron regalos muy divertidos. No sentí ningún tipo de desaprobación del Señor. Sin embargo, apenas llegué a casa hice algo que fue consecuencia directa de esas "lágrimas de miedo" que lloré dos días antes. Llené una bolsa con cosas hermosas que yo tenía y se las entregué a alguien que las disfrutará. El libro de Santiago tiene la capacidad de meterse hasta en nuestros guardarropas y gavetas, ¿verdad?

Hay dos cosas que nosotros, los repletos, podríamos hacer para dejar lugar al amor y a la obediencia en nuestras vidas.

Usar o abusar. Muchas fuentes sugieren que el pecado de acumular es más que solo tener. Es tener sin usar. La maldad se acelera con el desuso. En parte, acumular significa retener lo que nosotros ni siquiera usamos para no darlo a aquellos que realmente lo valorarían. Todos conocemos el dicho: "Lo que no se usa, se pierde", pero el hecho es que de todos modos lo perderemos. Al morir, no nos llevaremos ni un gramo de nada.

Si recibimos algo, demos algo. Esto no es para todos. Algunos de los que hacen este estudio realmente no están repletos de posesiones. Sus vidas ya son frugales. Pueden pasar esta parte sin problemas, a menos que el Espíritu Santo les indique lo contrario.

Los demás podríamos decir: "Tengo todo lo que puedo soportar y posiblemente usar. Si recibo algo nuevo, algo usado debe salir".

Pero, por favor, no tome estas ideas como dos leyes más que lo atan al legalismo y a la autocondenación. Quiera el Señor que cuando cerremos este libro de la Biblia, nuestra cabeza sea más sabia y esté coronada por la ley real: "Ama a tu prójimo como a ti mismo".

Día dos
EL SEÑOR TENÍA RAZÓN

UN VISTAZO AL TEMA

"Habéis oído de la paciencia de Job". Santiago 5.11

Me encanta lo que hemos estado haciendo aquí durante las últimas cinco semanas. Aunque las palabras nos golpean en la cara y nos hacen enfrentar nuestra propia duplicidad y falsa piedad, muchos nos sentimos más vivos en el fragor del aprendizaje. Sospecho que usted es uno de ellos, ya que aún está aquí. Aunque lo que Dios nos dice no nos alegra demasiado, mientras Él nos hable y nos permita escuchar, nuestra relación con Él es vibrante, llena de espíritu y de vida. Él es muy fiel, hermano. Mi oración es que terminemos esta lección con esa verdad dominante que cubre nuestro dolorido corazón.

Por favor, lea Santiago 5.7-11 y escriba el pasaje en la página correspondiente. Vuelva a leer la primera oración del v. 7.

¿Cuál es la palabra que nos encanta odiar?

Si escribió "hermanos", ya puede ir pidiendo consejería. Si escribió "paciencia", ánimo, porque somos muchos. Este segmento de las Escrituras será nuestra completa preocupación en la séptima sesión, así que si saltamos alguna parte que parece importante, es por eso.

Mientras tanto, escriba tres razones por las que la paciencia es muchísimo más difícil de lograr en nuestra sociedad actual.

1.

2.

3.

Ayer por la tarde recibí un correo electrónico de una persona muy querida que tiene un testimonio increíble. Muchísimas personas necesitarían oírlo y varios años después de salir del pozo esta mujer está en condiciones de contarlo. En su carta me contaba su comprensible deseo de dejar su trabajo formal y pasar a trabajar en un ministerio como voluntaria. Más que nada yo le aconsejé que escuchara lo que Dios le decía y esperara a que Él le abriera y le cerrara puertas, pero también le dije que por mucho que lo deseemos no podemos apurar nuestro aprendizaje.

En realidad, lo que quería decirle era esto: No podemos apurar a Dios. No podemos empujarlo. No podemos tirar de Él. No podemos darle un toque ni tratar de provocarlo. Si Él está decidido a quedarse un tiempo más donde está, no podremos cambiarlo ni un centímetro. Claro, podemos tratar de avanzar sin Él; pero lo más posible es que volvamos porque si nuestro corazón realmente está con Él, nos sentiremos muy desdichados sin Su bendición.

> Si nuestro corazón realmente está con Dios, nos sentiremos muy desdichados sin Su bendición.

Desde el punto de vista del trono, el asunto no es que lleguemos a la proverbial tierra prometida donde daremos mucho fruto. El asunto es desarrollar los músculos espirituales necesarios en el camino para que una vez que lo recibamos tengamos suficiente fuerza como para mantenerlo. La parte más difícil de poseer la tierra es defenderla. No comenzamos realmente a experimentar lo que es una verdadera lucha hasta empezar a servir al máximo de nuestros dones y nuestra eficiencia. Quien demuestra ser una amenaza se ha ganado un enemigo que, sin dudas, hará todo lo posible para hacer que lo lamente. Nada en el ámbito visible es más real que la batalla invisible que truena sobre nuestras cabezas.

Pregúntele a Job. Dios lo amó y nadie en la historia ha sido blanco de más dardos sulfurosos que él. Comparados con Job, es como si nos quejáramos porque alguien ha ensuciado con polvo nuestras uñas recién pintadas. Santiago dice en el pasaje de hoy: "Habéis oído de la paciencia de Job". De hecho, sí, oímos, pero ya que vale la pena repasar la historia de este hombre, hagámoslo.

De paso, la mención del nombre de Job en el libro de Santiago salta de la página como un cambio refrescante después de los ricos injustos que tanto enfurecieron a Santiago. Job era tanto próspero como genuinamente piadoso. Lo irónico es que no había hecho nada para provocar tanto sufrimiento. Se convirtió en blanco precisamente por las muchas cosas buenas que había hecho.

Busque Job 1.8 y escriba la pregunta que Dios le hizo a Satanás.

¿Cómo describe Dios a Job en el mismo versículo?

Ahora, lea Job 1.9-12. ¿Qué palabras de Satanás se convirtieron en el punto de partida para la prueba más legendaria de la historia humana? (sigue en la pp 154)

Un artículo más avanzado con Melissa

EL ANTIGUO TESTAMENTO Y SANTIAGO 5.11B

Me alegra que mamá no haya tenido espacio para profundizar en Santiago 5.11b porque el texto me fascina. "Habéis oído de la paciencia de Job, y habéis visto el fin del Señor, que el Señor es muy misericordioso y compasivo". Éxodo 34.6-7 es el trasfondo para los dos adjetivos πολύσπλαγχνος ("muy misericordioso") y οἰκτίρμων ("compasivo").[1]

En Éxodo 34.6-7, Dios reafirmó su fidelidad al pacto con la adúltera Israel después del incidente con el becerro de oro. Pasó delante de Moisés declarando: "¡Jehová! ¡Jehová! fuerte, misericordioso y piadoso; tardo para la ira, y grande en misericordia y verdad; que guarda misericordia a millares, que perdona la iniquidad, la rebelión y el pecado, y que de ningún modo tendrá por inocente al malvado". La autoproclamación de Dios se convirtió en una plataforma sobre la cual los líderes de Israel se mantuvieron firmes durante años.

En Números 14, los temerosos y quejosos israelitas amenazaban con regresar a Egipto. Dios, furioso, amenazó con destruirlos, pero Moisés intercedió invocando palabra por palabra la fórmula de Éxodo (vea Números 14.18).

Vemos un fenómeno similar en la gran oración de Israel en Nehemías. Para este entonces los israelitas prácticamente habían olvidado la ley y se habían casado con extranjeras. El pueblo, lamentándose, apeló a la descripción que Dios hizo de sí mismo después del incidente con el becerro de oro (vea Nehemías 9.17, 31).

En una maravillosa expresión, el salmista extrapoló creativamente la fórmula original para escribir: "Misericordioso y clemente es Jehová; lento para la ira, y grande en misericordia[…] Porque como la altura de los cielos sobre la tierra, engrandeció su misericordia sobre los que le temen. Cuanto está lejos el oriente del occidente, hizo alejar de nosotros nuestras rebeliones" (Salmos 103.8-12).

Por último, aunque no menos importante, Jonás no deseaba predicarle arrepentimiento a Nínive, precisamente debido a Éxodo 34.6-7. Conocía la tendencia de Dios a perdonar, por lo cual huyó a Tarsis para impedir que Dios derramara Su misericordia sobre los crueles asirios. Cuando Dios perdonó a Nínive, tal como Jonás sospechaba que lo haría, el profeta protestó: "Por eso me apresuré a huir a Tarsis; porque sabía yo que tú eres Dios clemente y piadoso, tardo en enojarte, y de grande misericordia, y que te arrepientes del mal" (Jonás 4.2b).

Es notable que Santiago sea uno de los pocos escritores del Nuevo Testamento que hace eco de este famoso tema teológico. Lo hace para alentar a los creyentes a perseverar, sabiendo que Dios restaurará a los justos y juzgará a los culpables (vea Santiago 5.6).

Santiago también relaciona el resultado o propósito del Señor en el libro de Job con la médula del carácter divino. Aunque Job le rogó a Dios que le diera respuestas, nunca las recibió. De hecho, recibió una pregunta: "¿Dónde estabas tú cuando yo fundaba la tierra?" (Job 38.4). Al final, la fortuna de Job le fue restaurada por duplicado, pero nunca sabremos por qué Dios concedió lo que Satanás le pidió: poder hacer un daño terrible a un hombre justo. Dios nunca le explicó los pormenores a Job, nunca le dijo a Job que era el objeto de una apuesta cósmica.

Como Job, nosotros pasamos por ciclos de sufrimiento y restauración, a veces, sin el más mínimo indicio de cuál es el propósito específico de Dios al respecto. Ser hijo de Dios significa aceptar que Dios es plenamente libre de hacer lo que bien le parezca y aferrarnos a Sus atributos. Nuestro legado como pueblo de Dios es permanecer firmemente plantados en la plataforma de la persona de Dios, sabiendo que Él se mueve solo de maneras que son coherentes con el compromiso de Su pacto, aunque no podamos captarlas con nuestras mentes finitas.

Kurt A. Richardson escribe: "Esta es la verdad aleccionadora acerca de la naturaleza de las pruebas en la vida de las personas justas: que Dios permite que sean probadas para demostrar su fe. [...] En cierto modo, su capacidad de soportarlas demuestra que el Señor tiene razón al alardear con respecto a ellas".[5]

Escriba la última frase en el margen.

Estas palabras estuvieron dando vueltas en mi cerebro de rubia teñida. El hecho de que el Señor alardee respecto a un simple mortal es casi impensable. Sentimos que nuestros pies de barro solo pueden dejar huellas lodosas. Pensemos en lo más extraño de todo: Dios no miente (vea Números 23.19), así que sus alardeos siempre están basados en la verdad. Él permite, y a veces hasta determina, que aquellos de quienes alardea vivan dificultades para que quede demostrado lo que Él ya sabe que es cierto. El Señor no nos somete a pruebas que de antemano ya sabe que no podremos aprobar. Él alardea de Sus fieles seguidores y luego permite que ellos demuestren que Él tiene razón. A veces, la persona más sorprendida por la prueba es aquella que es probada.

¿Cómo sabremos lo que Él ha logrado en nosotros, si no nos lo muestra? ¿Y de qué otra manera se mostrará a nuestros ojos que Satanás es un mentiroso?

Ah, ya sé, ya sé. Esto es siempre más fácil decirlo que hacerlo. Siempre sentimos más el romanticismo del sufrimiento cuando no lo experimentamos nosotros. Aun así, la idea de que Dios alardee de nosotros es como una inyección de hierro para nuestras almas anémicas, ¿verdad? La ironía puede ser que en el mundo temporal no haya mayor cumplido para nosotros que el hecho de que Dios diga: "¿Has visto a mi siervo _____?" (Si tiene el valor de hacerlo, escriba su nombre en el espacio en blanco. Sí, a mí también me pone nerviosa.) Saltemos a la parte linda de la historia.

Lea con atención Job 42.1-12, como una persona que está ansiosa, mordiéndose las uñas por saber cómo terminará la historia. Marque aquí cuando haya terminado: ☐. Job nunca reconoció la batalla que se libró por su vida en el ámbito invisible. Pero sí pudo sacar algunas conclusiones.

Escriba una oración que resuma la respuesta de Job en 42.1-6.

Preste mucha atención a las siguientes instrucciones. Primero, escriba Job 42.5 en el siguiente espacio:

Ahora, vuelva a Santiago 5.11 y complete los siguientes espacios en blanco: "Habéis _____ de la paciencia de Job, y habéis _____ el fin del Señor".

Trace una flecha entre las palabras correspondientes en Job
42.5 y Santiago 5.11.

La repetición de los verbos "oír" y "ver", en estos dos textos, podría ser profundamente
deliberada. Algunos eruditos creen que las palabras de Santiago son un eco de las del
mismo Job. Tal vez Santiago haya querido hacer ese cambio dramático de la afirmación
en primera persona: "De oídas te había oído; mas ahora mis ojos te ven" (Job 42.5) a la
segunda persona: "Habéis oído […], y habéis visto" (Santiago 5.11).

Esto es lo que tiene el sufrimiento de los fieles hijos de Dios. El fin que Él desea
producir en nosotros nunca es solo para los directamente involucrados. También es
para quienes escuchan. Para quienes ven.

Según Job 42.12, ¿cuál es exactamente "el fin del Señor"
(Santiago 5.11)?

Prometo que esta es la última búsqueda de hoy y valdrá la pena.
¿Qué relación existe entre Isaías 6.17 y Job 42.12?

Job no será el único hijo de Dios que recibe doble porción en lugar de vergüenza. Por
la gran misericordia de nuestro Dios, sea esta gloriosa inversión de papeles igualmente
válida para nosotros, que vivimos después de la encarnación. Después de todo, somos
coherederos con Jesucristo, el Hijo unigénito de Dios.

Amado hermano, Dios es el único que sabe el final desde el principio (vea Isaías
46.10). Quizá lo hemos oído tantas veces que ya no nos conmueve. Ojalá que la
esperanza nos cubra nuevamente al reafirmar esta sublime realidad: Dios sabe cómo
terminará todo. Y, para cada persona que pertenece a Él, termina bien. Nosotros no
somos la excepción. Ni nuestros pecados ni nuestros sufrimientos son tan grandes
como para alterar el resultado marcado.

En Job 19.23, un hombre profundamente angustiado clamó: "¡Quién diese ahora
que mis palabras fuesen escritas! ¡Quién diese que se escribiesen en un libro […]!"
Pues bien, sucede que finalmente fueron escritas. Y de la misma pluma surgió una de
las más bellas confesiones que hayan brotado jamás de un corazón quebrantado que se
encuentra con la esperanza:

"Yo sé que mi Redentor vive, y al fin se levantará sobre el polvo; y después
de deshecha esta mi piel, en mi carne he de ver a Dios; al cual veré por mí
mismo, y mis ojos lo verán, y no otro, aunque mi corazón desfallece dentro
de mí" (Job 19.25-27).

> Dios sabe cómo terminará todo. Y, para cada persona que pertenece a Él, terminará bien. Nosotros no somos la excepción.

Día tres
UN SÍ QUE SEA SÍ

UN VISTAZO AL TEMA:

"Pero sobre todo, hermanos míos, no juréis, ni por el cielo, ni por la tierra, ni por ningún otro juramento; sino que vuestro sí sea sí, y vuestro no sea no, para que no caigáis en condenación". Santiago 5.12

Hoy nos concentraremos en un solo versículo, así que vayamos directo al grano. Lea Santiago 5.12 y escríbalo en la parte posterior de su libro y, si dejó pendiente escribir algún otro texto para hoy, no olvide hacerlo. Dejaré de molestarlo dentro de una semana y media de estudio. ¡Ánimo!

La clase de juramento de la que habla Santiago en 5.12 no tiene nada que ver con las palabras sucias como las que hacían que en otra época las madres les lavaran la boca con jabón a sus hijos. Las palabras profanas corresponden directamente a los males de la lengua sin freno en Santiago 3, pero los juramentos de Santiago 5 son de otra clase distinta por completo.

¿Cuál es, al parecer, el tema en cuestión en Santiago 5.12?

Mirad, yo os he entregado la tierra; entrad y poseed la tierra que Jehová juró a vuestros padres Abraham, Isaac y Jacob, que les daría a ellos y a su descendencia después de ellos.
DEUTERONOMIO 1.8

El aspecto más interesante de los juramentos en la lección de hoy tal vez sea la forma en que van cambiando de una época a otra en las Escrituras. El Antiguo Testamento menciona numerosas ocasiones en que Dios jura hacer determinadas cosas (por ejemplo, vea Deuteronomio 1.8). El libro de Hebreos hace referencia al juramento original que Dios hizo a Abraham y sugiere por qué Dios es una categoría aparte en este aspecto.

¿Cómo aclara Hebreos 6.13 que Dios es único en relación con los juramentos?

Este versículo me hace feliz cada vez que lo leo. Me encanta saber que Dios tendría que mentir para ser segundo y, dado que no puede mentir, es único y preeminente en todas las cosas. Además, Él no solo es el primero, también es el último. No solo es el comienzo. También es el final. No hay nadie por encima de Él, y por debajo de Él, todos se inclinarán. Nadie es mayor. No hay nombre más elevado por el cual jurar.

Es interesante que en el Antiguo Testamento no se prohibían los juramentos.

Una parte de la Palabra, en Deuteronomio, gira continuamente en mis pensamientos, buscando un lugar donde posarse. Echémosle un vistazo juntos.

Lea Deuteronomio 10.17-21. ¿Cómo comienza el v. 21?

En el margen, escriba todas las razones que da este pasaje de cinco versículos por las cuales Dios es digno de nuestra alabanza.

En lo que respecta a nuestro tema de hoy, Deuteronomio 10.20 resume la instrucción que nos resultará más intrigante. Al final del versículo, ¿qué les dice Moisés que hagan?

Aunque los juramentos no eran lo mismo que los votos, no crea que no había severas advertencias para aquellos bajo el Antiguo Pacto. El denominador común era que Dios era su objeto. En general, un juramento era jurar por Él, y un voto era jurar a Él. Una vez que nombraban a Dios como testigo, habían elevado el asunto a un punto extremadamente serio. Deuteronomio 23.21-23 es un pasaje poderoso que no recuerdo haber estudiado antes en profundidad.

Léalo y escriba las instrucciones básicas que se encuentran en este pasaje.

> Cuando a Dios haces promesa, no tardes en cumplirla; porque él no se complace en los insensatos. Cumple lo que prometes. Mejor es que no prometas, y no que prometas y no cumplas. No dejes que tu boca te haga pecar, ni digas delante del ángel, que fue ignorancia. ¿Por qué harás que Dios se enoje a causa de tu voz, y que destruya la obra de tus manos?
> **ECLESIASTÉS 5.4-6**

Es posible que Eclesiastés 5.4-6, que se encuentra al margen, nos resulte más familiar. Es un asunto serio, ¿verdad? Para simplificar, podríamos pensar que un juramento es hacer un voto o jurar por Dios. Entonces, ¿cómo es que Santiago, bajo la inspiración del mismo Espíritu, pasa de tomar muy en serio los juramentos (como se hace en el Antiguo Testamento) a no aceptar ninguno en ningún caso? Descubrir la respuesta es la tarea que tenemos por delante y creo que disfrutaremos la investigación.

Es posible que el proceso de cambio de actitud acerca de los juramentos comience para Santiago en (por favor, resuenen tambores): Levítico 19. Realmente, mi oración es que durante el resto de nuestras vidas relacionemos el libro de Santiago, con todo su colorido aire judío, con el capítulo 19 de Levítico. Cuando Santiago extrajo el verdadero corazón de la ley de ese cuerpo de las Escrituras, al parecer dejó conectadas todas las arterias. Es como un trasplante de corazón neotestamentario, con todas las válvulas colgando. Nunca imaginé que llegaría a sentir tanto afecto por una parte de Levítico, ¿y usted? Esta vez, el objetivo de Santiago parecería ser el v. 12: "Y no juraréis falsamente por mi nombre, profanando así el nombre de tu Dios. Yo Jehová".

Tenga en cuenta que, para ellos, la mayoría de los juramentos tenían que ver con acontecimientos futuros. Juraban, por ejemplo, hacer tal o cual cosa bajo ciertas condiciones potenciales. Santiago plantea una objeción al final del cuarto capítulo: "no sabéis lo que será mañana. Porque ¿qué es vuestra vida?" Quizá, para él, jurar era arriesgarse a jurar falsamente dado que en realidad, el hombre no sabe cómo va a ser su vida cuando llegue la situación planteada.

¿Cuándo fue la última vez que alguien le pidió que jurara no contar algo antes que usted supiera lo que era? ¿Se sintió mal al enterarse del secreto porque sabía que era algo que necesitaba decir? Quizá era una amenaza de suicidio o algo antiético en su trabajo. O quizá se enteró de que el esposo de su mejor amiga tenía un amorío. De repente, se encontró en una situación insoportable: ¿quebranto mi voto o retengo una información que puede ser vital?

Estas serían razones suficientes como para que un líder como Santiago insistiera en evitar todo juramento, pero palidecen comparadas con la razón más importante por la que tomó esa posición: se le había contagiado como un virus de su medio hermano. Al mirar Santiago 5.12, usted tendrá frente a sí "lo más cercano a una cita directa de la tradición de Jesús que se encuentra en cualquier texto de Santiago".[6] Véalo por sí mismo. A continuación tendrá las palabras de Jesús en Mateo 5.34-37 en la primera columna, y las palabras de Santiago en la segunda.

Lea cada una con cuidado y encierre en un círculo cada parte que se relacione con alguna parte del otro pasaje. Una con una línea las partes de los pasajes que se corresponden.

Pero yo os digo: No juréis en ninguna manera; ni por el cielo, porque es el trono de Dios; ni por la tierra, porque es el estrado de sus pies; ni por Jerusalén, porque es la ciudad del gran Rey. Ni por tu cabeza jurarás, porque no puedes hacer blanco o negro un solo cabello. Pero sea vuestro hablar: Sí, sí; no, no; porque lo que es más de esto, de mal procede. Mateo 5.34-37	Pero sobre todo, hermanos míos, no juréis, ni por el cielo, ni por la tierra, ni por ningún otro juramento; sino que vuestro sí sea sí, y vuestro no sea no, para que no caigáis en condenación. Santiago 5.12

Hemos comparado los dos textos; ahora, marquemos los contrastes entre ellos. Vuelva a las columnas, escriba una "D" junto a cada diferencia y luego escríbalas a continuación.

Cuando habla mentira, de suyo habla; porque es mentiroso, y padre de mentira.
JUAN 8.44B

Es posible que las últimas líneas de cada pasaje estén en mejor sintonía que lo que parecen a simple vista. Jesús dijo: "Cualquier cosa de más, proviene del maligno" (NVI) y Santiago dijo: "para que no caigáis en condenación". Nada haría más feliz a Satanás que ayudar a una persona a caer bajo juicio o castigo divino. Cualquiera de estas posibilidades es un deleite para él. Pero, ¿por qué el diablo se concentraría particularmente en el aspecto de los juramentos? Juan 8.44 nos responde esta pregunta.

> Satanás salta de contento cuando hacemos un voto y no lo cumplimos. ¿Se le ocurre alguna razón para esto? Piense en algunas más que las obvias.

Hemos vuelto a la primera pregunta de la lección de hoy. ¿Cuál parece ser el tema de Santiago 5.12? La veracidad, eso es. Jurar o tomar juramento sugería entonces lo mismo que sugiere hoy: comprometernos a ser tan veraces como no lo seríamos sin esa condición. En efecto, los juramentos dicen: puedes confiar en mí porque le estoy agregando un juramento a esto, pero si no hubiera juramento, no podrías confiar.

Como obispo de la iglesia más antigua del Nuevo Testamento, Santiago tenía como objetivo que fuera una comunidad de fe sana y funcional. Las relaciones, a pesar de las apariencias, nunca serán más fuertes que los lazos de confianza que las unen. El "sí" que ellos dijeran debía ser toda una garantía. Como expresa James B. Adamson: "jurar solo es necesario en una sociedad que no reverencia la verdad".[7] Para mortales como nosotros jurar no indica veracidad. Irónicamente, indica todo lo contrario y debe hacer que la otra parte sospeche.

> Vuelva a ver las columnas de la página anterior y escriba en el margen cualquier otra cosa por la cual una persona juraría, que no sea el cielo (que es otra manera de decir "Dios").

He aquí algo que yo no sabía hasta que estudié para esta lección. Es posible que en la cultura de Santiago, como en la nuestra, las personas no se atrevieran a jurar por Dios, pero como aún deseaban dar fe de su veracidad, juraban por otras cosas sagradas pero menos riesgosas. Es como cuando alguien dice: "Lo juro por mi madre".

"Jurar por tu cabeza" es algo posiblemente nuevo para nosotros y quizá nos arranque una sonrisa, dado que Cristo estaba refiriéndose al color del cabello. Podríamos decir "nunca jures por tu cabello", y con buena razón ya que en algunos de nosotros nada en nuestro cuerpo sería menos confiable. Hablaré por mí misma. Solo Dios conoce el verdadero color de mi cabello.

Esta es la trampa: si los descubrían mintiendo o no cumpliendo el juramento, podían salir del apuro diciendo que habían jurado por algo que no era tan obligatorio y, por lo tanto, tenían una salida. Cristo denuncia esta clase de juego en Mateo 23.16-22. En la época de Jesús los juramentos personales eran tan mal usados que Él ordenó que dejaran de utilizarlos por completo. Santiago hace eco de Su sentimiento.

Para que no quede nada confuso, observe la calificación: juramentos personales. Ni el evangelio de Mateo ni el libro de Santiago prohíben el uso de juramentos en procesos legales. No estamos en pecado cuando "juramos decir la verdad" en un tribunal o cuando juramos ser fieles "en las buenas y en las malas" ante el altar durante nuestra

Los juramentos personales eran tan mal usados que Jesús ordenó que dejaran de utilizarlos por completo.

boda. Además, el apóstol Pablo, bajo directa inspiración del Espíritu Santo, llama varias veces a Dios como testigo de la veracidad de sus afirmaciones.[8] No está enteramente aclarada la diferencia entre esta práctica y las prohibiciones que mencionamos en la lección de hoy, así que lo mejor será atribuirla al soberano propósito de Dios. Sea como fuere, la Palabra que escribió se puede considerar con justicia un documento legal en sí mismo. Así que siento curiosidad por saber si hay algo que le llamara especialmente la atención en la lección de hoy. ¿Hay algo?

He llegado a algunas conclusiones. Realmente debemos dejar el "Juro por Dios" completamente fuera de nuestro vocabulario. Quienes han cumplido ese voto o —lo más aterrador— quienes han mentido al hacerlo, corrieron un riesgo terrible. Ahora que sabemos cómo son las cosas, debemos hacerlas mejor. Hoy también aprendimos a dejar de usar los juramentos "menores" y ya que lo estamos haciendo, simplemente dejemos que nuestra palabra sea la garantía. Sería muy propio de Dios darnos el privilegio de probarnos pronto en cuanto a esto, pero solo si podemos obtener el mejor resultado. Estemos atentos a la posibilidad de una prueba y si cuando suceda aún estamos juntos en este recorrido, cuénteselo a su grupo.

Okay. ¿Le importaría que terminara con una historia algo extraña que no es para tomarla demasiado en serio? Mi mejor amiga Dodie y yo fuimos inseparables desde el sexto grado hasta el noveno. Compartíamos el casillero en la escuela, ropa, secretos, hamburguesas y casi todo lo demás en nuestras vidas jóvenes y limitadas, excepto los novios. Eso estaba totalmente prohibido. Cuando estábamos en séptimo grado nos prometimos mutuamente que jamás —¡y digo en serio lo de jamás!— dejaríamos de pintarnos las uñas de nuestros pies, excepto para cambiar de color. Acordamos que un descuido tan grosero convertiría a quien lo cometiera en un completo fracaso en lo que a moda se refería. Y reafirmamos nuestro voto con incontables tonos de esmalte, hablando a cien kilómetros por hora y abanicando las uñas de nuestros pies hasta que el esmalte se secara.

Un día, después de pasar a visitarme, Dodie murió en un choque automovilístico frontal. Escuché el sonido de las sirenas poco después de despedirme de ella, pero no supe hasta más tarde que una de esas ambulancias transportaba a Dodie. No creo que mi corazón haya sanado completamente de esa herida. Tal vez una amiga nunca sea más querida para nosotros que cuando tenemos quince años. Cada vez que vuelvo a mi estado natal de Arkansas, sea por el motivo que fuere, visito la tumba de Dodie y con frecuencia me echo a llorar, como siento deseos de hacerlo ahora. Una cosa me ayuda a controlarme. Siempre me quito los zapatos, me coloco junto a la lápida de su tumba y le digo: "Yo sigo cumpliendo mi promesa, ¿y tú?" Después sonrío y me sueno la nariz. Ya hace unos cuantos años que me pinto las uñas de los pies. A veces creo que convendría dejarlas un poco al aire, pero ya sabe, ¡una promesa es una promesa!

Bueno, ¿ha hecho usted algo similar? De ser así, coméntelo aquí y quizá, después, también con su grupo de estudio.

Día cuatro
ALGO QUE PODEMOS HACER

UN VISTAZO AL TEMA:

"¿Está alguno entre vosotros afligido? Haga oración.
¿Está alguno alegre? Cante alabanzas".
Santiago 5.13

No he podido olvidar un encuentro que tuve hace unos días. La corta espera en un enorme aeropuerto no me dejaba mucho tiempo que perder, y no pude resistirme al aroma de unas palomitas de maíz recién hechas. Me acerqué al mostrador para hacer mi pedido y el rostro de la joven cajera se quedó congelado en una extraña expresión. No sonreía ni tampoco fruncía el ceño.

"Yo la he visto antes", me dijo, y luego dudó un momento, sin duda pasaba rápidamente imágenes en su mente. "Sí. Fue en la televisión". Su reacción fue diferente de la que usted y yo tendríamos si nos encontráramos. Nosotros sentiríamos una profunda conexión, como dos buenos amigos que hace tiempo que no se ven. Pero ella no sabía mi nombre. No sabía cómo se llamaba el programa en que yo había estado ni la clase de mensaje que se había dado. Entonces, esquivó la mirada y sus ojos de un color castaño profundo se llenaron de lágrimas. "A veces lo miro".

Si el mostrador no hubiera sido tan alto, yo la habría abrazado. Pero le extendí la mano para tomar la suya. Por mucho que traté de relacionarme, ella no dijo nada más, ni siquiera volvió a levantar la mirada hacia mí. Cuando traté de pagar las palomitas, solo movió la mano en un gesto que significaba "no".

Me quedé luchando para no echarme a llorar mientras iba hacia la puerta de embarque. Algo grande estaba sucediendo en su corazón. Algo doloroso. Ese día el aeropuerto parecía un hormiguero pisoteado. Todos íbamos chocando unos con otros, corriendo para no perder nuestros vuelos. Me pregunté cuántos estarían disimulando que se sentían morir por dentro.

La sensación de anonimato hace insoportable la agonía. Sufrir tanto y que nadie se dé cuenta nos hace sentir como si fuéramos tragados vivos por un pozo negro, profundo y frío. "Nadie sabe que estoy aquí. ¿Cómo voy a sentir esperanza si nadie de los que me rodea la siente? ¿Cómo voy a estar bien si toda mi familia se volvió loca? Si realmente hay un Dios allá arriba, ¿cómo me encontrará?" Sin rostro. Sin nombre. Y entonces llega el Hijo del Hombre, buscándome como si no existiera nadie más en el mundo.

Él nos ama así. Por favor, lea Santiago 5.13-16 y escríbalo. Estamos llegando al final de la carta de Santiago, aunque no lo deseemos. Como solo nos quedan unos pocos versículos, acomodémonos bien y prestemos atención.

Si usted es como yo, seguramente le presta especial atención a la forma en que termina una carta, porque el final debe provocar la emoción que queremos que perdure. Esa es la parte que más nos obsesiona, porque cerrar cualquier documento

¿Cuántos estarían disimulando que se sentían morir por dentro?

SANTIAGO TRIUNFA LA MISERICORDIA

personal tiene un peso especial. Dios empleó la forma de una oración final de bendición común entre los griegos. Ellos solían poner el toque final de una carta con un deseo de buena salud, no muy diferente a los que encontramos en varias epístolas del Nuevo Testamento. Santiago, seguramente, está emulando ese estilo en su prescripción para los enfermos, pero creo que tiene la intención de incluir todo el segmento siguiente en su deseo de bienestar para sus lectores. Sea como fuere, esta bendición final es única y bella, y comenzaremos a recorrerla hoy.

En los vv. 13-14, Santiago menciona personas de tres categorías. ¿Cuáles son cada una de ellas y las prescripciones que da para cada una?

1.

2.

3.

Una de las cosas más difíciles que nos toca escuchar es cuando el médico dice: "No podemos hacer nada". ¿Alguna vez escuchó estas palabras? De ser así, explique en el margen cuándo sucedió.

Tal vez usted concuerde conmigo en que la impotencia es una forma única de desmoralización. Si no nos cuidamos, podemos inyectar una mentalidad de víctima en las venas de nuestra relación con Dios. Podemos llegar a la conclusión de que somos la persona más impotente del planeta Tierra y que Dios hará lo que haga, pase lo que pase. Podemos caer en la mentalidad de que somos títeres y llegar a la conclusión de que lo único que podemos elegir es de quién seremos víctimas.

Quizá Dios llegue a parecernos el menor de dos males.

Quizá Dios llegue a parecernos el menor de dos males. El opresor menor, por decirlo de alguna forma. Podemos razonar que al menos, es mejor ser víctima de Dios que de cualquier otro. Mejor pasar una opresión eterna en el cielo que en el infierno. Las repercusiones de esta mentalidad son tóxicas y completamente invasivas para nuestras vidas. Nada escapa a su influencia.

Preste atención a Santiago y a otros inspirados escritores de la Palabra: es muy rara la ocasión en que no hay nada que podamos hacer. Estar quietos y saber que Él es Dios es muy diferente a "nada". Confiar en un Dios que no vemos es muy diferente a "nada". Controlar nuestra lengua es muy diferente a "nada". Tener paciencia es muy diferente a "nada". Tener sumo gozo es muy diferente a "nada". Someterse es muy diferente a "nada". Confesar el pecado es muy diferente a "nada". Descansar en Cristo es muy diferente a "nada". Y escuche bien este último: orar es muy diferente a no hacer nada. Pero dejemos ese para mañana.

El deseo de salud, al final de la Epístola de Santiago, es lo más distante a una declaración de impotencia. Según el medio hermano de Jesús, siempre hay algo que podemos hacer. Imagine una lista de cosas que hacer en un cartel titulado "Cómo tener un alma sana", que podríamos ver en la sala de espera de un médico. Número 1: Descarte la mentalidad de víctima. El número 2 podría ser: Cuando se sienta impotente, no permita que nadie le diga que no se puede hacer nada.

Ahora, observe que en esta lista en particular de cosas para hacer cada elemento nos involucra deliberadamente con Dios. Esa, amado hermano, es la máxima medida de nuestra salud. El número 3 podría ser, todo en mayúsculas: VIVA SU VIDA CON DIOS.

Mencione algunas razones por las que no podemos ser creyentes sanos si desasociamos de Dios todos nuestros sentimientos de alegría o bienestar.

Para vivir y prosperar, la rama debe permanecer en la Vid. Incluso la instrucción de Santiago 5.14, convocar a los ancianos para que oren cuando estamos enfermos, es un medio directo para llevarnos ante Dios. Haga lo que haga, no pase por alto la parte del deseo de salud que está dedicada al que está "alegre" en el v. 13. El texto griego también puede traducirse como "¿Alguien se siente bien?"[9] o "¿Está alguno de buen ánimo?" (NVI) o "Si alguien está feliz…" (PDT). Una versión lo traduce así: "¿Te sientes genial?" De hecho, a veces yo me siento genial. ¿Y usted?

Sabemos que estamos cautivos cuando reconocemos que en lo más profundo estamos convencidos de que sentirnos bien es pecado. El cristianismo no hace que desarrollemos una repentina alergia a la felicidad, por más que algunos quieran adjudicarnos tal reputación. La vida puede ser muy dura, pero un sistema de creencias torcido puede convertirla en un bloque de granito. Vuelva a leer Santiago 5.13 y complete el siguiente espacio en blanco:

"¿Está alguno alegre? Cante alabanzas".

¿Se le ocurre algún motivo para dar esta instrucción a los de corazón alegre? Explíquelo.

Todos los que no cantamos bien desearíamos poder hacerlo. Gracias a Dios que la habilidad vocal no es un requisito ineludible en la bendición final de Santiago. Algunas veces he inventado canciones para Dios, para hacerlas más personales. ¿Necesito decir que siempre suenan mejor en mi mente que cuando salen de mis labios?

Un problema es que siempre trato de rimar todos los versos. Es incómodo, por decirlo de alguna forma, especialmente si trato de incorporar los nombres de mis seres queridos. Por ejemplo, ¿cuántas palabras riman realmente con Amanda? El verso siguiente está obligado a terminar en "demanda" e invariablemente soy incapaz de pensar cómo terminarlo. Otro problema es que suelo hacer numerosos e inesperados cambios de tono. Por más que desee volver al tono original, ya me he alejado demasiado. Quizá a usted no le cause gracia, pero yo me estoy riendo tanto que casi no puedo tipear.

Digamos que será mejor que otro dirija la adoración. Pero sí puedo cantar con gozo y, si usted es como yo, también puede hacerlo. Y así debe ser, si queremos florecer aquí.

Si solo nos relacionamos con Dios cuando sufrimos o estamos enfermos, correremos la carrera con una sola pierna. Él es el autor de la vida: "Porque de él, y por él, y para él, son todas las cosas" (Romanos 11.36). Nos privamos de mucho en nuestra experiencia terrenal si aun con buena intención relegamos a Cristo al lugar más alto de nuestra lista de prioridades y le exigimos que se quede quieto allí.

Se nos ha enseñado que vivamos guiándonos por listas de prioridades, pero si el matrimonio es segundo en mi lista, ¿qué sucederá si Cristo no interviene? Si los hijos están en tercer lugar en la lista, ¿qué será de ellos si Jesús se atiene a nuestra categoría "iglesia" y no invade nuestra manera de criarlos? Si las relaciones son el cuarto ítem en la lista, ¿cómo podemos tener esperanzas de romper el ciclo de relaciones rotas sin Él, que es la integridad encarnada? Colosenses 3.4 no dice que Jesús sea el número 1 en nuestra vida. Simplemente dice: "Cristo, vuestra vida".

> Tenemos una invitación abierta para una invasión divina.

"Todas las cosas están desnudas y abiertas a los ojos de aquel a quien tenemos que dar cuenta" (Hebreos 4.13b). Si algo tiene que ver con nosotros, tiene que ver con Él. Tenemos una invitación abierta para una invasión divina. Si estamos dispuestos, Dios es nuestra canción cuando estamos felices, nuestro escape cuando somos tentados, nuestra esperanza cuando desesperamos, nuestro gozo en la tribulación, nuestra fuerza en la debilidad y nuestra inmortalidad frente a la muerte. En última instancia, Él mismo es nuestra salud.

"Sea exaltado Jehová, que ama la paz de su siervo" (Salmos 35.27). Que el canto de nuestro corazón se haga eco de las palabras del antiguo himno: "¡Aleluya! Estoy bien con mi Dios".[10]

> Si estamos dispuestos, **Dios es nuestra canción** cuando estamos felices, **nuestro escape** cuando somos tentados, **nuestra esperanza** cuando desesperamos, nuestro gozo en la tribulación, **nuestra fuerza** en la debilidad **y nuestra inmortalidad** frente a la muerte. En última instancia, Él mismo es nuestra salud.

Día cinco
ORAR UNOS POR OTROS

UN VISTAZO AL TEMA:

"Confesaos vuestras ofensas unos a otros, y orad unos por otros, para que seáis sanados. La oración eficaz del justo puede mucho". Santiago 5.16

Hoy es el último día oficial de tareas centradas en el libro de Santiago. ¿Puede creerlo? Si pasó el nivel 2, también está a punto de escribir las últimas palabras a mano en la parte posterior del libro. No olvide responder la pregunta al final de ese espacio. Si dejó alguna parte sin escribir, quizá pueda completarla en la Séptima Semana, ya que para esos días no tenemos ninguna escritura asignada. Vamos directamente al grano para que luego de haber trabajado y escrito tanto, usted pueda sentir una sana dosis de satisfacción bien merecida.

Hoy todos se llevarán una palmadita en la espalda. Hermano, completar seis semanas enteras de estudio profundo es todo un logro. Que Dios reciba mucha gloria al trasplantar este potente libro de la Biblia a la médula de su fe. Por favor, lea Santiago 5.17-20 y escriba los versículos atrás.

Para preparar el terreno para la lección de hoy, busque en su Biblia y lea con atención Santiago 5.13-18 (un pasaje ligeramente diferente al que leyó antes). Cuente cuántas veces encuentra alguna forma de la palabra "orar" u "oración".

No necesitamos preguntarle a Santiago: "¿Qué quieres decir?" Les pedí a una parte en las mujeres de mi grupo de Houston que mientras yo leía este pasaje se pusieran en pie cada vez que escucharan una forma del verbo "orar" o el sustantivo "oración". De un salto se pusieron en pie ¡seis veces! Obviamente, nos quedó bien claro lo que Santiago quería decir. Espero que a usted también.

Si el libro de Santiago fuera un collar de perlas, habríamos llegado al lugar donde se encuentra el broche que une ambos extremos. Aquí es donde Santiago une el final con el principio. ¿Recuerda el comienzo de Santiago 1? Aquí, al final de su carta, Santiago vuelve a algunos de esos primeros conceptos, específicamente a las diversas clases de tribulación: *¿Está alguno entre vosotros afligido? ¿Está alguno enfermo entre vosotros?* Y luego ofrece la prescripción fundamental: *¡Oración! ¡Y la clase de oración con fe!*

A la mayoría de nosotros no nos preocupa que nos digan qué hacer, si sabemos que quien lo dice también lo hace. A Santiago le decían "rodillas de camello", porque se arrodillaba tanto para orar que se le formaron gruesos callos.[11] Aunque lo llamaran así en su propia cara, dudo que le molestara. Nuestro protagonista ha demostrado ser uno de los maestros más prácticos del Nuevo Testamento y si él, en particular, pasaba tanto tiempo orando, era porque estaba convencido hasta las callosas rodillas que valía la pena.

A Santiago le decían "rodillas de camello", porque se arrodillaba tanto para orar que se le formaron gruesos callos.

¿Le viene bien en este momento recordar que orar nunca es una pérdida de tiempo? ¿Por qué?

¿Recuerda que el Día cuatro hablamos de un cartel imaginario en la sala de espera de un médico que diría "Cómo tener un alma saludable"? El número 4 podría ser: "Orar unos por otros". Estudiemos el texto para encontrar los lugares en que este hombre de rodillas de camello llama a los creyentes a orar.

Según Santiago 5.13, ¿cuál es la primera condición?

Dado que en este pasaje Santiago menciona más adelante la enfermedad, "afligido" en este versículo hace referencia a otras situaciones que causan dolor o quebranto de corazón. Algunos cristianos evitan orar por su persona debido a un genuino desinterés. Sus fieles vidas de oración son casi por completo para interceder por otros. Sin embargo, esto me desconcierta. ¿Y si nadie más ora por nosotros ese día? Tenemos grandes responsabilidades y necesitamos oración. Sin excluir la intercesión, por supuesto, sino agregada a ella. También necesitamos orar por nosotros mismos por otra razón fundamental. Recuerde el cartel imaginario. Eche un vistazo a la lección de ayer.

Escriba el número 3 en letras grandes.

Un par de manos cerradas en oración sincera es la mejor manera que tenemos, de este lado del cielo, para aferrarnos a Jesús con todo.

Nuestras aflicciones son invitaciones grabadas para tener una relación más íntima con Dios. Un par de manos cerradas en oración sincera es la mejor manera que tenemos, de este lado del cielo, para aferrarnos a Jesús con todo. Hasta nuestros gemidos ante Él son ecos de oraciones íntimas. Tener comunión con Cristo en nuestro sufrimiento impide que ese sufrimiento sea inútil. Aunque Santiago no sugiere de ninguna forma que no podamos pedir a otros que oren cuando estamos afligidos, no tenemos que esperar por otra alma que busque la receta de Dios cuando tenemos una necesidad urgente.

A veces Dios responde las oraciones aliviando el sufrimiento. Otras veces, lo borra. Y en otras ocasiones nos muestra Su suficiencia en medio del sufrimiento, pero no tema; nunca nos abandona cuando estamos afligidos. La oración puede cebar la bomba de nuestra alma de modo que recibamos un baño de Su bella presencia. Con frecuencia, es el factor que determina si en nuestra angustia, nos hundiremos o nadaremos.

Abramos grande el corazón para el próximo llamado a la oración.

Lea Santiago 5.14. ¿Cuáles son las condiciones y las instrucciones?

La tinta de la pluma se secará mientras nos preguntamos si el propósito de ese aceite era medicinal, espiritual (por ejemplo, para consagración) o simbólico. Ninguna de las tres posibilidades sería contraria a la Biblia o inusual. En la antigüedad las podemos encontrar todas. Algunos cristianos, basándose en 2 Crónicas 16.12, temen buscar tratamiento médico para no deshonrar a Dios.

> ¿Qué hizo Asa, exactamente, que desagradó al Señor?

Varias traducciones importantes especifican que Asa buscó a los médicos en lugar de buscar al Señor. La Biblia nos advierte que no pongamos nuestra confianza en el hombre, pero la cuestión de si Dios puede usar sustancias, emplastes u otros remedios quedó respondida incluso durante el ministerio de Jesús. A veces Él sanó por medio de palabras y otras veces sanó por medio de un toque. Otras veces usó barro y saliva. Es difícil determinar una fórmula. Simplemente, sabemos que solo Jesús es nuestro Salvador y por Sus llagas somos curados. Vayamos a la pregunta principal que sobrevuela nuestra mente.

> Explique con sus palabras qué dice Santiago 5.15.

Hay que alejarse mucho de los Evangelios y de Hechos para no creer que en los comienzos del cristianismo hubo centenares de sanidades. Podemos decir, sin temor a equivocarnos, que la sanidad era más una norma que una excepción entre los primeros creyentes. ¿Recuerda que aprendimos que probablemente la Epístola de Santiago fuera uno de los primeros documentos que se escribieron dentro del Nuevo Testamento? Es casi seguro que Él fue testigo presencial o que supo de muchas sanidades, señales y prodigios.

"Entonces, ¿por qué Dios no sana ahora?" Oh, mi querido hermano, lo hace; de lo contrario, hoy no estaríamos trabajando en este estudio bíblico. La pregunta mayor es "¿por qué Dios no sana siempre?" Nadie en el libro de Hechos participó de mayor cantidad de sanidades registradas que el apóstol Pablo, así que preguntémosle a él. ¡Por favor! En Hechos 19.11-12 dice que hasta llevaban a los enfermos paños o delantales que él había tocado y se sanaban. Pero leamos 2 Timoteo 4.20.

> ¿Qué dato de este pasaje es importante para el tema que estamos tratando?

Bien, ¿cómo podemos entender esto? Es posible que hayamos llegado al final del Nuevo Testamento con este balance: Cuando estamos enfermos, oramos sin descanso para ser sanos y convocamos a los líderes para que también oren por nosotros, y sí, para que nos unjan con aceite. Si seguimos enfermos, después de orar diligentemente y con fe y, sobre todo, si nuestros intercesores han orado así por nosotros, ¿qué hacemos? Nos entregamos a las manos de nuestro fiel Dios y Su soberano plan, aferrándonos ferozmente a Su amor.

En el año treinta y nueve de su reinado, Asa enfermó gravemente de los pies, y en su enfermedad no buscó a Jehová, sino a los médicos.
2 CRÓNICAS 16.12

Hebreos 5.7 nos ofrece el ejemplo máximo. Este era el Hijo de Dios. Clamó en alta voz, con lágrimas, y Dios lo escuchó […] sin embargo, no lo salvó de la muerte. Una obra infinitamente mayor se cumplió a través de la cruz. Cuando clamamos, nuestro Dios escucha, sea que sane o no. Algo más grande debe de estar en juego. Algo que quizá no sepamos hasta que lo veamos a Él.

Tal vez otros sean sanados a tiempo en esta tierra, pero si Dios no nos levanta aquí, no hay duda que nos levantará en Su gloriosa presencia. Hasta entonces, puedo decirle lo que esta mujer va a hacer. Voy a creer que Dios sanará a aquellos por los que estoy intercediendo y a mí misma hasta que Él me diga claramente que no. Yo he experimentado Su sanidad. He sido testigo de ella. Sé que aún Él sana. Si voy a equivocarme, prefiero que sea por inclinarme a la fe.

¿Y usted? No tiene por qué estar de acuerdo conmigo. Cuénteme qué piensa usted sinceramente.

> Y Cristo, en los días de su carne, ofreciendo ruegos y súplicas con gran clamor y lágrimas al que le podía librar de la muerte, fue oído a causa de su temor reverente.
>
> **HEBREOS 5.7**

Por favor, preste atención a la palabra "anciano" en Santiago 5.14. La palabra griega *presbíteros* literalmente significa "el mayor".[12] Observe que se daba por descontado que estos líderes mayores tenían una fe muy vivaz. En nuestro ambiente actual luchamos contra lo opuesto de esta idea ya que muchos abandonan la oración osada y dejan la fe extravagante en manos de cristianos a quienes todavía la vida no los ha golpeado.

Las circunstancias difíciles hacen que esta tendencia sea comprensible, pero quizá necesitemos un pequeño avivamiento. Tal vez sea hora de recordar Daniel 3.17: "He aquí nuestro Dios a quien servimos puede librarnos". Hermano, dígalo en voz alta. Pero, ¿y si no lo hace? Que sepan todas las influencias mundanas y los principados malignos que "no serviremos a tus dioses" (Daniel 3.18). Creer para ver.

Nadie puede explicar, de manera satisfactoria para todos, por qué Dios no sana siempre. La idea que más sentido tiene para mí es que Su mayor prioridad, en este tiempo de la iglesia, es manifestar Su poder en nuestro hombre interior (vea Efesios 2.20) viéndonos andar por fe y no por vista. Puedo asegurarle algo: podemos trabajar nuestro cuerpo hasta dejarlo en perfecto estado, pero si no oramos, nuestra alma caerá bajo el ataque de un agresivo cáncer de incredulidad. Hermano, nunca deje de orar y creer. Bien, por última vez vuelva a pensar en ese cartel imaginario en la pared porque Santiago 5.15-16 ofrece la última sugerencia para un alma saludable.

Complete los espacios en blanco:

"y si hubiere _____, le serán perdonados. Confesaos

_____ unos a otros".

El número 5 podría ser: *Confiese sus pecados a Dios y, cuando corresponda, a los demás.* Su sanidad puede estar en juego. Dios nos conoce muy bien. Conoce íntimamente nuestras cargas de culpa y nuestra tendencia a relacionar la enfermedad con el pecado. La Biblia afirma que algunas veces pueden estar relacionadas, pero nuestra tendencia autodestructiva cambia el "algunas veces" por "siempre". Y este es el por qué: "¿Quién puede decir que no ha pecado lo suficiente como para temer que una enfermedad presente esté atada a una falla pasada?"

Somos como los primeros discípulos, que al ver a un hombre ciego de nacimiento, preguntaron: "¿quién pecó, este o sus padres?" (Juan 9.2). Para gran alivio nuestro, Jesús respondió: "No es que pecó éste, ni sus padres, sino para que las obras de Dios se manifiesten en él" (v. 3).

El glorioso deseo de salud del medio hermano de nuestro Señor Jesucristo nos da la receta más sencilla de todas cuando tememos que el pecado tenga algo que ver con nuestro sufrimiento: confiéselo y reciba el perdón. ¿Debemos seguir en este mundo caído con cuerpos aún paralizados por la enfermedad? La confesión silencia el acoso de nuestro acusador, limpia nuestro corazón y cura nuestra alma.

Oremos, pase lo que pase. Después de todo: "La oración eficaz del justo puede mucho". Algunas veces se necesita más fe para sentirse perdonado que para sentirse sanado.

Algunas veces se necesita más fe para sentirse perdonado que para sentirse sanado.

SANTIAGO 5 Y EL AÑO 2009

El año 2009 parecía muy prometedor, no porque mamá y yo decidiéramos trabajar juntas en este libro de Santiago. Yo estaba muy entusiasmada excepto por el insignificante hecho de que mi salud, normalmente perfecta, de repente se vino abajo. Me ví luchando contra una serie de migrañas que me incapacitaban, espasmos por causa de una hernia de disco, taquicardia, problemas para respirar y náuseas debilitantes. Por supuesto, con el dolor físico llegó su buen amigo el tormento mental.

No lo digo a la ligera, algunos días realmente creí que moriría. La soledad y la desesperación penetraron en mi corazón de una forma que jamás creí posible. Mis días se llenaron de una extraña mezcla de investigación acerca de Santiago, resonancias magnéticas, fisioterapia, análisis de sangre, tomografías computarizadas y ultrasonidos.

Después de muchos meses me hicieron unas pruebas para buscar el origen de las náuseas. Mientras me hacían el examen, vi que el técnico parecía inquieto, pero traté de no comenzar a autodiagnosticarme. Además, luego podría leer alguna página web que me lo explicaría todo.

Antes que yo llegara a casa, me llamó el especialista. "Usted tiene una úlcera muy grande. No sé exactamente qué sucede, pero debemos hacer una endoscopía lo antes posible".

La endoscopía se realizaría el lunes siguiente. Era poco tiempo para un médico, pero esperar durante todo el fin de semana fue una angustia para mí. El temor no era por la úlcera en sí, sino por el hecho de que una persona de mi edad la tuviera. El estudio comprendería una biopsia y posiblemente un tratamiento para la úlcera. Lo más importante era que esto determinaría si el origen de mis problemas era un cáncer.

Nunca olvidaré el sonido de la voz del médico al otro lado de la línea. Un frío estremecimiento me recorrió el cuerpo como un viento siniestro.

Realmente no sabía qué contestar, así que le dije: "Bueno, está bien, ¿y qué debo hacer mientras tanto?" ¿Acaso no quería controlarme? ¿Mencioné que yo vivía a unas 800 millas de mi mamá? ¡El médico podría haberme invitado a pasar el fin de semana con su familia!

Para mí, crecer no fue graduarme de la universidad ni casarme sino que, de repente, tomar conciencia de la terrible realidad del escaso poder que tiene la profesión médica para aliviar el sufrimiento, mucho menos para eliminarlo. Tuve que enfrentar mi condición de mortal y reconocer que, en este loco mundo, hasta mis células podían rebelarse contra mí.

Librada a mis propios medios en tan triste situación, volví a mi investigación sobre Santiago. Naturalmente, releí Santiago 5.14-15. Conocía el pasaje, pero volví a leerlo y esta vez, con mucho más en juego. "¿Está alguno enfermo entre vosotros? Llame a los ancianos de la iglesia, y oren por él, ungiéndole con aceite en el nombre del Señor. Y la oración de fe salvará al enfermo, y el Señor lo levantará; y si hubiere cometido pecados, le serán perdonados". Este pasaje siempre me hizo sentir algo nerviosa.

Estos dos versículos parecían mejor destinados a textos de prueba para personas amantes de las sensaciones que para gente completamente normal como yo, que no tenía problemas con la medicina moderna. Sin mencionar que Colin (mi esposo) y yo aún éramos nuevos en Atlanta, así que, aunque estábamos asistiendo a una iglesia, todavía no éramos miembros. Yo no podía pedirle a una iglesia que apenas conocía que hiciera algo tan delicado. Así que no se lo pedí yo. Se lo pidió mamá.

Los ancianos, mostrando una gran gracia, se reunieron con nosotros y oraron por mí. Fueron maravillosos. Me conmovió mucho la forma en que oraron de todo corazón por mí. Salí de la iglesia edificada en espíritu, aunque físicamente todavía me sentía muy mal.

A la mañana siguiente me hicieron la endoscopía. Sabemos que las cosas van mal cuando esperamos la anestesia con ansiedad para escapar del dolor durante un rato. Cuando desperté, confundida y mareada, vino el doctor. Parecía atónito, pero como yo apenas estaba saliendo del efecto de la anestesia, creí natural que todo fuera un poco raro. Me dijo: "Bueno, Melissa. Supongo que la buena noticia es que estábamos muy equivocados. No hay ninguna úlcera".

Desearía poder decir que en ese momento comencé a aplaudir y a cantar un antiguo coro evangélico para luego convertir al médico en cristiano, pero no lo hice. Al principio me sentí frustrada e insatisfecha. "De vuelta al principio", pensé. Después de un año espantoso, me parecía muy importante recibir una respuesta como una solución. Si no era una úlcera, ¿qué había sucedido durante todo ese año? Me quedé sentada en silencio, completamente atónita. En este momento no sabía que ese sería el comienzo del camino hacia la normalidad, sin considerar lo que eso significara para mí.

Después de recuperarme de la sorpresa y arrepentirme de mi ingratitud, avancé por el camino de sanidad que Dios parecía tener para mí. Me atreví a creer que Él no solo me infligía dolor por mi bien sino que también podía sanarme por mi bien.

Aunque durante el año y medio siguiente estuve bajo la atención de un neurólogo por causa de las migrañas y un fisioterapeuta por los problemas del cuello, cesaron los problemas críticos y las náuseas crónicas no han vuelto. Para la gran gloria de Dios, Dador de todo buen don, terminó el tiempo del dolor físico insoportable.

Si usted tiene una teología como la mía, seguramente es algo renuente a considerar la sanidad como un don de Dios. No tenemos problemas en aceptar el sufrimiento y la adversidad como dones providenciales de Dios, pero tendemos a considerar con incredulidad la idea de que Dios pueda sanar para Su gloria. Santiago tiene el poder de transformar nuestra mente, si tenemos la valentía de hacerle lugar en nuestro prolijo sistema teológico.

Aún me estremezco al recordar el año 2009. Fue oscuro. La luz que yo veía era, más que nada, el aura de la migraña. Si usted tiene la suerte de no entender esa referencia, deténgase un momento y dé gracias.

No cuento esta historia porque crea que merezca un diez en la escala de los testimonios. Nunca podré demostrar que tuve una úlcera ni que Dios la sanó ese domingo. Pero en lo más recóndito de mi mente siempre tendré la sensación de que lo que sucedió ese día tuvo mucho que ver con el hecho de que una docena de fieles ancianos me rodearon para invocar el antiguo ritual que ordena Santiago 5.14-15. Nunca volveré a leer esos dos versículos sin sentirme impulsada a dar testimonio del poder sanador de Dios.

Por seguridad, debiera terminar con una aclaración pero, realmente, no quiero hacerlo. Es verdad: todos sabemos que Dios no siempre sana. Algunas de las personas más fieles que conozco oran por santos que sufren terriblemente sin recibir una respuesta de sanidad de parte de Dios.

Los milagros de sanidad en respuesta a las oraciones llenas de fe son excepciones desconcertantes y momentáneas a la forma en que esperamos que funcione el mundo. Pero Santiago nos desafía a hacer lugar para ellos en nuestra teología. Y Santiago no siente la necesidad de hacer una declaración. Simplemente nos deja allí, en medio de esa tensión. Quizá nos arriesguemos lo suficiente como para *creer* y *orar*.

Soli Deo Gloria.

Día uno

ÚLTIMO VISTAZO EN LAS ESCRITURAS

UN VISTAZO AL TEMA:

"Cuando llegamos a Jerusalén, los hermanos nos recibieron con

gozo. Y al día siguiente Pablo entró con nosotros a ver a Jacobo,

y se hallaban reunidos todos los ancianos". Hechos 21.17-18

Hoy comenzamos nuestra última semana de estudio. Con la mayor parte del libro de Santiago detrás de nosotros, ahora nos dedicaremos a la última aparición de nuestro protagonista en el libro de los Hechos. Quiero darle un adelanto del extenso pasaje que cubriremos hoy. Hemos tenido la maravillosa ventaja de estudiar pasajes mucho más breves que permitían un análisis mucho más profundo. En cambio, esta lección nos lleva a una narración con varias vueltas. Ahora, no tenga miedo. Le resultará muy interesante. Pero no se duerma.

La lectura de hoy lo lanza directamente al medio de Hechos 21, pero primero pintemos un poco el contexto de este cuadro. El año es, aproximadamente, el 58 dC.[1] El Espíritu Santo forzó al apóstol Pablo para que fuera a Jerusalén, aunque también le advirtió que allí le esperaban cadenas y aflicciones (vea Hechos 20.23). El viaje llevó al grupo de Pablo por Cesarea, donde recibieron una ominosa visita del profeta Agabo. Este confirmó la advertencia tomando el cinto de Pablo y atándose él mismo las manos y los pies. "Así atarán los judíos en Jerusalén al varón de quien es este cinto, y le entregarán en manos de los gentiles" (Hechos 21.11). La confirmación profética fue tan vívida y perturbadora que hasta Lucas se sumó a los que le rogaban a Pablo que no continuara el viaje.

¿Qué respondió Pablo en Hechos 21.13-14?

Ahora, lea Hechos 21.15-19 donde encontrará a Santiago. ¿Cuál es el contexto y de qué forma participa Santiago?

No nos sorprende encontrar a Santiago en Jerusalén, ya que era el obispo de la iglesia de esa ciudad. Imagine la escena de Hechos 21.18-19. Algunos comentaristas creen que unos 70 ancianos podrían haber estado presentes con Santiago cuando llegaron Pablo y sus compañeros.[2]

Se reunieron para tener una especie de recepción, algo como lo que una iglesia prepararía para misioneros que están de licencia. Pablo llegó trayendo una ofrenda de dinero para la iglesia de Jerusalén (vea 1 Corintios 16.1-4; Romanos 15.25-27), pero es probable que se sintiera muy aprensivo. Lea atentamente la explicación del Dr. Richard Longenecker porque es clave para comprender esta lección. Subraye las frases que le parezcan más pertinentes.

> Para entender los temores de Pablo debemos saber que la iglesia de Jerusalén estaba cada vez más atrapada entre su lealtad a la nación y su relación fraternal con la misión de Pablo a los gentiles. Aceptar la contribución de las iglesias gentiles era identificarse más con esa misión y abrir una brecha todavía mayor entre ellos mismos y sus compatriotas. Es cierto que antes habían aceptado una contribución similar (cp. 11.27-30) y habían declarado su fraternidad con Pablo en reuniones anteriores (cp. Gálatas 2.6-10; Hechos 15.13-29). Pero con el aumento a la tendencia del nacionalismo judío y un creciente grupo de creyentes escrupulosos en la iglesia de Jerusalén [...], era cada vez más difícil afirmar la solidaridad de los cristianos judíos con la misión a los gentiles si deseaban mantener la relación de la iglesia con la nación y mantener abiertas las oportunidades para alcanzar a Israel. Sin duda, Pablo sabía de las crecientes tensiones en Jerusalén. No es de extrañarse que temiera que Santiago y los ancianos, por defender sus relaciones y su misión con los judíos, se sintieran obligados a rechazar la contribución, cortando así, de hecho, la relación entre las iglesias paulinas y la de Jerusalén, lo cual hubiera sido un desastre en más de un sentido.[3]

> Pablo debe haber sentido una oleada de alivio en la primera parte de Hechos 21.20. ¿Cómo reaccionaron los líderes?

No obstante, ese alivio quizá haya sido efímero. Lea el versículo en Hechos 21.20 y preste atención a un dato vital que surge de la cita atribuida a Santiago y a los ancianos. Recibieron la buena noticia de Pablo con otra buena noticia de ellos: "Ya ves, hermano, cuántos millares de judíos hay que han creído; y todos son celosos por la ley". Si estuviéramos viendo esa imagen en video, este podría ser el momento en que la música se vuelve dramática y el lente se acerca a la expresión de un rostro. La noticia no era mala, pero podríamos decir que está cargada de significado. Tengamos en cuenta que estos nuevos creyentes que Santiago y los otros líderes tanto celebran eran judíos que habían aceptado la fe de Cristo. La ley era profundamente vital para ellos. Ahora, enfoque a Santiago. Lo encontrará entre la espada y la pared.

Recuerde que estos acontecimientos pertenecen a los primeros tiempos de la iglesia neotestamentaria. Los gentiles que recién habían aceptado a Cristo no tenían que averiguar qué hacer con el santo y salvador legado que Dios dio y que Jesús había venido a cumplir, no a abolir. Los gentiles no tenían este tipo de lealtad.

El Mesías en quien confiaron estos creyentes judíos había sido profundamente respetuoso de la ley en Su vida terrenal. Nosotros vivimos de este lado del canon bíblico terminado. Vivimos en una cultura en que parece que todo puede decirse en 140 caracteres (como en Twitter). Algunas cosas no son tan simples. Ellos no tenían el camino ya preparado.

¿Comprende el desafío que tenía la iglesia de Jerusalén para mantener abierto el canal para testificar en su nación? ¿En qué sentido siente usted una tensión entre permanecer fiel y extenderse para alcanzar a otros en nuestra sociedad?

Aunque Pablo predicaba la justificación por la fe solo por medio de la gracia, también se sentía en libertad de celebrar las festividades judías y, ocasionalmente, hacer algún voto. Podríamos decir que Pablo sentía que era libre para observar la ley y para no observarla. Para él, lo que ya no era una obligación podía ser una expresión de devoción. Otras veces, simplemente, era una actitud sabia. Por ejemplo, en Hechos 16.3, cuando Pablo circuncidó a Timoteo antes de llevarlo a un viaje donde los judíos sabían muy bien que el papá de ese joven era griego.

> Lea Hechos 21.20-25 y observe lo que sucedió a continuación en el relato. En el margen, escriba brevemente qué le pidieron Santiago y los demás ancianos a Pablo.

Los extractos de comentarios son un poco más extensos hoy, pero el Dr. Longenecker explica una situación delicada que a mí me llevaría años expresar. Léalo usted mismo.

Santiago y los ancianos alabaron a Dios en respuesta a las noticias que Pablo les dio y al donativo de las iglesias. Pero también instaron a Pablo a sumarse a cuatro judíos cristianos que estaban cumpliendo su voto de nazareos y a pagar las ofrendas que ellos requerían. Al hacerlo, le estaban diciendo a Pablo: "Si tú te sumas a estos hombres y te identificas abiertamente con nuestra nación, entonces nosotros podemos aceptar este donativo de las iglesias y así identificarnos abiertamente con tu misión a los gentiles". Así se protegían de las recriminaciones de los judíos mientras que al mismo tiempo confirmaban su relación con Pablo y su misión. Desde su punto de vista le estaban dando a Pablo un medio para protegerse de las acusaciones maliciosas que andaban circulando acerca de que él les enseñaba a los judíos a apostatar del judaísmo. En vista de que él había ido antes a Jerusalén en circunstancias más plácidas, para cumplir su propio voto de nazareo (cp. 18.18 – 19.22), Pablo no consideraría tal sugerencia como algo demasiado oneroso. Sin duda, a todos los involucrados les pareció una solución particularmente feliz a los delicados problemas que enfrentaban Pablo y la iglesia de Jerusalén.[4]

> Pablo hizo lo que ellos le pidieron y 1 Corintios 9.20 explica bien por qué. ¿Cuál era el punto de vista de Pablo? Responda al margen.

He aquí la explicación de lo que sucede en Hechos 21. Mientras estaba en el complejo del templo, a fines de los siete días, haciendo lo que Santiago y los ancianos le habían solicitado, unos judíos de Asia vieron a Pablo. Ellos lo capturaron y lo acusaron de llevar a un gentil a un área donde esto estaba estrictamente prohibido, una violación que se castigaba con la muerte para el no judío.

Poco antes estos judíos habían visto a Pablo en la ciudad con un gentil llamado Trófimo, "a quien pensaban que Pablo había metido en el templo" (Hechos 21.29). Estaban equivocados, pero fueron suficientemente convincentes como para que toda

Algunas cosas no son tan simples como para explicarlas en 140 caracteres.

la multitud comenzara a aullar como lobos. ¿Qué le parece un pasaje más?
Lea Hechos 21.30-36 y escriba los resultados en el margen.

El plan que tenía como fin proteger a Pablo y mantenerlo lejos de problemas irónicamente lo lanzó justo en medio de la multitud enfurecida. Considera la misericordia que mostró Dios al advertírselo a Pablo de antemano. La escena de Agabo atado de manos y pies seguramente volvió una y otra vez a la mente de Pablo. La advertencia del Espíritu Santo, por ominosa que fuera, fue para él como un fiel guardián a las puertas de su corazón humano.

Dudar de lo que uno ya ha hecho puede resultar tortuoso, ¿verdad? Tal vez Pablo no fuera el único que lo hiciera. Tendríamos que creer que Santiago era un "Superman" humano o que tenía el corazón endurecido para pensar que estos acontecimientos no lo afectaran. Si yo hubiera sido él, me habría sentido prácticamente enferma, terriblemente confundida y quizá hasta hubiera cuestionado por qué Dios le había permitido hacer una recomendación que acabó por meter en problemas a Pablo. "Haz, pues, esto que te decimos" (Hechos 21.23). No quiero decir que hubiera sido bueno que lo sintiera, o que Santiago lo sintió. Todo esto es pura especulación. Solo creo que habría sido natural que lo sintiera. Imagínese a usted mismo en esa situación. De haber sido Santiago, ¿cómo se sentiría ahora?

¿Cómo cree usted que habría reaccionado ante la noticia?
Escríbalo en el margen.

Tal vez yo esté muy lejos de la realidad. Quizá Santiago era lo suficientemente maduro como para no caer bajo el peso de la culpa. Pero, para muchos, el único bálsamo capaz de calmar nuestra autocondenación habría sido la desesperada esperanza de que el mismo Dios había ordenado que estos hechos sucedieran de esa forma para un bien mayor. Y así era. Este sendero de piedras llevó a Pablo, mediante la vía dolorosa, a pasar por las puertas de la mismísima Roma.

Escuché a un pastor decir que la iglesia real no es prolija, y que si hiciéramos el evangelio según el libro de los Hechos, las congregaciones serían bastante menos bonitas. Yo me quedé pensando si tendría razón. Tengo un ser querido que cree que nosotros somos nuestros propios dioses. De vez en cuando me miro al espejo y pienso: *Si Dios fuera tan bueno como soy yo, tendríamos graves problemas.* A veces calculamos mal las acciones y las reacciones. A veces tenemos buenas intenciones, pero las cosas no salen bien. Y, sin embargo, Dios cumple Su propósito. Solo Él puede tener semejante fe en Su Espíritu que mora en nosotros como para confiarle a la humanidad la antorcha del evangelio. Quizá nunca tuvo la intención de que llegáramos a nuestro destino sin algún rasguño.

¿Quiere escuchar algo triste? En las páginas de la Biblia no hay ninguna otra mención de nuestro querido Santiago. Durante varios años más sirvió fielmente en su puesto y solo la tradición puede sugerir qué habrá sido de él. De algo podemos estar seguros: el mismo Salvador que llevó a Pablo a Roma sostuvo con mano firme a las doce tribus dispersas (vea Santiago 1.1) y a un judío llamado Jacobo/Santiago.

Solo Dios puede tener semejante fe en Su Espíritu que habita en nosotros como para confiarle a la humanidad la antorcha de Su evangelio.

Un artículo más avanzado con Melissa

TEOLOGÍA DE LA COLECTA

Mamá señaló hoy que es muy posible que el apóstol Pablo sintiera cierta aprensión en cuanto a ir a Jerusalén. Lo vemos con claridad en Romanos 15.22-33.

Pablo esperaba ir a Roma camino a España, pero primero iría a Jerusalén. El apóstol deseaba que la iglesia romana orara por él por tres motivos: (1) ser librado de los judíos incrédulos de Judea; (2) que la iglesia de Jerusalén recibiera el donativo de las iglesias de Pablo y (3) llegar a Roma para pasar un tiempo con los creyentes de allí.

En Gálatas 2, cuando Jacobo (Santiago), Cefas y Juan reconocieron el ministerio de Pablo a los gentiles, solo pidieron que él y Bernabé recordaran a los pobres. La colecta de Pablo para los santos de Jerusalén cumplía con una "cláusula clave" del acuerdo hecho con los que consideraban ser las "columnas".[1]

Mamá mencionó esta monumental ocasión en la Primera Semana. Dicho sea de paso, ¿puede creer que ya estemos en la Séptima Semana? ¿Mencioné alguna vez que no soy muy buena para decir adiós?

Pablo nunca reveló lo que le esperaba cuando entregara la colecta en Jerusalén. El libro de los Hechos tampoco menciona lo que estaba en juego para la iglesia de Jerusalén al recibir la colecta de Pablo. Mamá presentó lo que algunos eruditos sospechan que podría explicar la posible renuencia de la iglesia de Jerusalén a aceptar el donativo que llevó Pablo. Yo quisiera hablar aquí de la naturaleza de la colecta. Aunque sin duda alguna la colecta de Pablo era una contribución monetaria para los santos de Jerusalén, su significado va mucho más allá de eso.

Pablo dice que la colecta tenía como fin crear mayor unidad entre las iglesias (vea 2 Corintios 8.1-4; 9.11-15). Al recibir este generoso donativo, Pablo dijo que los santos de Jerusalén iban a glorificar a Dios por la obediencia de las iglesias gentiles a la confesión del evangelio.

La colecta también era de naturaleza profundamente teológica. En Romanos 15.26-27, Pablo dijo que iba a Jerusalén a servir a los santos. Dado que los gentiles compartían las bendiciones espirituales de los judíos, tenían la obligación de ministrar a los judíos en sus necesidades materiales.

Pablo consideraba que la iglesia gentil tenía una deuda con los judíos por su herencia espiritual. Moo señala acertadamente: "Pablo entiende que la condición de los gentiles como miembros del pueblo de Dios está inextricablemente unida a una historia de salvación que tiene un molde judío, del Antiguo Testamento, que es imposible borrar".[2] la colecta era una forma tangible en que las iglesias de Pablo reconocerían el lugar especial que ocupaba Israel en la historia de la salvación.

Algunos eruditos hasta especulan un trasfondo escatológico de la colecta para Jerusalén.[3] Los profetas judíos hablaban de un día futuro en que la riqueza de las naciones fluiría hacia Jerusalén (vea Isaías 45.14; 60.5-17; 61.6; Miqueas 4.13). Es posible que de alguna forma esta colecta cumpliera las expectativas proféticas como una especie de tributo gentil a Jerusalén.

Para nuestro gran descontento, nunca se nos dice directamente en el Nuevo Testamento si la iglesia de Jerusalén rechazó o aceptó la ofrenda de Pablo. No puedo menos que preguntarme si quizá Santiago aceptara la colecta y él, como tantos otros hermanos en el Señor, de alguna manera ganó confianza a partir del encarcelamiento de Pablo y se atrevió a hablar el mensaje de Cristo con mayor osadía (vea Filipenses 1.14).

Día dos
PRECIOSA A SUS OJOS

UN VISTAZO AL TEMA:

"Habéis condenado y dado muerte al justo, y él
no os hace resistencia". Santiago 5.6

Sabemos que la tumba es el destino de todos los hijos y las hijas de Adán, pero, ¡ay! no por eso es menos triste.

¿Alguna vez pasó deliberadamente un rato con alguien a quien usted sabía que no le quedaba mucho tiempo en este mundo? Por alguna extraña razón esto es lo que usted ha estado haciendo durante siete semanas y lo que yo he hecho desde hace más de un año. Desde el comienzo sabíamos que este recorrido iba a terminar con la muerte de Santiago. Sabemos que la tumba es el destino de todos los hijos e hijas de Adán, pero, ¡ay! no por eso es menos triste.

Me he involucrado tanto en este camino con Santiago que al comenzar este día mis ojos están llenos de lágrimas. Es un poco tonto, lo sé, pero es posible que algunos de ustedes también sientan lo mismo. Hemos invertido mucha energía en su vida y su mensaje. Si usted es como yo, detestará ver irse a este hombre. Lógico, lo que hace un poco extraña nuestra relación con él es que Santiago no lo siente. Sin embargo, uno de estos días, después de contemplar el glorioso rostro de Jesús, nos encontraremos con su medio hermano y tal vez sintamos deseos de decirle: "¡Oye, yo te conozco!"

Recordará de la lección de ayer que en la Biblia no volvemos a ver ninguna mención de Santiago, aparte de las que ya hemos examinado. Usted y yo hemos remontado su vida biográficamente desde su primera mención en los Evangelios hasta la última, en Hechos 21. Así que, ¿en qué momento comenzó a escribir la carta que lleva su nombre? Aunque nos gustaría tener una línea de tiempo precisa, el hecho es que nadie lo sabe con certeza.

Ya aprendimos al principio que posiblemente el libro de Santiago sea uno de los más antiguos de la iglesia del Nuevo Testamento. En cuanto al momento y las circunstancias de su fallecimiento, recurriremos a relatos históricos y tradicionales para ayudar a suplir los datos que nos faltan. Nada tiene de peculiar que la muerte de Santiago no esté registrada en la Biblia. La Palabra solo menciona la muerte de dos de los doce discípulos originales: Judas Iscariote y Jacobo, el hermano de Juan, y algunos otros devotos de Cristo. Es probable que la muerte de Esteban haya merecido un prolongado relato de Lucas porque fue el primer mártir cristiano. No obstante, podemos acudir a la Palabra para conocer a alguien cuya muerte puede haber marcado un punto cercano para la despedida del mismo Santiago.

Ayer, ¿dónde dejamos al apóstol Pablo? (Vea Hechos 21.31-36).

Recuerde que calculamos el tiempo del arresto de Pablo en Jerusalén aproximadamente por el año 58. Lo detuvieron, le dieron una oportunidad de hablar a la multitud para dar su testimonio (vea Hechos 22.1-19), lo pusieron bajo protección romana (vea Hechos 22.24), le dieron suficiente libertad para que compareciera ante el Sanedrín (vea Hechos 22.30 – 23.8) y lo rescataron y volvieron a poner bajo custodia debido a que el tribuno temía que lo despedazasen (vea Hechos 23.10). Esa misma noche el Señor se le presentó y le dijo: "Ten ánimo, Pablo, pues como has testificado de mí en Jerusalén, así es necesario que testifiques también en Roma" (Hechos 23.11). Al día siguiente se descubrió un complot para asesinarlo, debido a lo cual por la noche enviaron a Pablo a Cesarea, donde permaneció bajo custodia. Mientras estuvo allí se le permitió presentar su defensa ante el gobernador llamado Félix. Su sucesor es la figura bíblica que según la tradición se convirtió en un punto importante en la línea de tiempo de Santiago.

Lea con atención Hechos 24.27. ¿Cuánto tiempo pasó?

¿Qué gobernador tomó el lugar de Félix?

¿Qué sucedió con Pablo?

En la línea de tiempo Festo es nuestro punto importante para lo que luego ocurrió con Santiago. Como referencia, digamos que tanto Festo como Félix (su predecesor) tenían un puesto similar al de Pilato durante los juicios de Jesús.[5] Finalmente Festo dijo las palabras que Pablo ansiaba oír: "A César has apelado; a César irás" (Hechos 25.12). Pasaron los días y el rey Agripa, de paso por Cesarea, le hizo una visita de cortesía a Festo. Mientras estaba allí supo de Pablo y pidió escuchar su defensa. Después que Pablo hablara de manera directa acerca del evangelio, Festo se enfureció y dijo algo que me parece precioso: "Estás loco, Pablo; las muchas letras te vuelven loco" (Hechos 26.24). Para seguro alivio de Festo, el apóstol zarpó junto a otros prisioneros en un barco que iba a Italia. Finalmente, Pablo se encontró bajo arresto domiciliario en Roma alrededor de los años 60 hasta el 62 d.C., esperando que lo juzgaran.

Ahora, volvemos nuevamente a Santiago, según el historiador judío Josefo. En *Word Biblical Commentary*, el Dr. Ralph Martin califica a este como "el informe más claro y más históricamente confiable".[6] Festo murió en el año 62 y hubo un intervalo de tres o cuatro meses entre su muerte y la llegada de su sucesor, Albino. Un joven arrebatado llamado Anás (II) era el sumo sacerdote en Jerusalén en ese momento, cuando el patriotismo judío comenzaba a despertar como un oso de su hibernación. Con la administración romana en un breve hiato, Anás aprovechó una oportunidad única para deshacerse de varios "líderes populares" que, según se creía, constituían amenazas al patriotismo en alza. Sí, acertó. Uno de esos líderes era "Santiago, el hermano de Jesús".[7]

Manténgase firme, aquí viene la explicación: "Se convocó a un juicio formal del Sanedrín y se presentó una acusación contra Santiago y otros, por ofensas en contra de la ley".[8] ¿Ofensas en contra de la *qué*? ¿*Nuestro* Santiago? ¿Le parece algo que él haría? Algunos piensan que los cargos fueron falsificados, pero observe otra teoría muy importante en relación con la lección de ayer: "Es posible que no le perdonaran a Santiago el no haber reprendido abierta y públicamente a Pablo y que de esa forma se disociara a sí mismo y a los otros creyentes judíos en Jerusalén del apóstol a los gentiles".[9]

¡Por favor! La vida para los líderes de la iglesia primitiva no solo era complicada, sino que también era riesgosa. No, era más que eso, era mortífera. No lo llamemos martirio, llamémoslo asesinato. Así que, en el año 62 de nuestro Señor, unos hombres traicioneros atraparon a Santiago el justo, un hombre que de tanto orar tenía las rodillas de un camello, y lo juzgaron por crímenes que se castigaban con la muerte. El arresto tenía ese fin específico.

Si Santiago hubiera sido menos popular, habría sido menos vulnerable. "En la estima del pueblo, la cualidad del carisma y el magnetismo personal de estos profetas habría logrado un número considerable de seguidores".[10] Santiago también predicaba sin ambages que "la venida del Señor se acerca" (Santiago 5.8). Hasta los de percepción muy lenta podían sumar dos más dos: los seguidores del hermano del Señor creían en el desplazamiento inmediato de todo poder que pudiera constituir competencia. Ese juicio estaba terminado desde antes de empezar.

Mientras usted imagina el arresto de Santiago, por favor, recuerde el eco de las palabras que escribió con cada uno de los pasos que lo conducía hasta su muerte: "Amarás a tu prójimo como a ti mismo. […] No matarás. […] Así hablad, y así haced, como los que habéis de ser juzgados por la ley de la libertad. Porque juicio sin misericordia se hará con aquel que no hiciere misericordia. […] ¿Quién es sabio y entendido entre vosotros? Muestre por la buena conducta sus obras en sabia mansedumbre. […] Pero la sabiduría que es de lo alto es primeramente pura, después pacífica. […] ¿De dónde vienen las guerras y los pleitos entre vosotros? […] Codiciáis, y no tenéis; matáis y ardéis de envidia, y no podéis alcanzar; combatís y lucháis. […] Dios resiste a los soberbios, y da gracia a los humildes. […] Uno solo es el dador de la ley, que puede salvar y perder; pero tú, ¿quién eres para que juzgues a otro? […] Y al que sabe hacer lo bueno, y no lo hace, le es pecado. […] Y la misericordia triunfa sobre el juicio".

La misericordia triunfa.

Tal ironía no se puede pasar por alto. El sumo sacerdote trató de silenciar al hombre que con un megáfono frente a la boca gritaba paz, controlando a su pueblo una y otra vez. El plan de Anás salió al revés, pero no a tiempo para Santiago. Algunos dicen que lo hallaron culpable y lo apedrearon hasta matarlo.[11] No pase esto por alto. Haga una pausa lo suficientemente prolongada como para imaginar los primeros golpes. Los recientes relatos de mujeres que lapidaron al otro lado del mundo nos dan escalofríos por la espalda. No es una muerte rápida y al reo le atan las manos —si no se las entierran— para impedir que se proteja. Casi seguro que también ataron a Santiago.

Eusebio, uno de los primeros padres de la iglesia, cuenta un relato diferente, pero no menos escalofriante: "Lo llevaron al medio y exigieron que negara la fe en Cristo delante de todo el pueblo".[12] Encontré dos citas diferentes que mencionan que lincharon públicamente a Santiago. La primera: "'Con voz sonante y con más valor del que ellos esperaban, [él] confesó ante todo el pueblo que nuestro Señor y Salvador

Jesucristo es el hijo de Dios'. […] La multitud judía se enfureció: 'Ya no pudieron soportar más su testimonio, dado que todos los hombres creían que él era el más justo […] por la altura que había alcanzado en una vida de filosofía y religión'. […] Así que lo mataron en el momento oportuno".[13]

La segunda cita es de los propios labios de Santiago: "¿Por qué me preguntáis acerca del Hijo del Hombre? Él está sentado en el cielo a la diestra del gran poder, y volverá en las nubes del cielo".[14] Por esto "Santiago fue arrojado desde el pináculo del templo y apaleado hasta la muerte por su audacia".[15] Un extraño relato adopta una perspectiva diferente sobre la golpiza: "Santiago fue arrojado a la corriente del Cedrón desde lo más alto del muro del templo, y misericordiosamente aporreado hasta morir por un batanero de Siloam, en el valle de abajo".[16]

El año pasado, cuando Melissa y yo estuvimos en Jerusalén, nuestra investigación para este proyecto ya estaba bastante avanzada. Casi caigo desmayada cuando nuestro guía de turismo judío nos llevó hasta un antiguo rincón de la ciudad santa y dijo: "Aquí fue donde arrojaron a la muerte a Santiago, el hermano de Jesús".

"Estimada es a los ojos de Jehová la muerte de sus santos" (Salmos 116.15). No sé que estaría sucediendo en el cielo mientras toda esa violencia y ese rencor caían sobre Santiago. Pero sí sé esto: el último latido de su corazón fue precioso a los ojos del Señor. Cuando Esteban proclamó el señorío de Jesucristo y la parte que tuvieron los malvados en Su crucifixión, "rechinando los dientes montaron en cólera contra él. Pero Esteban, lleno del Espíritu Santo, fijó la mirada en el cielo y vio la gloria de Dios, y a Jesús de pie a la derecha de Dios" (Hechos 7.54-55, NVI).

¿Querría buscar Hechos 7.56 y escribir lo que dijo Esteban?

"Entonces ellos, dando grandes voces, se taparon los oídos, y arremetieron a una contra él. Y echándole fuera de la ciudad, le apedrearon" (Hechos 7.57-58). En diferentes ocasiones la Biblia muestra a Jesús "sentado" a la diestra de Dios. Siempre me conmueve la idea de que estuviera "de pie" por amor a Su fiel seguidor Esteban. Uno también podría preguntarse si Jesús se tendría que contener.

Aunque no tenemos cómo saber si Santiago habrá visto algo similar en sus últimos momentos, podemos estar seguros de que la mirada de Jesús de Nazaret estaba fija, con toda Su atención puesta en el cuerpo de un ser tan amado que se quebrantaba. Ya sea que viera un atisbo de Jesús antes de morir o no, podemos estar seguros de que Santiago lo vio después. Con el cuerpo sano y el dolor convertido en ganancia, Santiago volvió a estar en el hogar de Jesús.

¿Qué desearía usted preguntarle a Santiago, si lo encontrara en el cielo?

Día tres
NI UNA PIEDRA

UN VISTAZO AL TEMA:

"Cuando Jesús salió del templo y se iba, se acercaron sus

discípulos para mostrarle los edificios del templo. Respondiendo

él, les dijo: ¿Veis todo esto? De cierto os digo, que no quedará

aquí piedra sobre piedra, que no sea derribada". Mateo 24.1-2

Entonces, ¿qué sucedió después?

¿Qué sucedió históricamente después de la muerte de Santiago? Este es el tema del día de hoy. De hecho, tanto esta lección como la de mañana girarán alrededor de esa pregunta. *Entonces, ¿qué sucedió después?* Debemos volver a buscar en fuentes fuera de las Escrituras para encontrar algunas respuestas.

Josefo, el historiador judío, es quien mejor nos puede responder y aunque algunos de los detalles que brinda son imposibles de verificar, los eruditos en general citan ampliamente el relato. Para aquellos de nosotros, a quienes nos encantan las líneas de tiempo, vamos a armar una que abarcará ocho años muy estratégicos luego del arresto de Santiago. Varias de nuestras fechas serán aproximadas, aunque bastante cercanas, y creo que este proceso nos será tremendamente útil. Podremos armar la línea como mejor nos parezca y documentar todos los detalles que queramos durante el transcurso de la lección, pero le pediré que incluya algunos acontecimientos específicos muy importantes. Bajo el punto marcado a la izquierda, donde comienza la línea de tiempo, escriba "Año 62, d.C.". Bajo el punto que se encuentra al final de la línea, escriba "Año 70, d.C.". Ahora, marque un punto cada dos años y numérelos: 64, 66 y 68. Usted escribirá los hechos encima de estos números.

Usted recordará que en el año 62 aprehendieron a Santiago en Jerusalén, mientras que probablemente todavía Pablo estuviera bajo arresto domiciliario en Roma. ¿Recuerda a Anás, el sumo sacerdote de Jerusalén que se aprovechó del intervalo entre gobernadores? Él "convocó al Sanedrín de jueces, y trajo ante ellos al hermano de Jesús, el llamado el Cristo, cuyo nombre era Santiago" e hizo matar a este y a varios más.[17]

Coloque la muerte de Santiago al comienzo de la línea de tiempo.

Según Josefo, varios ciudadanos enfurecidos por la injusticia pidieron al rey Agripa que se ocupara de Anás. Algunos también fueron a buscar a Albino, el nuevo gobernador, que estaba en camino para ocupar su cargo y le dijeron que Anás había reunido al

Sanedrín sin su consentimiento y, por tanto, había actuado de manera ilegal. Furioso, Albino le escribió una carta amenazadora a Anás y el rey Agripa le quitó el sacerdocio.[18] Nos alivia que se hiciera una pizca de justicia, pero ninguno de estos actos le devolvieron la vida a Santiago.

Con Santiago, se fue el cristianismo judío de los primeros días en Jerusalén. Tomemos en cuenta el profundo significado del ministerio y el mensaje de Santiago. Sin él, imagine el eslabón perdido entre la ascensión de Jesús y el desarrollo de una iglesia donde predominaba el gentil.

La pérdida de Santiago transformó de manera radical el cristianismo de los primeros tiempos. Pablo ministró vigorosamente durante otros cinco años, "para que [...] fuese cumplida la predicación, y que todos los gentiles oyesen" (2 Timoteo 4.17). Pero el libro de Hebreos se escribiría más tarde. Es que el lazo con los judíos nunca se cortó. De hecho, no sería posible. Tenemos un Mesías judío y Su legado terrenal es nuestra primogenitura espiritual.

> **Tenemos un Mesías judío, y Su legado terrenal es nuestra primogenitura espiritual.**

¿Qué significa Gálatas 3.29 para usted en cuanto a su identidad?

Cristo es el eslabón inquebrantable entre los dos pactos, el Antiguo y el Nuevo. El nudo divino, por así decirlo. El nudo judío se mantiene, pero el sabor judío de la iglesia primitiva llegó a su punto más prominente durante la vida de Santiago, pero disminuyó su prominencia con su muerte. Guarde este importante dato en su historia de la iglesia.

Volvamos a la línea de tiempo. Pablo escribió Efesios, Filipenses y Colosenses mientras estaba bajo arresto domiciliario en Roma. Lo liberaron en el año 63 ó 64. Entonces, sucedió algo cataclísmico: el gran incendio de Roma en el año 64.

Desde luego, agregue ese acontecimiento a su línea de tiempo.

Nerón era el emperador de Roma y a los 27 años ya hacía 10 años que ocupaba el cargo. El incendio arrasó con gran parte de la ciudad y hasta dejó hecho cenizas el palacio del mismísimo Nerón. Dice la leyenda que Nerón tocaba el arpa mientras Roma ardía. Todos conocían su plan de construirse un palacio más grande, así que muchos creyeron que había iniciado el incendio para nivelar el terreno.

Aunque Nerón intentó llevar ayuda a los que habían sufrido por el incendio, no pudo borrar el rumor de que él había sido el que encendió el proverbial fósforo. "Nerón sintió la necesidad de desviar las sospechas hacia otro grupo y eligió a los cristianos como chivos expiatorios, afirmando que ellos habían iniciado el incendio. Así comenzó una persecución sistemática de cristianos. Debido a la forma de vida de Nerón y la persecución que lanzó contra ellos, muchos cristianos lo consideraron el anticristo".[19]

Durante este tiempo de horrible persecución contra los cristianos, capturaron al apóstol Pablo y de nuevo lo enviaron a prisión. Es casi seguro que escribiera su segunda carta a Timoteo durante este encarcelamiento. Sería la última palabra inspirada que caería de su pluma. En el año 67, o alrededor de esa fecha, el emperador Nerón condenó a Pablo y entregaron su cuello a la espada.[20] Se cree que Pedro, la Piedra, también murió dentro de la misma oleada de persecución y por órdenes del mismo emperador. El único relato que tenemos es el de Hegesipo, el escritor de los primeros tiempos del cristianismo. El *Libro de mártires de Foxe* parafrasea a Hegesipo de la siguiente manera: "Después que lo capturaron y llevaron al lugar donde lo martirizarían, [Pedro] pidió que lo crucificaran cabeza abajo, ya que no se consideraba digno de ser crucificado en la misma posición que su Señor".[21]

> Agregue a la línea de tiempo el martirio de Pedro, cerca del de Pablo.

Al año siguiente Nerón perdió el favor del Ejército, su apoyo de Roma se debilitó y el Senado emitió una sentencia de muerte contra él.[22] "En el año 68, reconociendo que el fin era inevitable y estaba cercano, cometió suicidio acuchillándose a sí mismo".[23]

> Agregue este episodio a su línea de tiempo.

Recuerde que todos los acontecimientos mencionados en los últimos párrafos ocurrieron en Roma. Pero, mientras tanto, algo de tremenda importancia sucedió en Jerusalén, así que debemos rebobinar la línea de tiempo hasta el año 66. En ese año los judíos instigaron una rebelión contra el gobierno romano.

Como vimos, el nacionalismo judío había despertado con espíritu vengativo y hervía el celo por quitarse de encima décadas de tiranía romana. Entonces, un incidente sirvió como oportunidad: Floro, procurador romano que siguió a Albino, confiscó riquezas del tesoro del templo de Jerusalén y los judíos se sublevaron con violencia.

"En junio del año 66 cesaron por orden de Eleazar, capitán del templo, los sacrificios diarios que se ofrecían en Jerusalén en nombre del emperador y el pueblo romano. Este acto señaló la rebelión abierta contra Roma".[24] Podemos considerar esto como una declaración de guerra, y una guerra que no iba a terminar sino cuatro años después. Aunque los judíos ganaron algunas batallas, las pérdidas, al final, fueron catastróficas. El ejército romano entró como una tromba para recuperar el control desde afuera. En el año 69 Vespasiano se convirtió en emperador de Roma y le encargó a su hijo Tito que aplastara la revuelta de los judíos en su mismo núcleo: Jerusalén.

El resultado fue un estado de sitio que duró 143 días. El golpe de gracia fue un muro de sitio que los romanos erigieron para impedir que los judíos escaparan de la ciudad. "La hambruna y las luchas entre facciones internas fueron mortales para los judíos sitiados. Cayó la fortaleza Antonia y el 6 de agosto cesaron los sacrificios en el templo. El 9 del mes Av [28 de agosto del año 70], las trompas romanas incendiaron el templo".[25] Según la tradición, el día nueve del mes de Av destruyeron tanto el "Primer templo" como el "Segundo templo". La primera destrucción fue a manos de los babilonios, en 586 a.C., y la postrera, en el año 70 d.C.[26] El mismísimo Mesías profetizó la destrucción del Segundo templo. Por favor, lea Lucas 19.28-44.

¿Cuál es la ocasión a la que se refiere Lucas 19.28-40?

¿Qué hizo Jesús, según relata Lucas 19.41?

Según Lucas 19.42, ¿por qué lo hacía?

¿Qué profetizó específicamente Jesús en Lucas 19.43-44?

Aunque miles de judíos habían creído en Cristo, la nación como un conjunto no había conocido el tiempo de su visitación. En el año 70, ocho tumultuosos años después de la violenta muerte de Santiago, derrumbaron las piedras del templo. "A fines de septiembre terminó el sitio de Jerusalén con una victoria romana total. Tito tomó cautivos a los sobrevivientes judíos y más tarde los exhibió ante el pueblo de Roma en un desfile, junto con vasos tomados del templo, en un acto oficial de triunfo. Mataron a los prisioneros judíos en espectáculos públicos para celebrar la victoria romana. En el Arco de Tito, en el Foro Romano, está grabado el botín que los soldados romanos llevaron desde Jerusalén, incluyendo la Menorá y la mesa de los panes sin levadura que sacaron del templo".[27]

Detalle del Arco de Tito
Holman Bible Atlas, página 262

¿Recuerda la Primera semana y lo que hablamos sobre las "tres columnas" en Gálatas 2.9? ¿Quiénes les dieron a Pablo y a Bernabé "la diestra en señal de compañerismo"?

En el año 70 ya habían derribado dos de esas columnas, como si Satanás se hubiera plantado cual Sansón entre ellas. Solo quedaba una y la desterraron a la isla de Patmos. Para entonces, consideraron que todos los demás apóstoles eran dignos de morir. Allá, en el exilio, Juan no podía haber imaginado la revelación que le fue dada recibir, por la cual se mantenía con vida. No mucho antes que se secara la tinta de su pluma, escribió estas palabras:

> "Vino entonces a mí uno de los siete ángeles [...], y habló conmigo, diciendo: Ven acá, yo te mostraré la desposada, la esposa del Cordero. Y me llevó en el Espíritu a un monte grande y alto, y me mostró la gran ciudad santa de Jerusalén, que descendía del cielo, de Dios, teniendo la gloria de Dios. Y su fulgor era semejante al de una piedra preciosísima, como piedra de jaspe, diáfana como el cristal. Tenía un muro grande y alto con doce puertas; y en las puertas, doce ángeles, y nombres inscritos, que son los de las doce tribus de los hijos de Israel; al oriente tres puertas; al norte tres puertas; al sur tres puertas; al occidente tres puertas. Y el muro de la ciudad tenía doce cimientos, y sobre ellos los doce nombres de los doce apóstoles del Cordero" (Apocalipsis 21.9-14).

Como declaró el Cordero: "edificaré mi iglesia; y las puertas del Hades no prevalecerán contra ella" (Mateo 16.18).

Un artículo más avanzado con Melissa

ENTONCES, ¿QUIÉN TOMÓ LAS RIENDAS?

Con el arresto de Pablo, la prematura muerte de Santiago y la inminente destrucción de Jerusalén, sería natural que olvidáramos la iglesia que Santiago dejó atrás. ¿Quién iba a pastorear y a defender a estos santos (muchos de ellos pobres) después de la muerte de Santiago?

No tenemos registro de la muerte de Santiago, como tampoco lo tenemos en el Nuevo Testamento, acerca de quién le sucedió en la iglesia de Jerusalén. Pero Eusebio, el historiador de la iglesia, presenta una lista de obispos de Jerusalén, lista que al parecer él mismo obtuvo de los registros de esa iglesia.[1]

Quisiera mencionar el segundo nombre de la lista, directamente después de nuestro Santiago: Συμεὼν (Simeón). Aparentemente, era hijo de Cleopas, hermano de José (el padre de Santiago). Si usted me sigue, esto significa que el Simeón que asumió el liderazgo de la iglesia de Jerusalén, después de Santiago, era primo de este, y por lo tanto de Jesús. Varios escritores antiguos afirman que otro pariente de Jesús lideró la iglesia de Jerusalén después de Santiago.

No sabemos mucho acerca de Simeón, y lo que sabemos proviene de Hegesipo, que escribe en el siglo II. Su información no es muy confiable. A veces es sensacionalista, pero, por alguna razón, Hegesipo tuvo acceso a la tradición judeo-cristiana de Palestina y hasta Eusebio se apoya en él para su historia del antiguo cristianismo judío.[2]

El historiador Richard Bauckham dice: "la información confiable acerca de la muerte de Simeón es que probablemente lo arrestaron por subversión política, como partidario davidiano y pariente de Jesús, lo torturaron y crucificaron en el reinado de Trajano bajo un gobernador llamado Ático".[3] Bauckham sugiere que él podría haber presidido la iglesia poco después de la muerte de Santiago, en el año 62, hasta que lo martirizaron, aproximadamente cuarenta años después.[4]

En el Nuevo Testamento no tenemos información sobre Simeón, pero si esta información histórica es confiable, sugiere que la iglesia de Jerusalén tenía una cierta tendencia a otorgar el liderazgo a los familiares de Jesús. Para mí, es fantástico. Si yo hubiera vivido en esa época, habría hecho cualquier cosa por conocer a un primo de Jesús. Querría escuchar cada posible detalle acerca de Él, especialmente las historias que se cuentan en la familia.

La participación de los familiares de Jesús en la iglesia primitiva es testimonio del poder de Su vida, Su muerte y Su resurrección. Sin dudas, más de una vez Jesús dejó atónitos e inquietos a Sus familiares.

Muchos de nosotros somos miembros de la familia de Dios desde hace bastante tiempo. La vida en Cristo se ha vuelto algo muy doméstico. Quizá lo que necesitamos saber es que los miembros de la propia familia de Jesús finalmente lo hallaron tan irresistible que entregaron sus vidas por hacer Su voluntad.

Nadie es como Jesús, nadie es tan irresistible. Dicho con las maravillosas palabras de Judas, hermano de Santiago y medio hermano de nuestro Señor Jesucristo: "Judas, siervo de Jesucristo, y hermano de Jacobo, a los llamados, santificados en Dios Padre, y guardados en Jesucristo: Misericordia y paz y amor os sean multiplicados. […] al único y sabio Dios, nuestro Salvador, sea gloria y majestad, imperio y potencia, ahora y por todos los siglos. Amén" (Judas 1, 2, 25).

Día cuatro
PIEDRAS VIVAS

UN VISTAZO AL TEMA:

"Vosotros también, como piedras vivas, sed edificados como casa espiritual y sacerdocio santo, para ofrecer sacrificios espirituales aceptables a Dios por medio de Jesucristo". 1 Pedro 2.5

El tiempo se nos va tan rápido que no lo soporto. Solo nos quedan dos días más antes del adiós. Hermano, aprovechémoslos al máximo. Estamos buscando respuestas históricas, cronológicas, a la pregunta: "¿Qué sucedió después?" Volvamos a concentrarnos en el contexto que planteamos en la lección anterior. Ayer la línea de tiempo nos llevó hasta el año 70, cuando sucedió algo de tremenda importancia.

¿Qué fue?

Jesús predijo este dramático acontecimiento alrededor del año 30, y la documentación que lo comprueba se encuentra en los tres Evangelios sinópticos. Marcos 13.1-2 contiene las imágenes visuales más vívidas, así que nos detendremos en estos dos versículos. Uno de los discípulos, con mucho fervor, llamó a Jesús para que contemplara varios objetos específicos.

¿De qué objetos se trataba?

Para asegurarnos de marcar la relación más obvia con la lección anterior, ¿qué le respondió Jesús en Marcos 13.2?

Para apreciar en toda su plenitud las posibilidades contrarias al cumplimiento de esa profecía, tome en cuenta estas dimensiones: "El templo estaba construido con bloques de piedra caliza blanca que medían 37,5 pies de largo, 12 pies de alto y 18 pies de ancho. Algunos de los bloques que quedaron pesan casi 400 toneladas".[28] Agreguemos la abrumadora majestad del templo de Herodes y el horror de la predicción de Cristo se agiganta. Quizá este dicho rabínico de ese tiempo lo exprese mejor: "Quien no haya contemplado el edificio de Herodes [...] no ha visto nada bello en su vida".[29] Se trabajó durante 46 años para completar esta brillante obra de arte y continuaron adornándola hasta el año 66.[30]

Preste mucha atención al siguiente versículo, Marcos 13.3, cuando Jesús ya había subido al Monte de los Olivos. Incluso hoy, la vista panorámica de la ciudad vieja nunca es más fascinante que desde ese punto exacto, a 300 pies de altura sobre ella.[31] Hoy, si usted y yo pudiéramos acomodarnos en esa empinada ladera juntos,

La vista panorámica de la ciudad vieja nunca es más fascinante que desde el punto exacto donde Jesús subió en el Monte de los Olivos.

veríamos la Cúpula de la Roca islámica, donde alguna vez estuvo el templo de Herodes. Solo podemos imaginar cuán espectacular sería esa vista alrededor de esa luminosa maravilla del mundo antiguo.

> ¿Qué discípulos se acercaron en privado a Jesús? (Vea Marcos 13.3-4).

Recuerde que este Jacobo es el hermano del apóstol Juan y no se debe confundir con nuestro Santiago. En este momento de la historia, Santiago aún no era creyente.

> ¿Qué dos preguntas le hicieron los discípulos a Jesús en Marcos 13.4?
>
> 1.
>
> 2.

Dinos, ¿cuándo serán estas cosas? ¿Y qué señal habrá cuando todas estas cosas hayan de cumplirse?

MARCOS 13.4

Los dos versículos siguientes proyectan la atención de Cristo sobre la segunda pregunta, pero, durante unos instantes, la primera queda colgando en el aire como una gruesa y ominosa nube. Acerca de estos momentos tan intensos, Sus profecías fueron tan perturbadoras que tal vez los discípulos hubieran olvidado la primera pregunta de no ser por Marcos 13.14.

> ¿Qué dijo Jesús que hicieran cuando vieran "la abominación desoladora de que habló el profeta Daniel, puesta donde no debe estar"?

Recuerde estas instrucciones porque en unos instantes volveremos a ellas. La versión de Mateo (24.15) identifica el lugar donde se producirá la abominación desoladora como el "lugar santo", y por ello sabemos que la predicción tiene que ver con el templo. Como sucede de forma espectacular con numerosas profecías, la referencia a la abominación en el templo tendría cierto grado de cumplimiento tanto en el futuro próximo como en el lejano. Su cenit sería mucho después, en el tiempo de la gran tribulación, un tiempo que aún no ha llegado. Pero el templo al cual miraban Jesús y Sus discípulos ese día desde el Monte de los Olivos se vería desolado mucho antes. Ayer lo colocamos al final de la línea de tiempo, en el año 70.

Manténgase alerta porque aquí es donde comenzamos a unir todas estas piezas. Reflexione una vez más con cuidado sobre la línea de tiempo y fije su atención en el año 66.

> ¿Escribió lo que sucedió ese año? ¿Qué fue?

Al releer lo que sucedió en ese año 66, recuerde mi comentario anterior acerca de los adornos que agregaron al templo hasta ese mismo año. Esto aumenta la dolorosa ironía de la situación.

La revuelta de los judíos los puso justo en medio del campo de batalla contra el Goliat que era Roma. Una vez que el emperador fijó su mirilla en Jerusalén y sin duda en el templo, muchos creyentes recordarían la profecía de Jesús en Marcos 13.14: "los que estén en Judea huyan a los montes". Ellos tomaron las palabras de Jesús como una orden directa y, según el antiguo historiador cristiano Eusebio, muchos cristianos de Jerusalén huyeron a la ciudad de Pella, en Decápolis.[32]

Es posible que algunos de los que huían pertenecieran a la congregación de Santiago, ya que él fue martirizado solo cuatro breves años antes de la revuelta. Entre ellos quizá estuvieran algunos líderes que debieron tomar las riendas que alguna vez condujo Santiago. Posiblemente estos líderes habrían sido considerados obispos de un pueblo exiliado. Recuerde la pregunta que intentamos responder con las lecciones de ayer y de hoy: ¿Qué sucedió después de la muerte de Santiago? Después de la destrucción del templo, ¿qué sucedió? Este dato sobre el escape a Pella es vital para nosotros, porque nos da una de las escasas pistas con que contamos sobre adónde se reubicaron muchos de esos primeros judíos cristianos de Jerusalén.

Recuerde que Pedro fue uno de los cuatro discípulos que le preguntó a Jesús cuándo iban a suceder todas esas cosas en relación con el templo. Podemos suponer que Pedro vivió lo suficiente como para ver el comienzo de la revuelta judía en el año 66 porque casi seguro este fue uno de los hechos que lo llevó a su martirio. Fijamos (aproximadamente) su muerte en el año 67. Pedro no vivió lo suficiente para ver destruido el templo, ni sufrir por la celebración de tal noticia en Roma. Pero preste mucha atención: Nadie en esta tierra recibió más información divina que él sobre el plano para reconstruir el lugar donde iba a morar la presencia de Dios, un lugar donde se volvería a colocar piedra sobre piedra. El solo hecho de pensarlo me llena los ojos de lágrimas.

Pedro, posiblemente, escribió su primera carta en algún momento entre los años 62 y 64.[33] Con todo el contexto que tenemos de la lección de hoy, lea y disfrute 1 Pedro 2.4-10.

¿Cómo se llama a Cristo en el v. 6?

¿Con qué dos palabras describe Pedro a los creyentes en Cristo en el v. 5? "vosotros también, como…"

¿Cómo qué, exactamente, eran ellos (y somos nosotros) edificados?

¿Qué perspectiva o inspiración le aporta 1 Pedro 2.5, 9 a su andar de fe?

La vista panorámica de la ciudad vieja nunca es más fascinante que desde el punto exacto donde Jesús subió en el Monte de los Olivos.

Nadie en esta tierra recibió más información divina que él sobre el plano para reconstruir el lugar donde iba a morar la presencia de Dios, un lugar donde se volvería a colocar piedra sobre piedra.

Oh, hermano, ¿puede verlo? Usted y yo comenzamos estas siete semanas de viaje hablando del ministerio de Jesús como Dios-hombre en la tierra, dijimos que Sus propios hermanos no creían en Él, que fue arrestado y crucificado y, luego, resucitado de los muertos. Después aprendimos que allí, a la sombra de la tumba vacía, Santiago, el medio hermano de Jesús, se encontró con el glorioso Señor resucitado y cambió para siempre.

Luego Jesús ascendió al Monte de los Olivos y vimos a Santiago reunido en el aposento alto con los discípulos, sus otros hermanos y su madre. Contemplamos el nacimiento de la iglesia del Nuevo Testamento en el libro de Hechos y vimos a miles de personas sumarse a la congregación.

Los vientos de la persecución esparcieron las semillas del cristianismo por toda Judea y Samaria. Las palabras que Tertuliano escribiría casi dos siglos después ya han demostrado ser ciertas. "Cuanto más nos arrasáis, más crecemos en número; la sangre de los cristianos es semilla".[34]

Santiago permaneció y surgió como el líder más prominente de la iglesia de Jerusalén. Él, Pedro y Juan les dieron a Pablo y Bernabé la diestra en señal de compañerismo y los enviaron a predicar el evangelio a los gentiles. El apretón de manos se convertiría en lucha a brazo partido, y la lucha volvería a ser un apretón de manos, en un proceso en que judíos y gentiles intentaban encontrar un mínimo de terreno común entre las palmas de las manos extendidas de Cristo. Así nació el cristianismo.

Santiago, dentro de las paredes de esa cuna, vivió piadosa y fielmente, lleno de oración y rodeado de peligros. Plantado en el suelo de una ciudad sobre la colina, sintió los rumores subterráneos de una nación resentida, que no veía la hora de sacarse de encima el yugo romano. Vio la opresión de los pobres, sintió los dolores del hambre y conoció a los que eran chamuscados por los fuegos de la persecución. *Y lo dijo.* Anduvo haciendo equilibrio sobre una peligrosa y delgada cuerda floja entre quienes vivían según la ley y los que morían por la ley. Escuchó a hermano hablar contra hermano y a vecinos hablando de venganza. *Y lo dijo.* Llamó a la iglesia a ponerse en orden en una ciudad harta del orden. Lo amaron y reverenciaron y, por eso mismo, lo rechazaron y le temieron.

La presencia de Santiago en Jerusalén iba a ser, en última instancia, el motivo de su muerte, pero no la muerte de su mensaje. Y también tendría una rara especie de resurrección. Cuatro años después de que Santiago fuera martirizado, comenzó la revuelta y Roma respondió con crueldad.

Esos primeros seguidores de Cristo iban a morir, uno por uno, por manos de sus propios compatriotas o por el largo y afilado látigo de Roma. Los acontecimientos ocurridos en el año 70 nos dejan temerosos, abrazados, observando desde lo alto del Monte de los Olivos lo que ha quedado de la ciudad santa.

Aquí, al final de la línea de tiempo de la era en que vivió Santiago, Jerusalén está en ruinas, y el templo que pisaron los pies del Maestro está hecho cenizas.

Pero antes que se derribara una sola piedra del templo, colocaron una Piedra Angular. Sobre ella se fueron acomodando, unas tras otras, las piedras vivas, de manera que cuando destruyeron el santuario construido por manos humanas, otro, construido por la mano de Dios, estaba en pleno proceso. Pero esta vez ningún muro impediría el acceso a él. El evangelio iba a reverberar hasta los confines de la tierra y, a su rugir, piedras de todas clases rodarían ladera arriba para encontrar su hogar sobre la Piedra Angular.

Así que ya no sois extranjeros ni advenedizos, sino **conciudadanos de los santos**, y **miembros de la familia de Dios**, edificados sobre el fundamento de los apóstoles y profetas, **siendo la principal piedra del ángulo Jesucristo mismo**, en quien todo el edificio, bien coordinado, va creciendo para ser un templo santo en el Señor; en quien vosotros también sois juntamente edificados para morada de Dios en el Espíritu.

Efesios 2.19-22

Hermano, mire muy de cerca con los ojos de su imaginación y levante cada vez más la mirada hasta llegar a donde se encuentra el siglo XXI. ¿Nos ve? ¿Nos ve a usted y a mí?

Allí estamos: dos piedras vivas.

Un artículo más avanzado con Melissa

EL LEGADO DE SANTIAGO

Hoy, mamá expuso cierta información histórica sobre lo que podría haber sucedido con la congregación de Jerusalén después de la destrucción del templo. Aunque es lamentable, los escritores antiguos no nos cuentan ni una fracción de lo que quisiéramos saber acerca de lo que sucedió con la iglesia de Jerusalén. No sabemos qué forma tomó la iglesia al final ni cuánto tiempo mantuvo su carácter judío distintivo.

Sí sabemos que la iglesia de Jerusalén, en el exilio, ya no tenía la misma influencia que tuvo en el movimiento cristiano mundial en la época de Santiago. Como sugiere John Painter, Simeón probablemente no estuvo a la altura de Santiago.[1] Además, la iglesia de Jerusalén, con seguridad, perdió influencia debido a que estaba físicamente distante de la ciudad.

Residir en la ciudad santa, a pesar de sus riesgos, fue una ventaja para la comunidad cristiana judía porque les permitía mantener la relación con la comunidad judía de ese lugar y relacionarse con los judíos de la diáspora que peregrinaban al templo. Los obispos de Jerusalén en el exilio nunca pudieron ejercer la misma clase de influencia que tuvo Santiago en el movimiento extendido de Jesús.[2]

No me sorprende que la iglesia de Jerusalén haya cambiado notablemente al no contar con Santiago como líder. ¡Ni yo misma sé qué será de mi pequeño mundo sin el diario desafío de su voz! Me descubro tratando de extender este último artículo porque no me siento dispuesta a dejarlo ir.

Cuando comenzamos este estudio, vimos que a Santiago, con solo una epístola y relativamente pocas menciones en el Nuevo Testamento, lo solían considerar (equivocadamente) una figura marginal en la iglesia primitiva. Hemos aprendido, a través del camino, que en su época Santiago era, sin duda, tan prominente como Pedro y Pablo. A pesar de nuestra inicial subestimación de la importancia de Santiago en la iglesia primitiva, sucede que esta figura rápidamente se volvió legendaria en la literatura y la tradición cristiana primitiva. Por ejemplo, Painter explica: "Además de Dios, que es justo, y de Jesucristo el justo, la justicia se relaciona con Santiago más que con cualquier otra figura cristiana de los primeros tiempos; de hecho, "Justo" se convirtió en su título o característica que lo define".[3]

El famoso título de Santiago puede traducirse como "justo" o "recto", y hace referencia tanto a su fidelidad como a su injusto sufrimiento como mártir. La popularidad de Santiago en el cristianismo primitivo es obvia, dada la enorme cantidad de escritos que se han dedicado a su carácter. Aunque mucha de esta literatura es más legendaria que histórica, lo vasta de ella ciertamente da cuenta de su extensa reputación en la iglesia, especialmente hasta fines del siglo V.[4]

Pero el legado de Santiago no termina en el siglo V; continúa con y en nosotros. Al terminar este recorrido que hicimos juntos, quisiera decir dos cosas que me quedan como reflexión.

Primero, Santiago me desafía a pensar más teológicamente acerca de la historia de la salvación, especialmente las implicaciones de la misión de Jesús para el Israel étnico. Siempre que lo encontramos, ya sea que Santiago esté hablando frente a un concilio en Jerusalén o escribiendo a los santos dispersos por otros lugares, está reconciliando la Palabra de Dios por medio de las personas y los profetas de antaño con esa cosa nueva que Dios ha hecho a través de Jesús.

Santiago enfrenta el presente con valor y aunque sus pies avanzan al ritmo del Espíritu Santo, también están firmemente arraigados en el pasado. Hay algo muy irresistible en ese arraigo, especialmente cuando lo motivan la fe y la convicción, más que el miedo y la nostalgia. Hace más de cien años, F.J.A. Hort hizo esta colorida apreciación sobre la epístola de Santiago:

Una y otra vez se ha levantado el loco sueño de un "cristianismo sin judaísmo" con el poder de su atracción. Pero la epístola de Santiago marca de una manera más decisiva la continuidad de los dos Testamentos. En algunos aspectos obvios es como una parte del Antiguo Testamento que aparece en medio del Nuevo y, sin embargo, no está fuera de lugar ni de tiempo ya que también pertenece perfectamente al Nuevo Testamento.[5]

La religión de Santiago logra cumplir una tarea monumental. Sin esfuerzo alguno combina temas del Antiguo y del Nuevo Pacto con una notable dosis de facilidad y gracia. En pocas palabras, la fe que Santiago pone en funcionamiento es el judaísmo perfeccionado y cumplido mediante la vida y la sabiduría de Jesús. Esto me lleva al segundo y último punto.

Santiago ilustra lo que significa personificar la vida y la sabiduría de Jesús. Mi ex profesor tenía el hábito de decir algo que nunca olvidaré. Él decía: "Sabemos que hemos logrado el éxito en la comprensión de un autor cuando podemos expresar sus ideas con nuestras palabras". Esto se aplica perfectamente a Santiago y su relación con los dichos de Jesús.

Aunque podemos identificar unos veinte, o más, posibles paralelos o alusiones a tradiciones del Evangelio de Mateo en Santiago, él, curiosamente, nunca cita de manera directa a Jesús. La mayoría de las veces Santiago simplemente se hace eco de imágenes o temas de esas enseñanzas. Santiago no se limita a lanzar un texto como justificación rápida ni a dejar asentadas palabras de Jesús para los registros históricos; él absorbió las tradiciones de Jesús en lo más profundo de su ser.

Las palabras de Jesús están tan profundamente implantadas en Santiago que las derrama creativamente en sus circunstancias particulares y únicas. Esta palabra implantada en Santiago es un catalizador para que él cree sus propios dichos, pero en el mismo tenor y con el mismo tono que la voz de Jesús.

Este, para mí, es el corazón del asunto. Si usted me preguntara qué quiero llevarme de Santiago, es esto. Quiero que la vida y la sabiduría de Jesús me transformen de tal manera que aunque con toda intención no esté haciendo referencia a un versículo de la Biblia, mis palabras le recuerden a Jesús a alguien.

Bien, hermanos y amigos, aquí estamos. Este recorrido ha sido un viaje intenso y un enorme privilegio. Espero que hayan tenido muy buenos intercambios de ideas y hasta tal vez algunos debates acalorados en el camino. Después de todo, ¿acaso no se trata de trabajar los materiales difíciles en el contexto de la comunidad?

Quiero agradecerle, de todo corazón, el haberme escuchado con tanta gentileza durante estas últimas siete semanas. Nunca antes había hecho esto y le agradezco que me haya brindado su tiempo, su paciencia y su misericordia. Al escribir estas últimas palabras, recuerdo la frase final del primer libro que leí acerca de Santiago. Al leerla, lloré a gritos, una reacción emocional bastante inusual en mí al terminar un libro académico. Por lo general, lo único que hago es lanzar un enorme suspiro de alivio. Entonces supe que Santiago me atrapó por el resto de mi vida.

John Painter escribió ese libro y terminaba diciendo: "La última palabra, entonces, es Santiago el justo, Santiago el fiel, Santiago el recto".[6]

No puedo menos que hacerme eco de este sentimiento. Así que, yo también termino mi pequeño aporte a esta historia, diciendo: Santiago.

Día cinco
¿QUÉ SUCEDE DESPUÉS?

UN VISTAZO AL TEMA:

*"Pero persiste tú en lo que has aprendido y te persuadiste,
sabiendo de quién has aprendido".* 2 Timoteo 3.14

Ay, hermano, fíjese conmigo qué día es hoy: Séptima semana, Día cinco. Hemos llegado al final de la línea. ¿No le encantaría que pudiéramos estar juntos? ¡A mí sí! Celebrar sería lo más apropiado. Un recorrido de siete semanas haciendo un profundo estudio bíblico no es poca cosa para personas como nosotros, nuestra cultura fastidiosamente nos preparó para sentir una grave alergia a posponer la gratificación y nos dio la misma capacidad que una mosca para mantener concentrada nuestra atención.

Creo que quizá hoy Dios esté orgulloso de nosotros. A Él le agrada cualquier clase de gozo que surge de la fuente de Su Espíritu. Mientras lo hagamos con espíritu agradecido y corazones humildes, creo que Él nos animaría a hacer una gran fiesta en Su honor y divertirnos en grande.

Luego de decir esto, ya estoy sentada aquí lagrimeando. Detesto admitirlo porque si usted ha hecho alguno de mis estudios anteriores, estoy casi segura de que esta es la décimo cuarta vez que confieso que lloro el último día. Pensaba no hacerlo ahora, pero extrañaré mucho este tiempo intenso con Dios. Y a usted también lo extrañaré. Nos expusimos y permitimos que Dios desafiara nuestras mentes, nuestros corazones, nuestros actos y nuestras doctrinas. Más bien, que los revolviera por completo. Para gran crédito de nuestro Señor, no nos dimos por vencidos. Al llegar a este último día, Santiago podría decir que hemos permitido que la "paciencia" tenga "su obra completa" (1.4).

Usted también sentirá sus emociones al llegar a este final. Sentir algo de melancolía no nos hace menos espirituales que los que quieren aplaudir y palmearse con orgullo la espalda por el trabajo terminado. Pero por favor, sienta lo que sienta, dígalo aquí como una manera saludable de desahogarse.

¿Qué siente usted al terminar este estudio?

Tal vez haya escuchado el dicho que dice: "impresión sin expresión causa depresión". Asegurémonos de tener suficiente tiempo como para expresar lo que Dios ha dejado impreso en usted a través de este recorrido. Miremos atrás y luego, al final, miremos hacia delante.

Esta mañana, muy temprano, le dije a Dios las palabras de la epístola de Santiago como lo he hecho muchas veces en estos últimos meses. Pero esta vez lo dije muy lentamente, para que los principios, los conceptos y las imágenes de muchas cosas que

Para gran crédito de nuestro Señor, no nos dimos por vencidos.

hemos aprendido juntos flotaran a la superficie en mi mente consciente. Fue una manera tan rica de poner broche final a esta experiencia que me pregunto si usted querrá hacer algo similar. Si tiene unos 15-20 minutos extras, deténgase ahora mismo y léale a Dios los cinco capítulos completos del libro de Santiago y, si es posible, en voz alta.

Si trabajó el nivel 2, vaya al final del libro y lea lo que escribió de su puño y letra. Si trabajó hasta el nivel 4, diga de memoria tanto como le sea posible y lea el resto. Si no tiene ese tiempo extra para hacerlo hoy, eche un vistazo a la epístola y permita que sus ojos recorran las páginas, pidiendo al Espíritu Santo que le recuerde lo que Cristo le ha enseñado (vea Juan 14.26). Cada uno de los siguientes rectángulos representa un capítulo del libro de Santiago.

> Escriba la cita bíblica y el concepto que más le llamaron su atención y, de acuerdo al espacio disponible, por qué le impactó.

SANTIAGO 1

SANTIAGO 2

SANTIAGO 3

SANTIAGO 4

SANTIAGO 5

LA VIDA DE SANTIAGO

Ahora, concentre su atención en el rectángulo más fino que está debajo de los otros. Ese espacio representa el impacto de Santiago, la persona. Repase las páginas de la Primera y la Séptima semana de nuestro estudio y escriba qué aspecto de la vida de Santiago le impactó más y por qué.

Escriba sus respuestas en el rectángulo.

Después que usted ha dedicado tanto de su vida a Santiago y su mensaje, el Dr. James B. Adamson escribió una sinopsis de la epístola que casi me hizo ponerme de pie de un salto.

> El verdadero problema es que este libro brusco, pero fresco, "nos encuentra", nos saca del balcón para llevarnos a la calle, y nos arrastra lejos del intelectualismo, el misticismo y el dogmatismo para llevarnos a un mundo real, vivo, existencial, donde, con la mano en el cuello, nos arrojan a un momento de decisión. ¿Por qué sucede esto? La respuesta debe ser la cercanía de Jesús a cada uno de nosotros, en nuestro dolor, nuestra pena, soledad, oscuridad y tempestades, nuestra tentación, hambre y sed, nuestras decepciones, pecados y rechazos. Santiago envuelve para nosotros los aspectos vitales de nuestra existencia terrenal con Jesucristo.[35]

Ah, sí. Nos arrojan a un momento de decisión. En los últimos días de nuestro estudio, nosotros, los amantes de la historia, nos hemos dedicado a una línea de tiempo desde el año 62 hasta el año 70, tratando de desentrañar la pregunta acuciante: "¿Qué sucedió después?" Vimos lo que sucedió después, cuando Santiago ya no estaba en el cuadro. Vimos lo que sucedió a continuación, cuando los judíos se rebelaron contra Roma y el templo fue destruido. Ahora pasamos de lo histórico a lo personal y del pasado al presente. Nos maravillamos ante todo lo que Dios logró por medio de Santiago y sus contemporáneos, pero mire sobre su hombro. Ellos no están aquí. Tampoco los que les siguieron poco después.

Entonces, mi querido compañero de viaje: ¿Qué sucederá después con usted?

En este momento nosotros, y nuestra generación de creyentes, estamos en lo más alto del montón de piedras vivas. Somos los ladrillos con los que en este tiempo Cristo edifica Su iglesia. La próxima hilera se apoyará en nuestros hombros. Si miro a mi pasado, me asalta la idea de que Dios tenga una gracia infinita o un gusto bastante extraño. Si debía o no elegirnos, lo hizo. Ahora gira la pregunta que le hicimos a la historia y nos apunta con su flecha: *Entonces, mi querido compañero de viaje: ¿qué sucederá después con usted?*

Con todo lo que hemos aprendido, y el estudio terminado, ¿ahora, qué? ¿Será simplemente otro estudio más que completamos, o nos habremos metido las Escrituras hasta los huesos? ¿Qué sucederá ahora con nosotros? Puedo contarle algunas cosas que ahora espero que sucedan conmigo. Espero negarme al lujo de volver a usar palabras de fe que no estén a la altura de mi andar de fe. Lo que vivo es lo que realmente creo. Punto.

Espero tener un corazón lleno de fe y expectativas al pedirle sabiduría a Dios, sabiendo que Él se deleita en darla. Espero resistir la magnética atracción de este mundo temporal a reducir mi vida a una efímera flor silvestre en un prado marchito. Quiero vivir para lo que permanece. Quiero vivir para Jesús.

Y, con la ayuda de Dios, quiero perseverar en las pruebas, los sufrimientos y las persecuciones sin convertirme en una llorona patética. Por una vez en mi vida quiero saber cómo es tener por sumo gozo el encontrarme en toda clase de dificultades. Cuando en este fallado corazón mío surja algún deseo deforme, quiero correr a entregárselo a

Jesús y pedirle que lo sane rápidamente. Quiero cuidar mi lengua, ¡por favor! ¿Usted no? Nuestra religión es totalmente inútil si no lo hacemos.

Quiero, en todo momento, mantener en mi radar a los pobres y dejar de protegerme a mí misma del dolor y las luchas de otros. ¿Usted no? Quiero amar a mi prójimo como a mí misma. Quiero vivir con toda la expectativa del glorioso regreso de nuestro Salvador Jesucristo. Quiero orar más por los enfermos. ¿Usted no? Bien, recuperaré mi aliento y le permitiré que usted continúe durante un rato.

¿Qué quiere hacer usted a la luz de todo lo que ha aprendido?

Oh, Jesús, ayúdanos. Espíritu Santo que moras en nosotros, haznos quienes, sin Ti, no podamos ser. Abba Padre, no permitas que nos salgamos con la nuestra si eso significa vivir vidas sin propósito. Rescátanos de reflejar como en un espejo la imagen de este mundo grotescamente desfigurado. No nos sueltes hasta que hayamos hecho Tu voluntad. Como dijo el mismo Santiago: "consideramos dichosos a los que perseveraron" (5.11, NVI). En este momento estamos ante ti, muriéndonos por vivir de otra manera. Ayuda nuestra incredulidad. Jesús, hazlo Tú a través de nosotros.

¿Por qué no vuelve a ese diagrama y escribe su nombre completo encima del rectángulo superior, como recordatorio de todo lo que Dios ha invertido en usted? Antes de decirle adiós, por favor, permítame dar las gracias a dos personas muy especiales para mí. Melissa, querida mía, busco y busco y no encuentro las palabras para agradecerte lo suficiente por tu visión para este proyecto y tu titánica inversión en este. Nuestros hermanos no tendrían este libro en sus manos de no ser por ti. ¡Qué viaje hemos hecho! Cuánto aprendizaje, cuántas luchas, cuántos debates, cuántas risas, cuántos gestos y cuánto gozo hemos vivido. Nunca lo olvidaré. Te respeto, ¡y a ti, como a Amanda, las quiero mucho!

La segunda persona a quien quiero dar las gracias es a usted, hermano. Mi corazón está tan conmovido que me duele. Bendito sea por haberme regalado su compañía. Si no lo hubiera imaginado a usted del otro lado, me pregunto si alguna vez habría terminado. Permanezca en la Palabra, hermano. Con las rodillas en el suelo y los ojos en el cielo. Bueno, bueno. Despidámonos con una última cita.

¿Quién es esta tremenda personalidad que habla a toda la Iglesia con una voz que no espera contradicción ni disputa? ¿Que no apela a otra autoridad fuera de la de Dios, que no conoce a superior alguno más que al Señor mismo, que cita ejemplos de los grandes de la Antigua Dispensación, instruye, alienta, denuncia con una profundidad, una energía, un fuego sin igual en todo el espectro de la sagrada literatura?[36]

Ese es nuestro Santiago.

NIVEL 2

ESCRIBA A MANO EL LIBRO DE SANTIAGO

SANTIAGO 1

SANTIAGO 2

SANTIAGO 3

SANTIAGO 4

SANTIAGO 5

NIVEL 4

Aprenderse de memoria
el libro de Santiago
(¡Sí, todo el libro!)

_____

_____

_____

_____

_____

_____

_____

_____

_____

_____

_____

_____

_____

_____

_____

_____

_____

_____

_____

_____

_____

_____

_____

_____

¿Usó Dios el proceso de escribir a mano en su vida personal de alguna manera notable o sorpresiva? Si es así, por favor, cuéntelo y sea tan específico como le sea posible.

NOTAS

PRIMERA SEMANA

1. Korb, Scott, *Life in One Year*, Riverhead Books, New York, 2010, p. 64.
2. Ibid., p. 22.
3. Ibid., p. 71.
4. Ibid., p. 74.
5. Ibid., p. 83.
6. Ibid.
7. Adaptado de John Donne, *Devotions Upon Emergent Occasions*, Oxford University Press, New York, 1987, p. 87.
8. McKnight, Scot, *The NIV Application Commentary: Galatians*, Zondervan, Grand Rapids, MI, 1995, pp. 75-6.
9. Bruce, F.F., *The New International Greek Testament Commentary: The Epistle to the Galatians*, Wm. B. Eerdmans Publishing Co., Grand Rapids, MI, 1982, p. 89.
10. Longnecker, Richard, *Word Biblical Commentary*, vol. 41, *Galatians*, Nelson Reference & Electronic, Colombia, 1990, p. 57.
11. Bruce, F.F., *The Book of the Acts*, Wm. B. Eerdmans Publishing Co., Grand Rapids, MI, 1988, p. 239.
12. Ibid., p. 293.
13. Fernando, Ajith, *The NIV Application Commentary: Acts*, Zondervan, Grand Rapids, MI, 1998, p. 418.
14. Ibid., p. 419.
15. Bruce, *Book of the Acts*, p. 297.
16. Polhill, John, *The New American Commentary*, vol. 26, *Acts*, Broadman & Holman Publishers, Nashville, TN, 2001, p. 336.

SEGUNDA SEMANA

1. Martin, Ralph P., *Word Biblical Commentary*, vol. 48, *James*, Thomas Nelson Publishers, Nashville, TN, 1988, p. 11.
2. Hartin, Patrick J., *Sacra Pagina Series*, vol. 14, *James*, Liturgical Press, Collegeville, MN, 2009, p. 57.
3. Martin, *Word Biblical Commentary*, vol. 48, p. 14.

4. *The Expositor's Bible Commentary*, vol. 12, *Hebrews-Revelation*, Zondervan, Grand Rapids, MI, 1981, p. 168.
5. Nystrom, David P., *The NIV Application Commentary: James*, Zondervan, Grand Rapids, MI, 1997, p. 47.
6. Adamson, James B., *James: The Man and His Message*, Wm. B. Eerdmans Publishing Co., Grand Rapids, MI, 1989, p. 318.
7. Davids, Peter H., *The Epistle of James*, Wm. B. Eerdmans Publishing Co., Grand Rapids, MI, 1982, p. 68.
8. *Hebrew-Greek Key Word Study Bible: New International Version*, AMG Publishers, Chattanooga, TN, 1996, pp. 1677-78.
9. Berry, Wendell, *Hannah Coulter*, Shoemaker & Hoard, Washington, D.C., 2004, pp. 21-22.
10. *Expositor's Bible Commentary*, vol. 12, p. 169.
11. Ibid.
12. Blomberg, Craig L. y Mariam J. Kamell, *Exegetical Commentary on the New Testament: James*, Zondervan, Grand Rapids, MI, 2008, p. 53.
13. Richardson, Kurt A., *The New American Commentary*, vol. 36, *James*, Broadman & Holman Publishers, Nashville, TN, 1997, p. 68.
14. Ibid., énfasis añadido.
15. Blomberg y Kamell, *Exegetical Commentary*, p. 55.
16. Richardson, *New American Commentary*, vol. 36, pp. 80-81.
17. Kempis, Thomas à, *The Imitation of Christ* citado en James B. Adamson, *The New International Commentary on the New Testament: The Epistle of James*, Wm. B. Eerdmans Publishing Co., Grand Rapids, MI, 1976, p. 72.
18. Adamson, *New International Commentary*, p. 73.
19. *Hebrew-Greek Key Word*, p. 1677.

TERCERA SEMANA

1. Jayson, Sharon, "2010: The year technology replaced talking", USA Today [online], 30 de Diciembre de 2010 [citado el 9 de Agosto de 2011]. Disponible en Internet: www.usatoday.com.

2. Adamson, *New International Commentary*, p. 79.
3. Ibid., p. 78.
4. Nystrom, *NIV Application Commentary*, p. 91.
5. Ibid., p. 92.
6. *Hebrew-Greek Key Word*, p. 1676.
7. McCartney, Dan G., *Baker Exegetical Commentary on the New Testament: James*, Baker Academic, Grand Rapids, MI, 2009, p. 118.
8. Blomberg y Kamell, *Exegetical Commentary*, p. 91.
9. Para más información acerca de la palabra génesis, vea Martin, *Word Biblical Commentary*, vol. 48, p. 11; Adamson, *New International Commentary*, pp. 82-83 y McCartney, *Baker Exegetical Commentary*, p. 121.
10. Davids, *The Epistle of James*, pp. 99-100.
11. Nystrom, *NIV Application Commentary*, p. 95.
12. Ibid.
13. McCartney, *Baker Exegetical Commentary*, p. 123.
14. Twain, Mark, *Letters From the Earth*, Crest Books, New York, 1963, pp. 179-80.
15. *Merriam-Webster's Collegiate® Dictionary*, 10th ed., Merriam-Webster, Incorporated, Springfield, MA, 1997, p. 988.
16. Adaptación de Douglas J. Moo, *The Letter of James*, Wm. B. Eerdmans Publishing Co., Grand Rapids, MI, 2000, p. 96.
17. Jones, Peter Rhea, *Approaches to the Study of the Book of James*, citado en Adamson, *James*, p. viii.
18. Lamott, Anne, *Bird by Bird*, Anchor Books, New York, 1995, p. 22.
19. Adaptación de Martin, *Word Biblical Commentary*, vol. 48, p. 57.
20. Blomberg y Kamell, *Exegetical Commentary*, p. 107.
21. Nystrom, *NIV Application Commentary*, p. 116.
22. Davids, *The Epistle of James*, p. 112.
23. Adamson, *New International Commentary*, p. 115.
24. Blomberg y Kamell, *Exegetical Commentary*, p. 117.

CUARTA SEMANA

1. Martin, *Word Biblical Commentary*, vol. 48, p. 80.
2. Adamson, *New International Commentary*, p. 126.
3. Ibid.
4. Nystrom, *NIV Application Commentary*, p. 153.
5. *Expositor's Bible Commentary*, vol. 12, p. 169.
6. Moo, *The Letter of James*, p. 144.
7. Ibid.
8. Ibid., p. 165.
9. *The Expositor's Bible Commentary*, vol. 2, *Genesis-Numbers*, Zondervan Publishing House, Grand Rapids, MI, 1990, p. 398.
10. Ibid., p. 399.

QUINTA SEMANA

1. Richardson, *New American Commentary* vol. 36, p. 173.
2. Moo, *The Letter of James*, p. 171.
3. Martin, *Word Biblical Commentary*, vol. 48, p. 146.
4. McCartney, *Baker Exegetical Commentary*, p. 207.
5. *Expositor's Bible Commentary*, vol. 12, p. 193.
6. Moo, *The Letter of James*, p. 192.
7. Ibid., p. 199.
8. McCartney, *Baker Exegetical Commentary*, p. 226.
9. Moo, *The Letter of James*, p. 205.

SEXTA SEMANA

1. Richardson, *New American Commentary*, vol. 36, p. 207.
2. Davids, *The Epistle of James*, p. 177.
3. Martin, *Word Biblical Commentary*, vol. 48, p. 180.
4. Ibid., p. 182.
5. Richardson, *New American Commentary*, vol. 36, p. 226.
6. Blomberg y Kamell, *Exegetical Commentary*, p. 236.
7. Adamson, *New International Commentary*, p. 195.
8. *Expositor's Bible Commentary*, vol. 12, p. 203.
9. Johnson, Luke Timothy, *The Anchor Bible*, vol. 37, *The Letter of James*, Yale University Press/Doubleday, New Haven, CT, 1995, p. 325.
10. Spafford, Horatio G., "It is Well with My Soul."
11. Singer, Isidore, ed., The Jewish Encyclopedia, vol. 7, *Italy-Leon*, Funk & Wagnalls Company, London, 1904, p. 68.
12. Johnson, *The Anchor Bible*, p. 330.

SÉPTIMA SEMANA

1. Brownrigg, Ronald, *Who's Who in the Bible?*, Bonanza Books, New York, 1980, p. 150.
2. *The Expositor's Bible Commentary*, vol. 9, *John-Acts*, Zondervan Publishing House, Grand Rapids, MI, 1981, p. 519.
3. Ibid.
4. Ibid., pp. 519-20.
5. "Procurator", *Holman Illustrated Bible Dictionary*, Holman Bible Publishers, Nashville, TN, 2003, p. 1131.
6. Martin, *Word Biblical Commentary*, vol. 48, p. lxii.
7. Ibid., p. lxiii.
8. Ibid.
9. Ibid.
10. Ibid., p. lxv.
11. Adamson, *James*, p. 42.
12. McKnight, Scot, *The New International Commentary on the New Testament: James*, Wm. B. Eerdmans Publishing Co., Grand Rapids, MI, 2011, p. 21.
13. Ibid.
14. Martin, *Word Biblical Commentary*, vol. 48, p. lxiii.
15. Ibid.
16. Brownrigg, *Who's Who*, p. 153.
17. William Whitson, trans., *The Complete Works of Josephus*, Kregel Publications, Grand Rapids, MI, 1999, p. 656.
18. Ibid.
19. Poulton, Gary, "Nero", *Holman Illustrated Bible Dictionary*, Holman Bible Publishers, Nashville, TN, 2003, pp. 1186-87.
20. Quarles, Charles L., "Paul", *Holman Illustrated Bible Dictionary*, Holman Bible Publishers, Nashville, TN, 2003, pp. 1259-60.
21. Foxe, John, *The New Foxe's Book of Martyrs*, Bridge-Logos Publishers, North Brunswick, NJ, 1997, p. 7.
22. Brisco, Thomas V, *Holman Bible Atlas*, Broadman & Holman Publishers, Nashville, TN, 1998, p. 260.
23. Poulton, "Nero", p. 1187.
24. Brisco, *Holman Bible Atlas*, p. 258.
25. Ibid., p. 261.
26. "Destruction of Temple", *The Encyclopedia of Jewish Life and Thought* (Israel: Carta Jerusalem, 1996), p. 473.
27. Brisco, *Holman Bible Atlas*, pp. 261-62.
28. *HCSB Study Bible*, Holman Bible Publishers, Nashville, TN, 2010, p. 1659.
29. Arnold, Clinton E., ed., *Zondervan Illustrated Bible Backgrounds Commentary*, vol. 1, *Matthew, Mark, Luke*, Zondervan, Grand Rapids, MI, 2002, pp. 146-47.
30. Ibid., p. 147.
31. *HCSB Study Bible*, p. 1710.
32. Paul L. Maier, trans., *Eusebius: The Church History*, Kregel Publications, Grand Rapids, MI, 2007, p. 82.
33. *HCSB Study Bible*, p. 2147.
34. Roberts, Alexander, James Donaldson y Arthur Cleveland Coxe, eds., *The Ante-Nicene Fathers*, Cosimo, New York, 2007, p. 55.
35. Adamson, *James*, p. 486.
36. Parry, John, *A Discussion of the General Epistle of St. James*, Cambridge University Press, London, 1903, p. 73.

PRIMERA SEMANA

"Santiago y el voto nazareo"

1. Chilton, Bruce D., "The Nazirite Vow and the Brother of Jesus", in *Torah Revealed, Torah Fulfilled*, T&T Clark, New York, 2008, p. 63.
2. Levine, Baruch A., "The Nazirite," in *Torah Revealed, Torah Fulfilled*, T&T Clark, New York, 2008, p. 45.
3. Green, David E., trans., *Theological Dictionary of the Old Testament*, vol. 9, *marad-raga*, Wm. B. Eerdmans Publishing Co., Grand Rapids, MI, 1998, p. 307.

"Jerusalem Council, Part Two"

1. Bauckham, Richard, *The Book of Acts in Its First Century Setting*, vol. 4, *Palestinian Setting* Wm. B. Eerdmans Publishing Co., Grand Rapids, MI, 1995, p. 475.

SEGUNDA SEMANA

La Epístola de Jacobo

1. Shanks, Hershel y Ben Witherington III, *The Brother of Jesus*, HarperCollins, New York, 2003, p. 97.

"El género literario de Santiago"

1. Hirsch, E.D.. Jr., *Validity in Interpretation*, Yale University Press, London, 1967, p. 76.
2. Dibelius, Martin, *James*, Fortress Press, Philadelphia, 1976, pp. 1-11.
3. Cheung, Luke Leuk, *The Genre, Composition and Hermeneutics of the Epistle of James*, Wipf & Stock Publishers, Eugene, OR, 2003.
4. Moo, Douglas J., *The Letter of James*, Wm. B. Eerdmans Publishing Co., Grand Rapids, MI, 2000, p. 1.
5. Cheung, *Genre, Composition and Hermeneutics*, p. 274.

TERCERA SEMANA

"Oidores, no solo lectores"

1. Bar-Ilan, Meir, "Illiteracy in the Land of Israel in the first centuries c.e.," [online], 27 de Mayo de 1997 [citado el 15 de Abril de 2011]. Available from the Internet: http://faculty.biu. ac.il/~barilm/illitera.html
2. Metzger, Bruce M. y Bart D. Ehrman, *The Text of the New Testament*, 4th ed., Oxford University Press, New York, 2005, pp. 42-53.
3. White, L. Michael, *Scripting Jesus*, HarperCollins, 2010, p. 96.

"La palabra implantada"

1. Danker, Frederick William, ed., *A GreekEnglish Lexicon of the New Testament and Other Early Christian Literature*, 3rd ed., University of Chicago Press, Chicago, 2000, p. 326.
2. Ehrman, Bart D., *After the New Testament*, Oxford University Press, New York, 1999, p. 103. 3. Danker, *Greek-English Lexicon*, p. 326.

"Perfect Law of Liberty"

1. Kamell, Mariam, "The Word/Law in James as the Promised New Covenant" (paper presentation), Society of Biblical Literature Annual Meeting, Washington, D.C., November 19, 2006.

CUARTA SEMANA

"La danza de la unidad y la diversidad"

1. Timothy George, "'A Right Strawy Epistle': Reformation Perspectives on James," *Review and Expositor* 83, 1986, p. 373.
2. Ibid., pp. 372-73.
3. Thielman, Frank, *Theology of the New Testament*, Zondervan, Grand Rapids, MI, 2005, p. 41.
4. Ibid., p. 38.
5. Ibid., p. 40.

"Lutero, la ley y el evangelio"

1. Lindberg, Carter, *The European Reformations*, Blackwell Publishing, Malden, MA, 1996, pp. 72-73.
2. Ibid.
3. Ibid.
4. McDonough, Thomas M., *The Law and the Gospel in Luther*, Oxford University Press, London, 1963, p. 1.
5. Wriedt, Markus, "Luther's theology," trans. Katharina Gustavs en *The Cambridge Companion to Martin Luther*, Cambridge University Press, New York, 2003, p. 107.
6. Martin Luther, *Commentary on the Epistle to the Galatians*, trans. Theodore Graebner, p. 28. "

Mansedumbre y sabiduría"

1. Danker, *Greek-English Lexicon*, p. 861.
2. Moo, *The Letter of James*, p. 170.
3. Cheung, *Genre, Composition and Hermeneutics*, p. 158.

QUINTA SEMANA

"La perfección (Primera parte)"

1. Littleton, Mark y Jeanette Gardner Littleton, *What's in the Bible for Teens*, ed. Larry Richards Bethany House, Minneapolis, 2007, p. 6.
2. Bauckham, Richard, *James*, Routledge, New York, 1999, p. 73.

"La perfección (Segunda parte)"

1. Lamott, Anne, *Bird by Bird*, Anchor Books, New York, 1995, p. 28.
2. Hartin, Patrick J., *A Spirituality of Perfection*, The Liturgical Press, Collegeville, MN, 1999, pp. 14-15.

3. Ibid., p. 15.
4. Moo, *The Letter of James*, p. 56.
5. Bauckham, *James*, p. 179.
6. Ibid., p. 182.
7. Ibid., pp. 183-84.

SEXTA SEMANA

"Un tema que incomoda"

1. Moo, *The Letter of James*, p. 210.
2. Ibid., p. 221.

"El Antiguo Testamento y Santiago 5:11 b"

1. Sabemos que Santiago utiliza esta fórmula debido a sus dos atributos. El primero πολύσπλαγχνος es uno raro, pero es un sinónimo cercano al adjetivo que se usó en la Septuaginta de Éxodo 34:6 (πολυέλεος). El segundo, también raro en el Nuevo Testamento en griego, es la palabra exacta οἰκτίρμων el único otro uso en el Nuevo Testamento en griego está en Lucas 6.36.

SÉPTIMA SEMANA

"Teología de la colecta"

1. Byrne, Brendan, *Sacra Pagina Series*, vol. 6, *Romans*, Liturgical Press, Collegeville, MN, 1996, p. 441.
2. Moo, Douglas J., *The Epistle to the Romans*, Wm. B. Eerdmans Publishing Co., Grand Rapids, MI, 1996, p. 905.
3. Dunn, James D.G., *Word Biblical Commentary*, vol. 38A, *Romans 9-16*, Word Books, Dallas, 1988, pp. 874-75.

"Entonces, ¿quién tomó las riendas?"

1. Bauckham, Richard, *Jude and the Relatives of Jesus in the Early Church*, T&T Clark, New York, 2004, pp. 71-72.
2. Ibid., pp. 79-80.
3. Ibid., p. 92.
4. Bauckham, Richard, "James and the Jerusalem Community" in *Jewish Believers in Jesus*, Hendrickson Publishers, Peabody MA, 2007, p. 91.

"El legado de Santiago"

1. Painter, John, *Just James*, Fortress Press, Minneapolis, 1999, p. 147.
2. Bauckham, "James", *Jewish Believers*, p. 80.
3. Painter, *Just James*, p. 276.
4. Ibid., p. 167.
5. Hort, Fenton John Anthony, "Introduction" in *The Epistle of St. James*. Disponible en Internet: www.ccel.org
6. Painter, *Just James*, p. 276.